21세기 지식 정보화 시대
대한민국의 IT 인재로 만드는 비결!

Information Technology Qualification

한글 NEO(2016)

발 행 일 : 2022년 11월 01일(1판 1쇄)
개 정 일 : 2024년 01월 15일(1판 4쇄)
I S B N : 978-89-8455-089-6(13000)
정　　가 : 16,000원

집　　필 : KIE 기획연구실
진　　행 : 김동주
본문디자인 : 앤미디어

발 행 처 : (주)아카데미소프트
발 행 인 : 유성천
주　　소 : 경기도 파주시 정문로 588번길 24
홈페이지 : www.aso.co.kr / www.asotup.co.kr

CONTENTS

PART 01 ITQ 시험 안내 및 자료 사용 방법

시험안내 01 ITQ 시험 안내 04

시험안내 02 ITQ 회원 가입 및 시험 접수 안내 06

시험안내 03 ITQ 자료 사용 방법 17

PART 02 출제유형 완전정복

출제유형 01 수험자 유의사항 및 답안 작성 요령 28

출제유형 02 기능평가 Ⅰ - 스타일 지정 33

출제유형 03 기능평가 Ⅰ - 표 작성 43

출제유형 04 기능평가 Ⅰ - 차트 작성 57

출제유형 05 기능평가 Ⅱ - 수식 입력 73

출제유형 06 기능평가 Ⅱ - 도형 그리기 85

출제유형 07 문서작성 능력평가 110

PART 03 출제예상 모의고사

모의고사 01 제 01 회 출제예상 모의고사 142

모의고사 02 제 02 회 출제예상 모의고사 146

모의고사 03 제 03 회 출제예상 모의고사 150

모의고사 04 제 04 회 출제예상 모의고사 154

모의고사 05 제 05 회 출제예상 모의고사 158

모의고사 06 제 06 회 출제예상 모의고사 162

모의고사 07 제 07 회 출제예상 모의고사 166

모의고사 08 제 08 회 출제예상 모의고사 170

모의고사 09 제 09 회 출제예상 모의고사 174

모의고사 10 제 10 회 출제예상 모의고사 178

모의고사 11 제 11 회 출제예상 모의고사 182

모의고사 12 제 12 회 출제예상 모의고사 186

모의고사 13 제 13 회 출제예상 모의고사 190

모의고사 14 제 14 회 출제예상 모의고사 194

모의고사 15 제 15 회 출제예상 모의고사 198

PART 04 최신유형 기출문제

기출문제 01 제 01 회 최신유형 기출문제 204

기출문제 02 제 02 회 최신유형 기출문제 208

기출문제 03 제 03 회 최신유형 기출문제 212

기출문제 04 제 04 회 최신유형 기출문제 216

기출문제 05 제 05 회 최신유형 기출문제 220

기출문제 06 제 06 회 최신유형 기출문제 224

기출문제 07 제 07 회 최신유형 기출문제 228

기출문제 08 제 08 회 최신유형 기출문제 232

기출문제 09 제 09 회 최신유형 기출문제 236

기출문제 10 제 10 회 최신유형 기출문제 240

※ 부록 : 시험직전 모의고사 3회분 수록

PART 01

ITQ 시험 안내 및 자료 사용 방법

ITQ 시험 안내

시험안내

○ 정보기술자격(ITQ) 시험의 응시 자격 및 시험 과목
○ 합격 결정기준 및 시험 시간

1. 정보기술자격(ITQ) 시험이란?

정보화 시대의 기업, 기관, 단체 구성원들에 대한 정보기술능력 또는 정보기술 활용능력을 객관적으로 평가하는 시험입니다. 정보기술 관리 및 실무능력 수준을 지수화, 등급화하여 객관성을 높였으며, 과학기술정보통신부에서 공식 인증하는 국가공인자격 시험입니다.

2. 응시 자격 및 시험 과목

❶ 정보기술자격(ITQ) 시험은 정보기술실무능력을 평가하는 시험으로 국민 누구나 응시가 가능합니다.

❷ ITQ 시험은 동일 회차에 아래한글/MS워드, 한글엑셀/한셀, 한글액세스, 한글파워포인트/한쇼, 인터넷의 5개 과목 중 최대 3과목까지 시험자가 선택하여 신청할 수 있습니다.

※ 단, 한글엑셀/한셀, 한글파워포인트/한쇼, 아래한글/MS워드는 동일 과목군으로 동일 회차에 응시 불가
  (자격증에는 "한글엑셀(한셀)", "한글파워포인트(한쇼)"로 표기되며 최상위 등급이 기재됨)

자격종목		등급	ITQ시험 프로그램 버전		
			시험 S/W	공식버전	시험방식
ITQ 정보기술자격	아래한글	A/B/C 등급	한컴오피스	NEO(2016)/2020	PBT
	한셀				
	한쇼				
	MS워드		MS오피스		
	한글엑셀				
	한글액세스				
	한글파워포인트				
	인터넷		내장 브라우저 : IE8.0이상		

※ 한컴오피스 아래한글은 한컴오피스 2020/NEO 중 선택 응시(시험지 2020/NEO 공용), 한셀/한쇼는 한컴오피스 NEO 단일 응시

3. 합격 결정기준

❶ 합격 결정기준

ITQ 시험은 500점 만점을 기준으로 A등급부터 C등급까지 등급별 자격을 부여하며, 낮은 등급을 받은 수험생이 차기시험에 재응시하여 높은 등급을 받으면 등급을 업그레이드 해주는 방법으로 평가를 합니다.

A등급	B등급	C등급
400~500점	300~399점	200~299점

(500점 만점이며 200점 미만은 불합격)

❷ 등급별 수준

등급	수준
A등급	주어진 과제의 80~100%를 정확히 해결할 수 있는 능력
B등급	주어진 과제의 60~79%를 정확히 해결할 수 있는 능력
C등급	주어진 과제의 40~59%를 정확히 해결할 수 있는 능력

4. 시험 배점 및 시험 시간

시험 배점	문항 및 시험방법	시험 시간
과목당 500점	5~10문항 실무작업형 실기시험	과목당 60분

5. 시험출제기준(아래한글/MS워드)

문항	배점	출제기준
❶ 스타일	50점	한글/영문 텍스트 작성능력과 스타일 기능 사용 능력을 평가 • 한글/영문 텍스트 작성 • 스타일 이름/문단모양/글자모양
❷ 표와 차트	100점	표를 작성하고 이를 이용하여 간단한 차트를 작성할 수 있는 능력을 평가 • 표 내용 작성/정렬/셀 배경색 • 표 계산 기능/캡션 기능/차트기능
❸ 수식편집기	40점	수식편집기 사용 능력 평가 • 수식편집기를 이용한 수식작성
❹ 그림/그리기	110점	다양한 기능을 통합한 문제로 도형, 그림, 글맵시, 하이퍼링크등 문서작성시의 응용능력을 평가 • 도형 삽입 및 편집, 하이퍼링크 • 그림/글맵시(워드아트) 삽입 및 편집, 개채배치 • 도형에 문자열 입력하기
❺ 문서작성능력	200점	문서작성을 위한 다양한 능력을 평가 • 문서작성 입력 및 편집(글자모양/문단모양), 한자변환, 들여쓰기 • 책갈피, 덧말, 문단 첫글자장식, 문자표, 머리말, 쪽번호, 각주 • 표 작성 및 편집, 그림 삽입 및 편집(자르기 등)

※ 응시료 확인 : https://license.kpc.or.kr 홈페이지 접속 → [자격소개]–[자격소개]– [정보기술자격(ITQ)]

ITQ 회원 가입 및 시험 접수 안내

02 시험안내

- ○ 회원 가입하기
- ○ 시험 접수 안내

1. 회원 가입하기

(1) ITQ 자격 검정 사이트 접속하기

❶ ITQ 자격 검정 사이트(license.kpc.or.kr)에 접속한 후 화면 위의 〈회원가입〉 단추를 클릭합니다.

❷ [회원가입]에서 '전체 약관(필수항목)에 동의합니다.' 체크 박스를 클릭합니다.

❸ '개인정보 수집 · 이용 내역 (필수사항)'에 '동의합니다' 체크 박스가 체크되어 있는지 확인한 후 〈개인회원(어린이) 가입 만 14세 미만〉 단추를 클릭합니다.

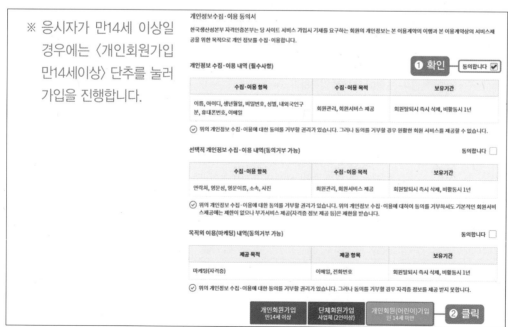

※ 응시자가 만14세 이상일 경우에는 〈개인회원가입 만14세이상〉 단추를 눌러 가입을 진행합니다.

※ 회원 가입 절차는 시험 주관사에 의해 변경될 수도 있습니다.

❶ [회원가입 (만14세 미만 개인회원)]의 [보호자(법적대리인) 본인인증]에서 '수집·이용 내역(필수사항)'의 '동의합니다.' 체크 박스를 클릭합니다. 이어서, [보호자(법적대리인) 본인인증]에서 〈휴대폰 본인인증〉 단추를 클릭합니다.

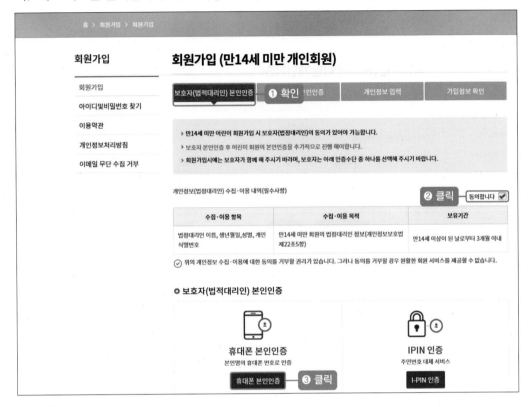

❷ '이용 중이신 통신사를 선택하세요' 창에서 보호자분이 현재 이용 중인 통신사를 선택합니다. 이어서, 각각의 동의 내용을 클릭하여 체크한 후 〈시작하기〉 단추를 클릭합니다.

❸ '문자인증'을 선택하여 필요한 개인 정보와 보안문자를 입력한 후 〈확인〉 단추를 클릭합니다.

❹ 핸드폰 문자로 전송된 '인증번호'를 입력한 후 〈확인〉 단추를 클릭합니다.

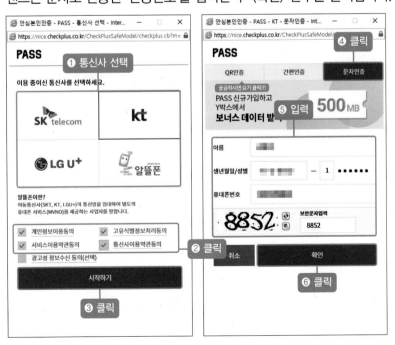

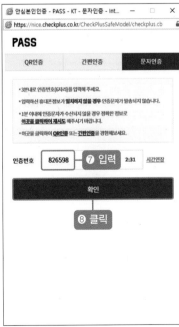

※ 14세미만 본인인증은 '휴대폰(8페이지 참고)' 또는 'I-PIN(10페이지 참고)' 중 하나를 선택하여 진행할 수 있습니다.

(3)-1. 14세미만 본인인증(휴대폰 인증절차)

❶ [14세미만 본인인증]에서 〈휴대폰 본인인증〉 단추를 클릭합니다.

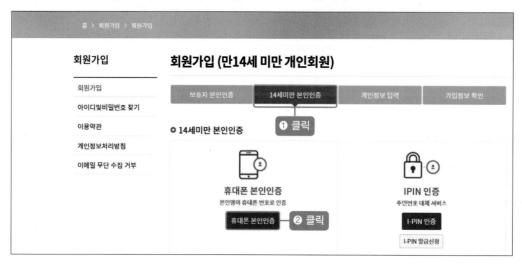

❷ '이용 중이신 통신사를 선택하세요' 창에서 14세미만이 현재 이용 중인 통신사를 선택합니다. 이어서, 각각의 동의 내용을 클릭하여 체크한 후 〈시작하기〉 단추를 클릭합니다.

❸ '문자인증'을 선택하여 필요한 개인 정보와 보안문자를 입력한 후 〈확인〉 단추를 클릭합니다.

❹ 핸드폰 문자로 전송된 '인증번호'를 입력한 후 〈확인〉 단추를 클릭합니다.

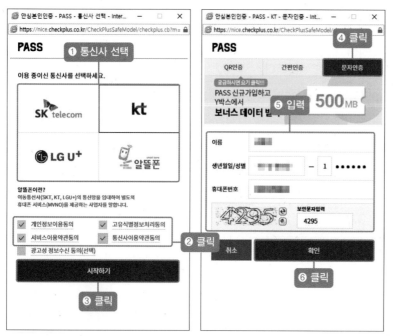

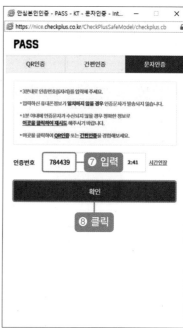

❺ [개인정보 입력]에서 '이름'과 '아이디'를 입력한 후 〈중복확인〉 단추를 클릭합니다. 이어서, '사용할 수 있는 ID입니다' 메시지 창이 나오면 〈Close〉 단추를 클릭합니다.

　※ 아이디를 입력하고 〈중복확인〉 단추를 클릭하여 내가 입력한 아이디를 다른 사용자가 사용하고 있는 반드시 확인합니다.

❻ 아이디 입력이 완료되면 '비밀번호'와 '비밀번호 확인'을 입력합니다.

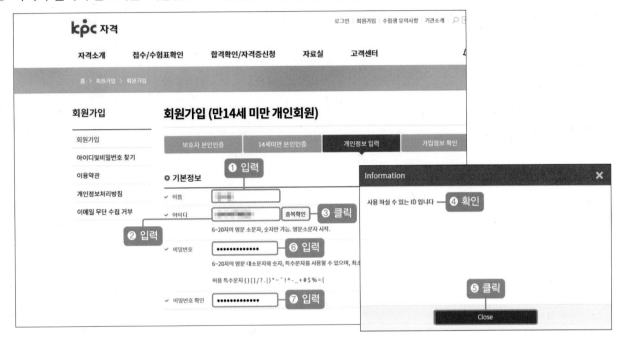

• **이름** : 본인의 이름을 입력합니다.
• **아이디** : 6~20자의 영문 소문자, 숫자만 가능, 영문소문자로 시작합니다.
• **중복확인** : 입력한 아이디를 다른 사용자가 사용하고 있는지 〈중복확인〉 버튼을 클릭해서 반드시 확인합니다.
• **비밀번호** : 6~20자의 영문 대소문자와 숫자, 특수문자를 사용할 수 있으며, 최소 2 종류 이상을 조합해야 합니다.
• **비밀번호 확인** : 입력한 비밀번호를 똑같이 한 번 더 입력합니다.

❼ 기본정보 입력이 완료되면 [추가정보]에 내용을 입력한 후 〈가입하기〉 단추를 클릭합니다.

　※ 휴대전화 및 이메일에 '수신 동의합니다'를 클릭하여 체크할 경우 수험 정보를 받을 수 있으며, 비밀번호 찾기에 사용되므로 체크 박스를 클릭합니다.

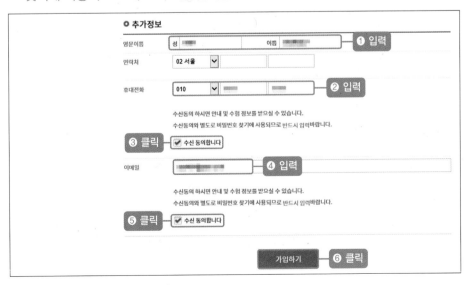

❽ 회원가입이 완료되면 회원가입 정보를 확인한 후 〈확인(홈으로 이동)〉 단추를 클릭합니다.

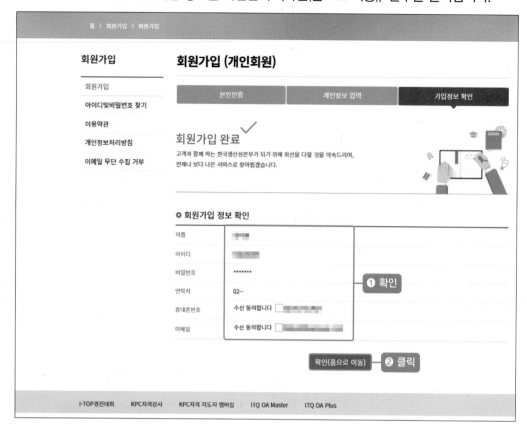

(3)-2. 14세미만 본인인증(I-PIN 인증절차)

❶ [회원가입 (만 14세 미만 개인회원)]의 [14세미만 본인인증]에서 〈I-PIN 인증〉 단추를 클릭합니다.

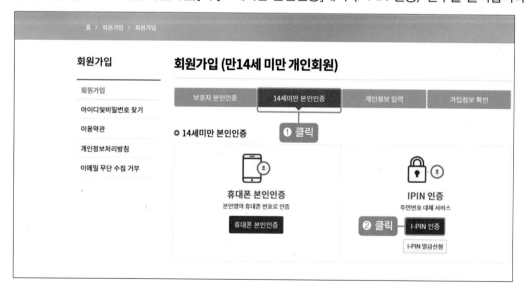

❷ [메인 화면] 창에서 〈신규발급〉 단추를 클릭합니다.

❸ [발급 전 확인사항] 창에서 〈발급하기〉 단추를 클릭합니다.

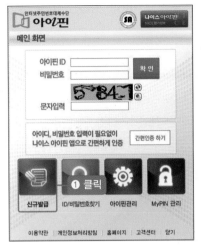 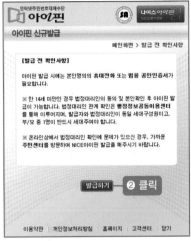

❹ [약관동의] 창에서 모든 항목에 '동의' 체크 박스를 클릭한 후 〈확인〉 단추를 클릭합니다.

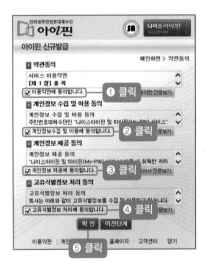

❺ [아이핀 사용자정보] 창에서 발급자 '성명'과 '주민번호', '문자입력'을 입력합니다. 사용할 '아이핀 ID'를 입력한 후 〈ID 중복확인〉 단추를 클릭하여 사용가능한 아이디인지를 확인합니다.

❻ '비밀번호'를 입력한 후 〈비밀번호 검증〉 단추를 클릭하여 비밀번호 사용가능을 확인합니다. 비밀번호 검증이 완료되면 '비밀번호 확인'에 비밀번호를 한 번 더 입력합니다.

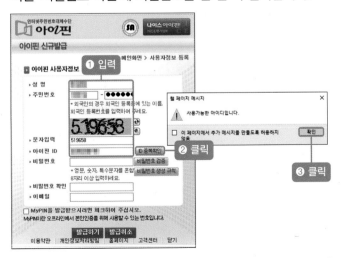 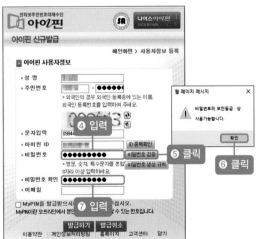

❼ '이메일'을 입력한 후 'MyPIN를 발급받으시려면 체크하여 주십시오'에 체크 박스를 클릭하고 〈발급하기〉 단추를 클릭합니다.

❽ [법정대리인 동의] 창에서 법정대리인 '성명'과 '주민번호'를 입력한 후 〈실명등록 및 아이핀 발급〉 단추를 클릭합니다.

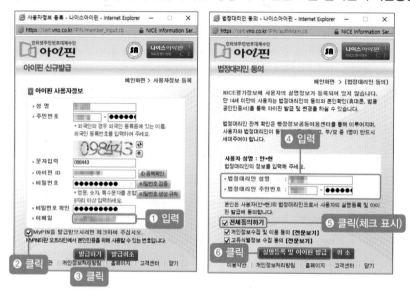

❾ [아이핀 신원확인] 창에서 '휴대폰'이나 '범용 공인인증서'를 선택한 후 정보를 입력하고 〈인증번호 요청〉 단추를 클릭합니다.

❿ 휴대폰 문자로 전송된 '인증번호'를 입력한 후 〈확인〉 단추를 클릭합니다.

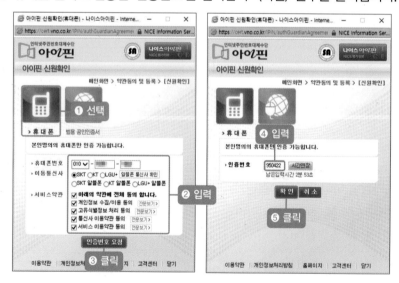

⑪ [2차 비밀번호 설정] 창에서 2차 비밀번호를 두 번 입력한 후 〈확인〉 단추를 클릭합니다.

⑫ [아이핀/My-PIN 발급완료] 창에서 발급 완료를 확인한 후 〈확인〉 단추를 클릭합니다.

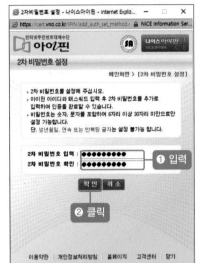

⑬ [메인 화면] 창에서 '아이핀ID', '비밀번호', '문자입력'을 입력한 후 〈확인〉 단추를 클릭합니다.

⑭ [2차 비밀번호 입력] 창에서 2차 비밀번호를 입력한 후 〈확인〉 단추를 클릭합니다.

⑮ [메인 화면] 창이 나오면 〈인증 완료〉 단추를 클릭합니다.

⑯ [개인정보 입력]에서 '이름'과 '아이디'를 입력한 후 〈중복확인〉 단추를 클릭합니다. 이어서, '사용할 수 있는 ID입니다' 메시지 창에서 〈Close〉 단추를 클릭합니다.

　※ 아이디를 입력하고 〈중복확인〉 단추를 클릭하여 내가 입력한 아이디를 다른 사용자가 사용하고 있는 반드시 확인합니다.

⑰ 아이디 입력이 완료되면 '비밀번호'와 '비밀번호 확인'을 입력합니다.

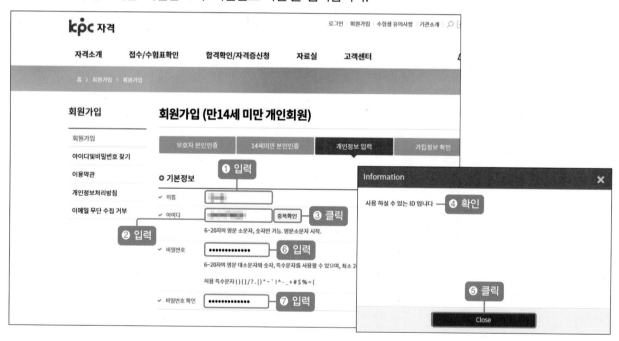

・ **이름** : 본인의 이름을 입력합니다.
・ **아이디** : 6~20자의 영문 소문자, 숫자만 가능, 영문소문자로 시작합니다.
・ **중복확인** : 입력한 아이디를 다른 사용자가 사용하고 있는지 [중복확인] 버튼을 클릭해서 반드시 확인합니다.
・ **비밀번호** : 6~20자의 영문 대소문자와 숫자, 특수문자를 사용할 수 있으며, 최소 2 종류 이상을 조합해야 합니다.
・ **비밀번호 확인** : 입력한 비밀번호를 똑같이 한 번 더 입력합니다.

⑱ 기본정보 입력이 완료되면 [추가정보]에 내용을 입력한 후 〈가입하기〉 단추를 클릭합니다.

　※ 휴대전화 및 이메일에 '수신 동의합니다'를 클릭하여 체크할 경우 수험 정보를 받을 수 있으며, 비밀번호
　　찾기에 사용되므로 체크 박스를 클릭합니다.

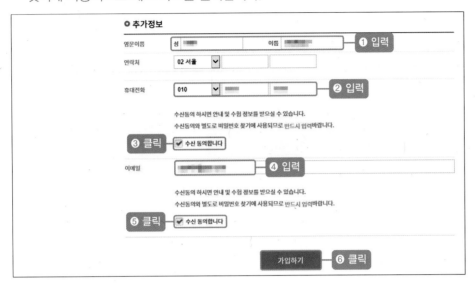

⑲ 회원가입이 완료되면 회원가입 정보를 확인한 후 〈확인(홈으로 이동)〉 단추를 클릭합니다.

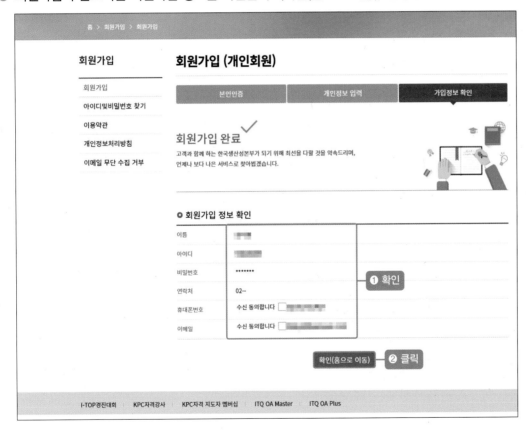

2. 시험 접수 안내

❶ 응시원서의 입력 항목에 따라 지역 및 고사장 선택, 신상명세입력, 본인사진을 등록합니다.
  – 사진 등록을 위한 이미지 파일은 온라인 편집이 가능합니다.

❷ 응시원서 작성이 끝나면 결제화면에서 신용카드 및 온라인 이체로 응시료를 결제합니다.
  – 결제 금액은 응시료+인터넷 접수 건별 소정의 수수료가 산정됩니다.

❸ 응시원서 작성과 온라인 결제가 끝나면 ITQ 시험 접수확인증이 화면에 출력되고 인쇄 기능이 지원됩니다.

인터넷 접수		방문 접수
⇩		⇩
인터넷 원서접수 기간확인		방문접수 기간확인
⇩	⇩	⇩
단체회원 로그인	개인회원 가입확인	지역센터 위치확인
⇩	⇩	⇩
접수방법선택	개인정보확인	개인회원 가입확인
⇩	⇩	⇩
지역/고사장/응시회원편집	지역/고사장/과목선택	지역별 방문접수(원서작성)
⇩	⇩	⇩
결제	결제	응시료 입금
⇩	⇩	⇩
접수완료/확인	접수증확인(출력)	수험표 확인
⇩	⇩	⇩
수험표 확인(시험일 2일전까지 사진등록)		시험응시
⇩		
시험응시		

ITQ 자료 사용 방법

시험안내

- ⊙ 자료 다운로드 방법
- ⊙ 자동 채점 프로그램
- ⊙ 한글 NEO 화면 구성
- ⊙ 온라인 답안 시스템
- ⊙ 자동 채점 프로그램 Q&A

❶ 크롬 브라우저를 실행하여 아카데미소프트(https://aso.co.kr) 홈페이지에 접속합니다.

❷ 왼쪽 상단에 [컴퓨터 자격증 교재]를 클릭합니다.

❸ [ITQ 자격증]-[2023 이공자 ITQ 한글 NEO(좌무선)] 교재를 클릭합니다.

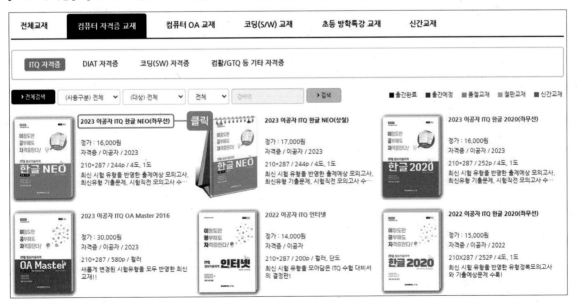

❹ 화면 아래에 [커뮤니티]-[자료실]을 클릭합니다.

❺ [2023 이공자 ITQ 한글 NEO(좌무선)_학습 자료]를 클릭합니다.

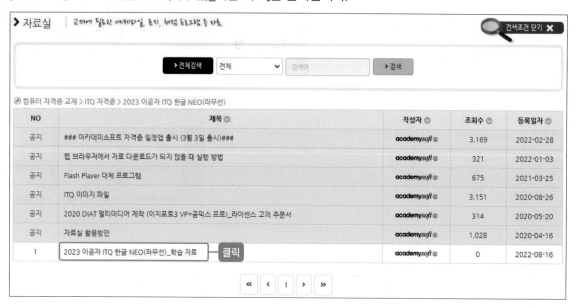

❻ ▶다운로드 단추를 클릭하여 자료를 다운로드 받으시면 됩니다.

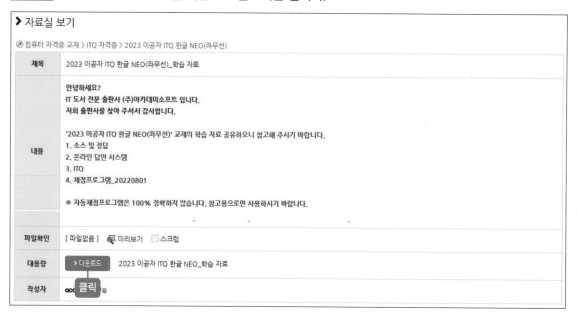

2. 온라인 답안 시스템(NEO(2016)/2020 공용)

❶ 온라인 답안 시스템

[KOAS–온라인 답안 시스템] 프로그램은 **수험자 연습용 답안 전송 프로그램**이기 때문에 서버에서 제어가 되지 않는 개인용 버전입니다. 실제 시험 환경을 미리 확인하는 차원에서 테스트하시기 바랍니다.

※ 해당 '온라인 답안 시스템'은 변경된 ITQ 시험 버전(2020)에 맞추어 수정된 최신 버전의 프로그램입니다.

❷ 필요한 자료를 다운받아 압축을 해제했다면 바탕화면의 [2023 이공자 ITQ 한글 NEO_학습 자료]-[온라인 답안 시스템] 폴더에서 **'온라인 답안 시스템(연습용).exe'**을 더블 클릭하여 실행합니다.

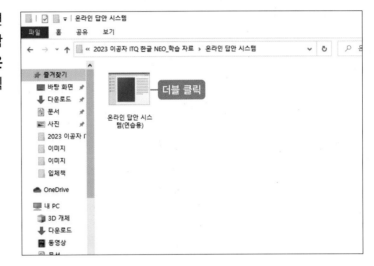

❸ 원하는 **시험 과목**을 선택하고 **수험자 성명**을 입력한 후 〈선택〉 단추를 클릭합니다.

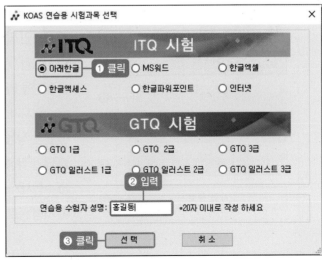

④ **수험번호**를 입력하고 정상적인 시험인지 또는 재시험자인지를 선택한 후 〈확인〉 단추를 클릭합니다. 이어서, [수험번호 확인] 창이 나오면 수험번호와 구분 내용을 확인한 후 〈확인〉 단추를 클릭합니다.

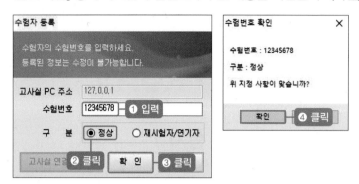

⑤ 다음과 같이 수험자 정보가 맞는지 확인한 후 〈확인〉 단추를 클릭합니다.

  ※ 새롭게 변경된 ITQ 시험의 답안 폴더 경로는 [내 PC]–[문서]–[ITQ]입니다.

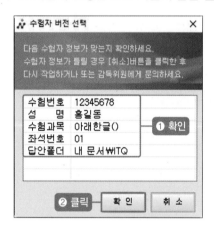

⑥ 온라인 답안 시스템이 실행되면 모니터 오른쪽 상단에 답안 전송 프로그램이 나타납니다.

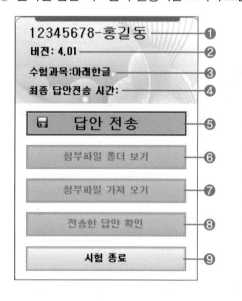

❶ 답안 저장 파일명으로 '수험번호-수험자명'으로 구성

❷ 온라인 답안 시스템 업그레이드 번호

❸ 사용자가 선택한 시험 과목

❹ 답안을 마지막에 전송한 시간

❺ 수험자가 작성한 답안을 감독위원 PC로 전송

❻ 답안 작성시 필요한 그림의 폴더 보기

❼ 답안 작성시 필요한 그림 파일 등을 감독위원 PC에서 수험자 PC로 전송

❽ 수험자가 전송한 답안을 다시 불러옴

❾ 시험 종료

❼ 답안 파일 이름은 수험자 자신의 **수험번호-성명(12345678-홍길동)**' 형태로 [내 PC]-[문서]-[ITQ] 폴더에 저장
합니다.

※ 새롭게 변경된 ITQ 시험의 답안 폴더 경로는 [내 PC]-[문서]-[ITQ]입니다.

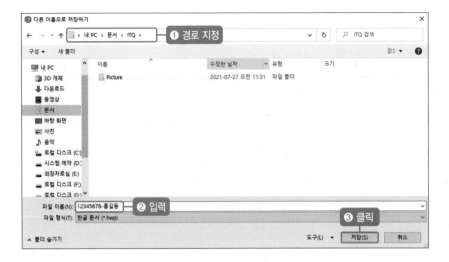

❽ 답안 전송 프로그램에서 답안 전송 단추를 클릭한 후 메세지 창이 나오면 〈확인〉 단추를 클릭합니다

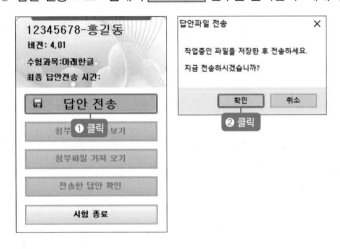

❾ 전송할 답안파일이 맞는지 확인(파일목록과 존재 유무)한 후 답안 전송 단추를 클릭합니다. 이어서, 메시지 창이
나오면 〈확인〉 단추를 클릭합니다.

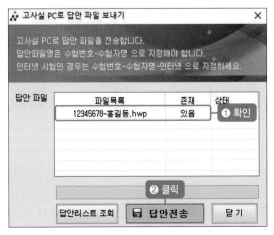

⑩ '**상태**' 항목이 '**성공**'인지 확인한 후 〈닫기〉 단추를 클릭합니다. 이어서, 감독위원의 지시를 따릅니다.

※ 해당 '온라인 답안 시스템'은 개인이 연습할 수 있도록 만들어진 프로그램으로 실제 답안 파일이 전송되지는 않습니다.

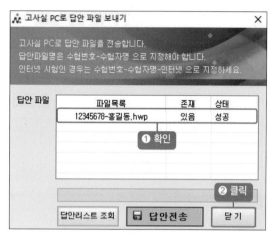 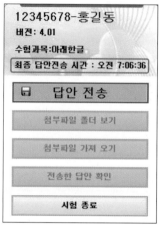

3. 자동 채점 프로그램

❶ 자동 채점 프로그램은 작성한 답안 파일을 정답 파일과 비교하여 틀린 부분을 찾아주는 프로그램입니다. 오피스 프로그램상의 한계로 100% 정확한 채점은 어렵기 때문에 참고용으로 사용하시기 바랍니다.

❷ 필요한 자료를 다운받아 압축을 해제한 후 [채점 프로그램_20220801]–[채점폴더]–'ITQ 한글 NEO' 파일을 더블 클릭하여 채점프로그램을 실행합니다.

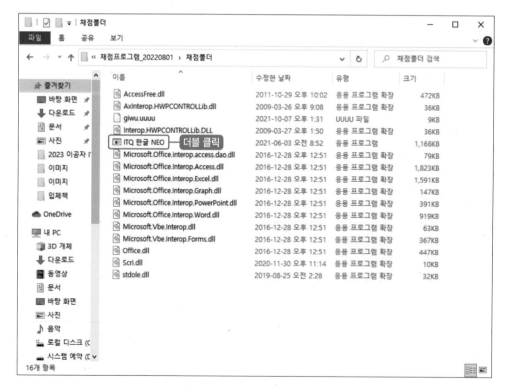

❸ 자동 채점 프로그램이 실행되면 〈정답 열기〉 단추를 클릭합니다. 이어서, [열기] 창이 나오면 채점에 사용할 정답 파일을 선택한 후 〈열기〉 단추를 클릭합니다.

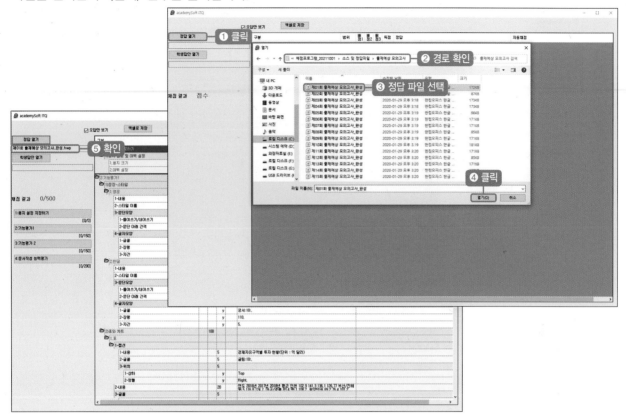

❹ 정답 파일이 열리면 〈학생답안 열기〉 단추를 클릭합니다. 이어서, [열기] 창이 나오면 정답 파일과 비교하여 채점할 학생 답안 파일을 선택한 후 〈열기〉 단추를 클릭합니다.

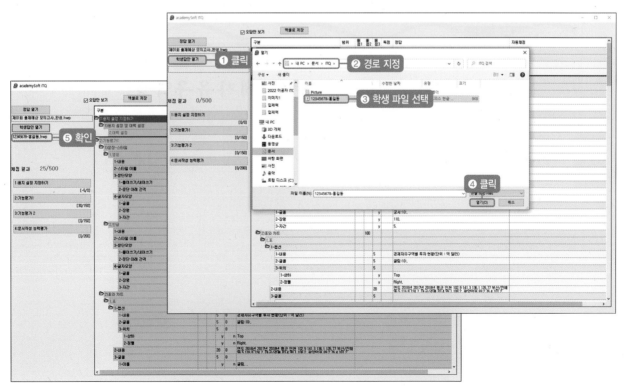

❺ 채점이 완료되면 화면 오른쪽의 채점 결과에서 틀린 부분을 확인합니다. 이어서, 작성한 학생 답안 파일을 실행한 후 채점 프로그램의 [정답] 항목과 비교하여 틀린 부분을 다시 확인합니다.

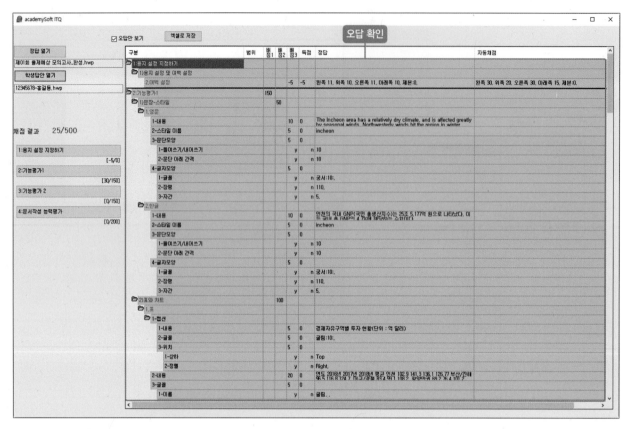

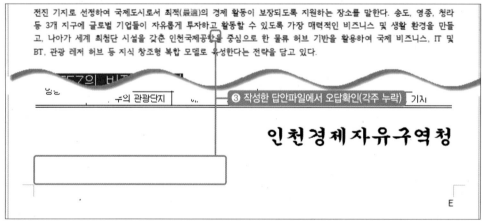

전진 기지로 선정하여 국제도시로서 최적(最適)의 경제 활동이 보장되도록 지원하는 장소를 말한다. 송도, 영종, 청라 등 3개 지구에 글로벌 기업들이 자유롭게 투자하고 활동할 수 있도록 가장 매력적인 비즈니스 및 생활 환경을 만들고, 나아가 세계 최첨단 시설을 갖춘 인천국제공항을 중심으로 한 물류 허브 기반을 활용하여 국제 비즈니스, IT 및 BT, 관광 레저 허브 등 지식 창조형 복합 모델로 육성한다는 전략을 담고 있다.

❸ 작성한 답안파일에서 오답확인(각주 누락)

인 천 경 제 자 유 구 역 청

4. 자동 채점 프로그램 Q&A

1) 한컴 오피스 프로그램(NEO(2016)/2020)이 2개 이상 설치되어 있다면 오류가 발생할 수 있습니다.

  – 사용하지 않는 오피스 프로그램을 삭제하고 재부팅 후 다시 실행해보시기 바랍니다.

2) '한글 파일을 읽지 못했습니다.' 메시지가 나올 경우

  – 한글 프로그램을 최신 버전으로 업데이트 해보시기 바랍니다.

3) '허가되지 않은 파일' 메시지가 나올 경우

  – 〈정답 열기〉에서 아카데미소프트에서 제공하는 정답 파일이 아닌 다른 파일을 불러올 경우 해당 메시지가 나옵니다.

4) '.NET Framework가 설치되어 있어야 합니다.' 메시지가 나올 경우

  – 인터넷에서 '.NET Framework 4.0' 프로그램을 찾아 설치하시기 바랍니다. 만약 이미 설치되어 있다고 나올 경우에는 [시작]–[설정]–[앱]–[프로그램 및 기능]–[Windows 기능 켜기/끄기]에서 '.NET Framework' 관련 기능들이 체크되어 있는지 확인하시기 바랍니다.

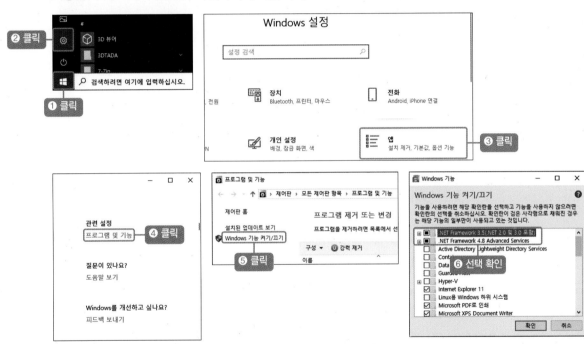

5) 'EF 작동이 중지되었습니다.' 메시지가 나올 경우

  – 사용하고 있는 오피스 프로그램을 최신 버전으로 업데이트 합니다.

  • MS오피스 : 윈도우 업데이트를 통해 최신버전으로 업데이트할 수 있습니다.

  • 한컴오피스 : [시작]–[한글과 컴퓨터]–[한컴 자동 업데이트 NEO]를 실행하여 업데이트를 진행할 수 있습니다.

  ※ 주의: 오피스 프로그램이 정품이 아닌 불법 복제프로그램(무설치 버전, 레지스트리 변형 버전, OO 패치 버전, 정품 확인 세한 버전, 업그레이드 제한 버전 등)일 경우에는 채점 프로그램이 정상적으로 실행되지 않으니 참고하시기 바랍니다.

5. 한글 NEO 화면구성

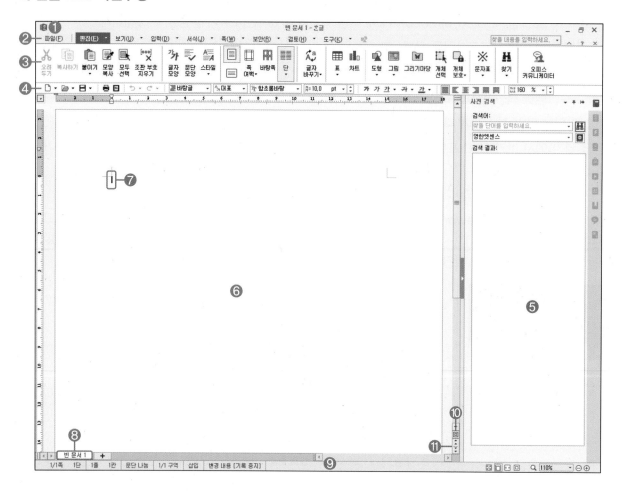

❶ 제목 : 현재 작업 중인 문서의 이름과 저장 위치를 보여주며, 최소화/최대화/닫기 단추가 표시됩니다.

❷ 메뉴 : 문서 작성에 필요한 기능들을 종류별로 분류한 메뉴를 보여줍니다.

❸ 기본 도구 상자 : 각 메뉴에서 자주 사용하는 기능을 메뉴 탭 형식으로 제공합니다.

❹ 서식 도구 상자 : 문서 편집 시 자주 사용하는 기능들을 묶어 놓은 곳입니다.

❺ 작업 창 : 작업 창을 활용하여 문서를 편집하면서 필요한 기능(예 : 사전 검색, 개요 보기, 빠른 실행, 클립보드, 스타일 등)을 바로 사용할 수 있어 편집 시간을 줄이고 작업 속도를 높여 효율적으로 문서 작업을 수행할 수 있습니다.

❻ 편집 창 : 문서의 내용을 입력하고 편집할 수 있는 작업 공간입니다.

❼ 커서 : 문자가 입력되는 위치를 나타냅니다.

❽ 문서 탭 : 현재 작업 창에 열려 있는 문서와 파일명을 탭 형식으로 표시합니다. 저장하지 않은 문서는 파일 이름이 빨강색으로 표시되고, 자동 저장된 문서는 파랑색, 저장 완료된 문서는 검정색으로 표시됩니다.

❾ 상황 선 : 현재 작업 중인 커서의 위치, 삽입/수정 상태 등을 보여줍니다.

❿ 보기 선택 아이콘 : 쪽 윤곽, 문단 부호 보기, 조판 부호 보기, 투명선, 격자 설정, 찾기와 같은 보기 기능을 선택할 수 있습니다.

⓫ 쪽 이동 아이콘 : 작성 중인 문서가 여러 장일 때 쪽 단위로 이동할 수 있습니다.

PART 02

출제유형
완전정복

수험자 유의사항 및 답안 작성 요령

◎ 편집 용지 및 기본 글자 서식 지정하기 　 ◎ 문제 번호 입력 및 페이지 구분하기
◎ 답안 파일 저장하기

· 문제 미리보기 ·

[수험자 유의사항 및 답안 작성요령]

과목	코드	문제유형	시험시간	수험번호	성명
아래한글	1111	A	60분		

한컴 오피스

· 수험자 유의사항 ·

● 수험자는 문제지를 받는 즉시 문제지와 **수험표상의 시험과목(프로그램)이 동일한지 반드시 확인**하여야 합니다.
● 파일명은 본인의 "수험번호-성명"으로 입력하여 답안폴더(내 PC₩문서₩ITQ)에 하나의 파일로 저장해야 하며, 답안 문서 파일명이 "수험번호-성명"과 일치하지 않거나, 답안파일을 전송하지 않아 미제출로 처리될 경우 실격 처리합니다 (예: 12345678-홍길동.hwp).
● 답안 작성을 마치면 파일을 저장하고, '답안 전송' 버튼을 선택하여 감독위원 PC로 답안을 전송하십시오. 수험생 정보와 저장한 파일명이 다를 경우 전송되지 않으므로 주의하시기 바랍니다.
● 답안 작성 중에도 **주기적으로 저장하고 '답안 전송'**하여야 문제 발생을 줄일 수 있습니다. 작업한 내용을 저장하지 않고 전송할 경우 이전에 저장된 내용이 전송되오니 이점 유의하시기 바랍니다.
● 답안문서는 지정된 경로 외의 다른 보조기억장치에 저장하는 경우, 지정된 시험 시간 외에 작성된 파일을 활용할 경우, 기타 통신수단(이메일, 메신저, 네트워크 등)을 이용하여 타인에게 전달 또는 외부 반출하는 경우는 부정 처리합니다.
● 시험 중 부주의 또는 고의로 시스템을 파손한 경우는 수험자가 변상해야 하며, 〈수험자 유의사항〉에 기재된 방법대로 이행하지 않아 생기는 불이익은 수험생 당사자의 책임임을 알려 드립니다.
● 문제의 조건은 한컴오피스 2020 버전으로 설정되어 있으며 한컴오피스 NEO는 【 】에 표기되어 있습니다. 이와 관련하여 작성한 답안의 출력형태가 문제지와 다를 수 있습니다.
● 시험을 완료한 수험자는 답안파일이 전송되었는지 확인한 후 감독위원의 지시에 따라 문제지를 제출하고 퇴실합니다.

· 답안 작성요령 ·

● 온라인 답안 작성 절차
　수험자 등록 ⇒ 시험 시작 ⇒ 답안파일 저장 ⇒ 답안 전송 ⇒ 시험 종료
● 공통 부문
　• 글꼴에 대한 기본설정은 함초롬바탕, 10포인트, 검정, 줄간격 160%, 양쪽정렬로 합니다.
　• 색상은 조건의 색을 적용하고 색의 구분이 안 될 경우에는 RGB 값을 적용하십시오.
　　(빨강 255, 0, 0 / 파랑 0, 0, 255 / 노랑 255, 255, 0).
　• 각 문항에 주어진 ≪조건≫에 따라 작성하고 언급하지 않은 조건은 ≪출력형태≫와 같이 작성합니다.
　• 용지여백은 왼쪽·오른쪽 11mm, 위쪽·아래쪽·머리말·꼬리말 10mm, 제본 0mm로 합니다.
　• 그림 삽입 문제의 경우 「내 PC₩문서₩ITQ₩Picture」 폴더에서 지정된 파일을 선택하여 삽입하십시오.
　• 삽입한 그림은 반드시 문서에 포함하여 저장해야 합니다(미포함 시 감점 처리).
　• 각 항목은 지정된 페이지에 출력형태와 같이 정확히 작성하시기 바라며, 그렇지 않을 경우에 해당 항목은 0점 처리됩니다.
　　※ 페이지구분: 1페이지 – 기능평가 I (문제번호 표시 : 1, 2.),
　　　　　　　　　 2페이지 – 기능평가 II(문제번호 표시 : 3, 4.),
　　　　　　　　　 3페이지 – 문서작성 능력평가
● 기능평가
　• 문제와 ≪조건≫은 입력하지 않으며 문제번호와 답(≪출력형태≫)만 작성합니다.
　• 4번 문제는 묶기를 했을 경우 0점 처리됩니다.
● 문서작성 능력평가
　• A4용지(210mm×297mm) 1매 크기, 세로 서식 문서로 작성합니다.
　• ⌐ ‾ ‾ ‾ ‾ ⌐ 표시는 문서작성에 대한 지시사항이므로 작성하지 않습니다.

《답안 작성요령》 공통 부문
- 글꼴에 대한 기본설정은 함초롬바탕, 10포인트, 검정, 줄간격 160%, 양쪽정렬로 합니다.
- 용지여백은 왼쪽·오른쪽 11mm, 위쪽·아래쪽·머리말·꼬리말 10mm, 제본 0mm로 합니다.

❶ [시작(⊞)] 단추를 눌러 [한글(⬛)]을 클릭합니다.

❷ 프로그램이 실행되면 서식 도구 상자에서 **글꼴(함초롬바탕), 글자 크기(10pt), 글자 색(검정), 양쪽 정렬(▤), 줄 간격(160%)**이 지정되어 있는지 확인합니다.

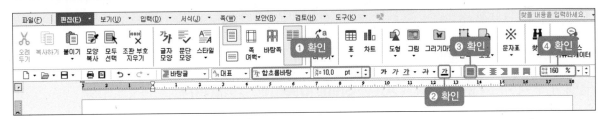

❸ [파일]-[**편집 용지**](또는 [F7])를 클릭합니다.

❹ [**편집 용지**] 대화상자가 나오면 [기본] 탭에서 **용지 종류-A4(국배판 [210×297]), 용지 방향(세로), 제본(한쪽)**을 확인합니다. 이어서, **용지 여백-왼쪽(11), 오른쪽(11), 위쪽(10), 아래쪽(10), 머리말(10), 꼬리말(10), 제본(0)**을 입력한 후 〈설정〉 단추를 클릭합니다.

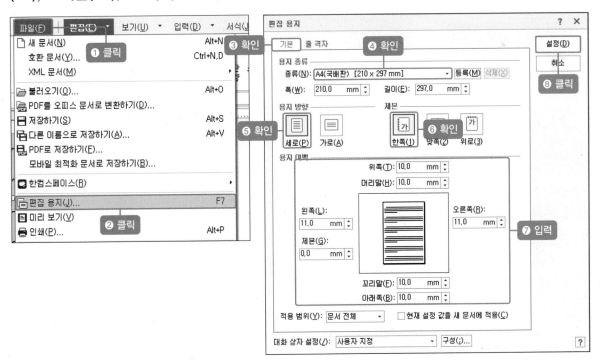

유형 02 문제 번호 입력 및 페이지 구분하기

《답안 작성요령》 공통 부문
- 각 항목은 지정된 페이지에 출력형태와 같이 정확히 작성하시기 바라며, 그렇지 않을 경우에 해당 항목은 0점 처리됩니다.

  ※ 페이지 구분 : 1페이지 - 기능평가 Ⅰ (문제번호 표시 : 1. 2.),

                          2페이지 - 기능평가 Ⅱ (문제번호 표시 3. 4.),

                          3페이지 - 문서작성 능력평가

❶ 1 페이지의 맨 윗 줄을 클릭하여 커서를 위치시킵니다. 이어서, 문제 번호 **1.**을 입력한 후 **Enter** 키를 **다섯 번** 누릅니다.

❷ 문제 번호 **2.**를 입력한 후 **Enter** 키를 **두 번** 누릅니다.

❸ [쪽] 탭에서 **구역 나누기**(⬛)(또는 **Alt** + **Shift**, **Enter**)를 클릭합니다.

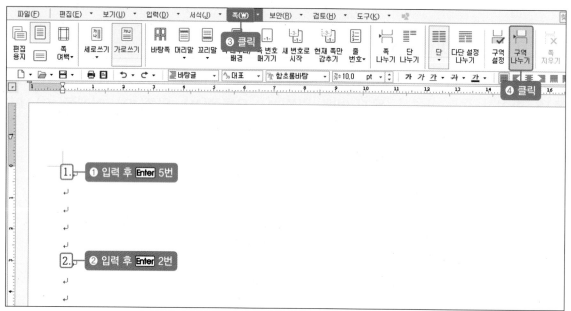

 문단 부호

[보기]-문단 부호 체크(✓)

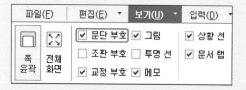

문단의 줄 바꿈에 대한 표시(↵)를 화면에 나타내는 기능으로 문서의 내용을 정확하게 입력하기 위해 사용합니다. 문단 부호의 체크(✓) 여부는 시험 점수와 무관합니다.

 구역 나누기

[쪽]-구역 나누기(⬛)

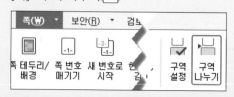

페이지를 나누는 기능 중 하나로 페이지별로 서식을 다르게 지정할 수 있습니다. ITQ 한글 시험에서는 3페이지 [문서작성 능력평가] 부분에서 쪽 번호를 해당 페이지에만 입력하기 위해 사용합니다.

④ 2페이지로 커서가 이동하면 1페이지에 입력한 방법과 똑같이 문제 번호 **3.**과 **4.**를 입력한 후 **구역 나누기**(☲)(또는 [Alt]+[Shift], [Enter])를 한 번 더 클릭합니다.

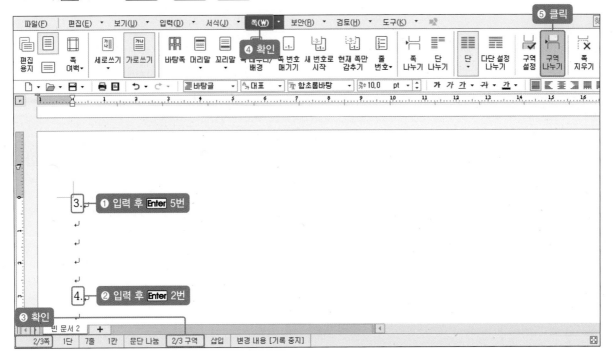

⑤ 3페이지에 커서가 이동된 것을 확인합니다.

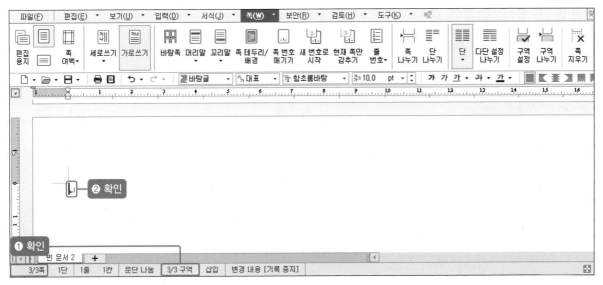

 ITQ 한글 답안 작성 요령

❶ 편집 용지(용지 종류, 용지 방향, 제본, 여백) 및 글꼴 기본설정(함초롬바탕, 10pt, 검정, 양쪽 정렬, 줄간격 160%)을 세팅

❷ 1페이지에 문제 번호(1, 2)를 입력한 후 구역 나누기를 실행하여 2페이지에 문제 번호(3, 4)를 입력하고, 다시 구역 나누기를 실행하여 총 3페이지가 되도록 세팅

❸ 모든 준비가 끝나면 문제 번호 순서(기능평가 I → 1페이지 문제 1, 2 / 기능평가 II → 2페이지 문제 3, 4 / 문서작성 능력 평가 → 3페이지)에 맞추어 답안을 작성

《수험자 유의사항》
- 파일명은 본인의 "수험번호-성명"으로 입력하여 답안폴더(내 PC₩문서₩ITQ)에 하나의 파일로 저장해야 하며, 답안 문서 파일명이 "수험번호-성명"과 일치하지 않거나, 답안파일을 전송하지 않아 미제출로 처리될 경우 실격 처리합니다 (예:12345678-홍길동.hwp).

❶ **Ctrl**+**Page Up** 키를 눌러 첫 페이지로 이동한 후 [파일]-**[저장하기]**(또는 **Alt**+**S**)를 클릭합니다.

※ 서식 도구 상자에서 '저장하기(💾)'를 클릭해도 결과는 같습니다.

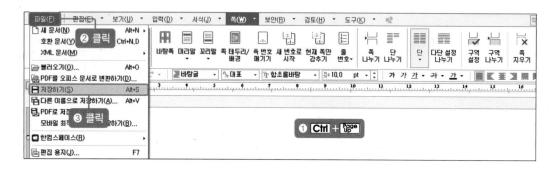

❷ [다른 이름으로 저장하기] 대화상자가 나오면 **저장 위치**(내 PC₩문서₩ITQ)를 지정하고 **파일 이름** (수험번호-성명)을 입력한 후 〈저장〉 단추를 클릭합니다.

※ 2020년 7월 정기시험부터 답안 파일 저장 경로가 위와 같이 변경되었으니 반드시 경로를 확인하세요.

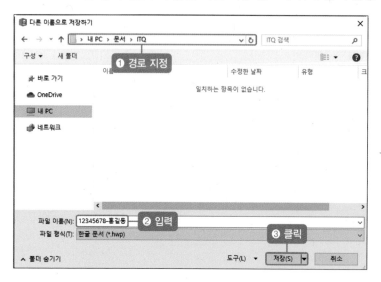

> TIP
> 답안 파일을 잘 못 저장했을 경우 [파일]-[다른 이름으로 저장하기]를 클릭합니다. [다른 이름으로 저장하기] 대화상자가 나오면 파일 이름과 저장 위치를 정확하게 입력 및 지정한 후 〈저장〉 단추를 클릭합니다.

시험 분석

답안 파일 저장
실제 시험에서는 감독위원의 지시에 따라 저장 위치([내 PC₩문서₩ITQ])를 선택하여 '수험 번호-성명'으로 입력한 후 감독관 PC로 답안 파일을 전송해야 합니다. 단, 저장 경로는 운영체제 버전 및 시험 규정에 따라 달라질 수 있습니다.

02 기능평가 Ⅰ - 스타일 지정

출제유형

- 스타일 내용 입력하기
- 기본 스타일(바탕글) 확인하기
- 스타일 지정하기

· 문제 미리보기 ·　　　　· 소스파일 : [출제유형02]-유형02_문제.hwp　　· 정답파일 : [출제유형02]-유형02_완성.hwp

1. 다음의 《조건》에 따라 스타일 기능을 적용하여 《출력형태》와 같이 작성하시오. (50점)

※ 스타일 지정 세부 《조건》은 다음 페이지를 참고하시기 바랍니다.

1.

In 1960, public discussions on unification issues sprang up in various sectors in South Korean society and government felt the need to listen to the public and set up a consistent unification policy.

1960년대 통일 문제에 대한 대중의 논의는 한국 사회의 여러 분야에서 시작되었고, 정부는 국민들의 말에 귀를 기울이고 일관된 통일 정책을 수립할 필요성을 느꼈다.

2.

《조건》 (1) 스타일 이름 – unification

(2) 문단 모양 – 왼쪽 여백 : 15pt, 문단 아래 간격 : 10pt

(3) 글자 모양 – 글꼴 : 한글(돋움)/영문(굴림), 크기 : 10pt, 장평 : 95%, 자간 : 5%

《출력형태》

> 1.
>
> In 1960, public discussions on unification issues sprang up in various sectors in South Korean society and government felt the need to listen to the public and set up a consistent unification policy.
>
> 1960년대 통일 문제에 대한 대중의 논의는 한국 사회의 여러 분야에서 시작되었고, 정부는 국민들의 말에 귀를 기울이고 일관된 통일 정책을 수립할 필요성을 느꼈다.

❶ 한글 NEO 프로그램을 실행한 후 [파일]-[불러오기]를 클릭합니다. [불러오기] 대화상자가 나오면 '유형02_문제.hwp' 파일을 불러옵니다.

❷ 1페이지에 입력한 문제 번호 **1.**의 다음 줄을 클릭하여 커서를 위치시킵니다.

❸ 문제지 기능평가 Ⅰ의 1번 문제《출력형태》를 보면서 다음과 같이 내용을 입력합니다.

※ 《출력형태》의 내용을 모두 입력한 후 **Enter** 키를 누르지 않도록 주의합니다.

> 1.↵
>
> 입력
>
> In 1960, public discussions on unification issues sprang up in various sectors in South Korean society and government felt the need to listen to the public and set up a consistent unification policy.↵
> 1960년대 통일 문제에 대한 대중의 논의는 한국 사회의 여러 분야에서 시작되었고, 정부는 국민들의 말에 귀를 기울이고 일관된 통일 정책을 수립할 필요성을 느꼈다.↵
> ↵

기능평가 Ⅰ의 1번 문제 내용 입력

기능평가 Ⅰ의 1번 문제《출력형태》를 보면 영문과 한글의 문장 사이가 두 줄로 띄어진 것처럼 보이지만 실제 입력할 때는 영문 내용을 입력한 후 **Enter** 키를 한 번만 눌러 한글 내용을 입력합니다. 영문과 한글 문장의 사이 간격은 스타일 지정으로 해결할 수 있습니다.

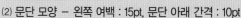
유형 02 스타일 지정하기

■ 스타일 추가 및 문단 모양 적용하기

❶ 《조건》에 따라 **unification** 스타일을 만들기 위해 입력한 내용을 드래그하여 블록으로 지정한 후 [서식] 탭에서 **스타일 추가하기(🔲)**를 클릭합니다.

※ 내용을 드래그할 때 문제 번호 '1.'이 같이 선택되지 않도록 주의합니다.

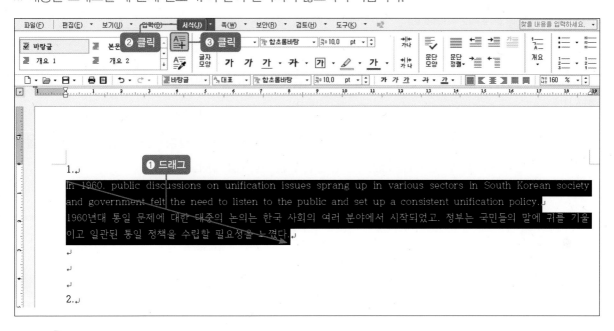

❷ [스타일 추가하기] 대화상자가 나오면 **스타일 이름(unification)**을 입력한 후 문단 모양을 지정하기 위해 **〈문단 모양〉** 단추를 클릭합니다.

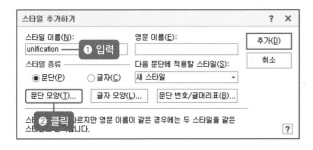

❸ [문단 모양] 대화상자가 나오면 [기본] 탭에서 **여백–왼쪽(15), 간격–문단 아래(10)**를 입력한 후 〈설정〉 단추를 클릭합니다.

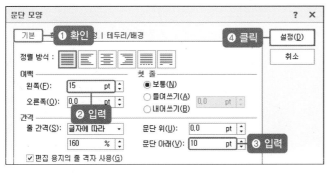

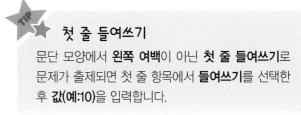

첫 줄 들여쓰기

문단 모양에서 **왼쪽 여백**이 아닌 **첫 줄 들여쓰기**로 문제가 출제되면 첫 줄 항목에서 **들여쓰기**를 선택한 후 **값(예:10)**을 입력합니다.

■ 글자 모양 적용하기

(3) 글자 모양 – 글꼴 : 한글(돋움)/영문(굴림), 크기 : 10pt, 장평 : 95%, 자간 5%

❶ 스타일의 글자 모양을 지정하기 위해 **〈글자 모양〉** 단추를 클릭합니다.

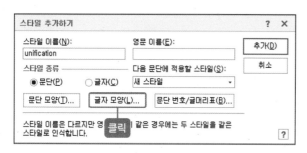

❷ [글자 모양] 대화상자가 나오면 [기본] 탭에서 **기준 크기(10), 언어별 설정-장평(95), 자간(5)**을 입력합니다.

❸ 이어서, **언어별 설정-언어(한글), 글꼴(돋움)**을 지정한 후 **언어별 설정-언어(영문), 글꼴(굴림)**를 지정합니다. 모든 스타일 작업이 끝나면 〈설정〉 단추를 클릭합니다.

※ 기준 크기와 장평, 자간을 먼저 지정한 후 언어별 글꼴(한글, 영문)을 설정하는 것이 편리합니다.

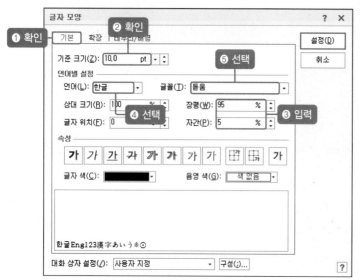
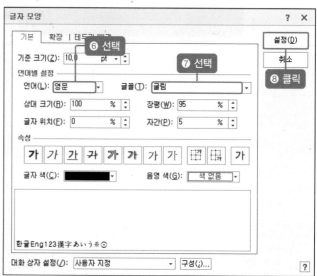

❹ 문단 모양과 글자 모양을 모두 지정한 후 [스타일 추가하기] 대화상자가 다시 나오면 〈추가〉 단추를 클릭합니다.

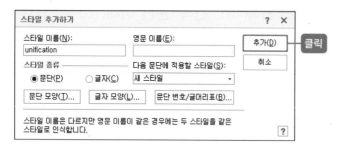

❺ [서식] 탭에서 목록에 추가된 **unification**을 클릭하여 블록으로 지정한 문장에 스타일을 적용시킵니다.

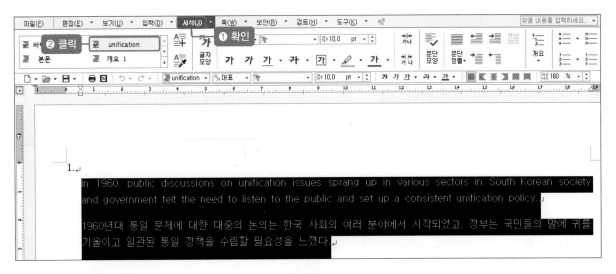

❻ [Esc] 키를 눌러 블록 지정을 해제한 후 《출력형태》와 같은지 확인합니다.

※《출력형태》와 비교하여 오탈자가 없는지 반드시 확인합니다.

1.↵
[Esc] 후 확인

In 1960, public discussions on unification issues sprang up in various sectors in South Korean society and government felt the need to listen to the public and set up a consistent unification policy.↵

1960년대 통일 문제에 대한 대중의 논의는 한국 사회의 여러 분야에서 시작되었고, 정부는 국민들의 말에 귀를 기울이고 일관된 통일 정책을 수립할 필요성을 느꼈다.↵

스타일 편집하기

❶ [서식] 탭의 목록 단추(▾)를 눌러 [스타일]을 클릭하거나 [F6] 키를 누릅니다.
❷ [스타일] 대화상자가 나오면 스타일 목록에서 변경할 스타일을 선택한 후 〈스타일 편집하기(✎)〉 단추를 클릭합니다.
❸ [스타일 편집하기] 대화상자가 나오면 스타일 이름, 문단 모양, 글자 모양 등을 수정할 수 있습니다.

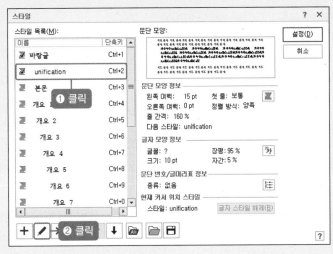

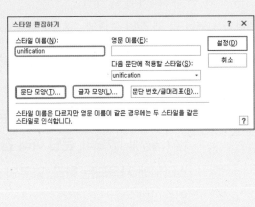

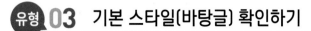

❶ 스타일 작업이 완료되면 문제 번호 **2.**의 다음 줄을 클릭하여 커서를 위치시킵니다.

❷ 서식 도구 상자에서 **글꼴(함초롬바탕), 글자 크기(10pt), 글자 색(검정), 양쪽 정렬(▤), 줄 간격 (160%)**이 지정되어 있는지 확인합니다.

※ 만약 글꼴 기본 설정이 변경되었을 때는 `Ctrl`+`1` 키를 눌러 글꼴과 글자 크기 등을 기본 스타일(바탕글)로 지정합니다.

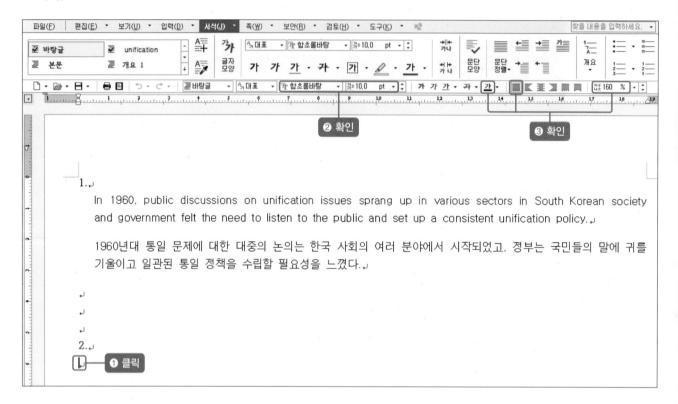

❸ 모든 작업이 완료되면 [파일]-[**저장하기**](`Alt`+`S`) 또는 서식 도구 상자에서 **저장하기(▤)**를 클릭하여 파일을 저장합니다.

※ 실제 시험을 볼 때 작업 도중에 수시로(10분에 한 번 정도) 저장을 하는 것이 좋습니다.

시험 분석

스타일 지정

- 과년도 시험 문제를 분석한 결과 스타일의 문단 모양은 **왼쪽 여백**과 **첫 줄 들여쓰기**가 가장 많이 출제되었으며, **문단 아래 간격 : 10pt**는 고정적으로 출제되고 있습니다.

- 스타일에 사용되는 한글, 영문의 글꼴은 3개의 글꼴(돋움, 궁서, 굴림)이 번갈아가며 출제되고 있습니다.

- 내용을 입력한 후 텍스트 아래쪽에 빨간 밑줄(phishing)이 생기더라도 《출력형태》와 똑같이 입력했다면 채점과 무관합니다.

스타일 지정

01 다음의 《조건》에 따라 스타일 기능을 적용하여 《출력형태》와 같이 작성하시오. (50점)

· 소스파일 : 없음   · 정답파일 : [출제유형02]-정복02_완성01.hwp

《조건》

⑴ 스타일 이름 – suncheon-man

⑵ 문단 모양 – 첫 줄 들여쓰기 : 15pt, 문단 아래 간격 : 10pt

⑶ 글자 모양 – 글꼴 : 한글(궁서)/영문(굴림), 크기 : 10pt, 장평 : 105%, 자간 : 5%

《출력형태》

1.

Suncheon-man bay, the treasure house of natural ecosystems has been selected as one of the five brands to compete with the world by the republic of Korea.

순천은 산, 바다, 호수가 어우러져 소강남으로 불릴 정도로 천혜의 자연환경을 갖춘 곳이다. 또한 제1호 국가정원인 순천만국가정원과 S자 물길이 이어진 순천만을 품고 있다.

2.

02 다음의 《조건》에 따라 스타일 기능을 적용하여 《출력형태》와 같이 작성하시오. (50점)

· 소스파일 : 없음 · 정답파일 : [출제유형02]-정복02_완성02.hwp

《조건》 (1) 스타일 이름 – safer

(2) 문단 모양 – 왼쪽 여백 : 10pt, 문단 아래 간격 : 10pt

(3) 글자 모양 – 글꼴 : 한글(굴림)/영문(궁서), 크기 : 10pt, 장평 : 95%, 자간 : –5%

《출력형태》

> 1.
> Disasters on land, the National Fire Agency focuses its efforts and capabilities on making the Republic of Korea a safer, more comfortable place to live.
>
> 소방공무원이란 화재를 예방, 경계, 진압하는 데 종사하는 공무원으로서 국민의 생명, 신체, 재산을 보호하는 것을 직무로 하며 국가소방공무원과 지방소방공무원이 있다.

03 다음의 《조건》에 따라 스타일 기능을 적용하여 《출력형태》와 같이 작성하시오. (50점)

· 소스파일 : 없음 · 정답파일 : [출제유형02]-정복02_완성03.hwp

《조건》 (1) 스타일 이름 – farm functions

(2) 문단 모양 – 왼쪽 여백 : 15pt, 문단 아래 간격 : 10pt

(3) 글자 모양 – 글꼴 : 한글(돋움)/영문(굴림), 크기 : 10pt, 장평 : 95%, 자간 : 5%

《출력형태》

> 1.
> A farm stay is any type of accommodation on a working farm. Some are family-focused, offering children opportunities to feed animals, collect eggs and learn how a farm functions.
>
> 농촌체험은 농가에서 숙식하면서 농사, 생활, 주변관광지 관광 및 마을축제 등에 참여하며 가족여행, 단체 모임 등 다양한 형태로 활용되고 있다.

04 다음의 《조건》에 따라 스타일 기능을 적용하여 《출력형태》와 같이 작성하시오. (50점)

· 소스파일 : 없음 · 정답파일 : [출제유형02]-정복02_완성04.hwp

《조건》 (1) 스타일 이름 – social welfare

(2) 문단 모양 – 첫 줄 들여쓰기 : 10pt, 문단 아래 간격 : 10pt

(3) 글자 모양 – 글꼴 : 한글(궁서)/영문(돋움), 크기 : 10pt, 장평 : 105%, 자간 : 5%

《출력형태》

> 1.
> As social welfare is realized by providing poor people with a minimal level of well-being, usually either a free supply of certain goods and social services, healthcare, education, vocational training.
>
> 나눔 활동은 가정 내의 빈곤과 가정해체로 인해 충분한 교육을 받지 못하는 아동들에게 재정적, 육체적, 정서적 지원을 제공하고 있으며 어린이들의 행복을 위해 노력하고 있습니다.

05 다음의 《조건》에 따라 스타일 기능을 적용하여 《출력형태》와 같이 작성하시오. (50점)

· 소스파일 : 없음 　　· 정답파일 : [출제유형02]-정복02_완성05.hwp

《조건》　(1) 스타일 이름 – jindo-gun

　　　　(2) 문단 모양 – 첫 줄 들여쓰기 : 15pt, 문단 아래 간격 : 10pt

　　　　(3) 글자 모양 – 글꼴 : 한글(굴림)/영문(돋움), 크기 : 10pt, 장평 : 95%, 자간 : -5%

《출력형태》

> 1.
>
> 　The tides come in and out 2 times a day. Though there are the differences of tides speed and wave such as typhoon, this risen pit has formed.
>
> 　조수 간만의 차이로 바다 밑의 길이 열리는 신비한 광경의 바닷길을 찾아 해마다 국내외의 수많은 관광객이 방문하면서 진도가 세계적으로 명성을 얻고 있다.

06 다음의 《조건》에 따라 스타일 기능을 적용하여 《출력형태》와 같이 작성하시오. (50점)

· 소스파일 : 없음 　　· 정답파일 : [출제유형02]-정복02_완성06.hwp

《조건》　(1) 스타일 이름 – KOFAC

　　　　(2) 문단 모양 – 왼쪽 여백 : 15pt, 문단 아래 간격 : 10pt

　　　　(3) 글자 모양 – 글꼴 : 한글(돋움)/영문(궁서), 크기 : 10pt, 장평 : 105%, 자간 : -5%

《출력형태》

> 1.
>
> 　**KOFAC is develops science education courses and textbooks which are easy and fun for students to learn their creativity and inquiring mind.**
>
> 　과학기술 앰배서더는 미래의 과학기술을 이끌어 나갈 청소년들을 예비 과학기술인으로 육성하고 일반인에게는 과학을 대중문화로 인식할 기회를 제공하는 임무를 수행한다.

07 다음의 《조건》에 따라 스타일 기능을 적용하여 《출력형태》와 같이 작성하시오. (50점)

· 소스파일 : 없음 　　· 정답파일 : [출제유형02]-정복02_완성07.hwp

《조건》　(1) 스타일 이름 – education

　　　　(2) 문단 모양 – 첫 줄 들여쓰기 : 10pt, 문단 아래 간격 : 10pt

　　　　(3) 글자 모양 – 글꼴 : 한글(바탕)/영문(굴림), 크기 : 10pt, 장평 : 95%, 자간 : 5%

《출력형태》

> 1.
>
> 　It is an educational activity which helps the students to choose careers and jobs and lead better lives through various active extra-curricula activities at schools.
>
> 　창의적 체험활동은 학생들이 건전하고 다양한 집단 활동에 참여하여 나눔과 배려를 실천함으로써 공동체 의식을 함양하고 개인의 소질과 잠재력을 계발, 신장하여 창의적인 삶의 태도를 기르는 것을 목표로 한다.

08 다음의 《조건》에 따라 스타일 기능을 적용하여 《출력형태》와 같이 작성하시오. (50점)

• 소스파일 : 없음   • 정답파일 : [출제유형02]-정복02_완성08.hwp

《조건》 (1) 스타일 이름 – copyright law

(2) 문단 모양 – 왼쪽 여백 : 15pt, 문단 아래 간격 : 10pt

(3) 글자 모양 – 글꼴 : 한글(굴림)/영문(돋움), 크기 : 10pt, 장평 : 105%, 자간 : −5%

《출력형태》

1.

The goal of copyright law is to encourage authors to invest effort in creating new works of art and literature. The trustee manages the copyright(property rights) for benefit of the mandator.

저작권 침해란 저작권자의 허락 없이 저작물을 일정한 방법으로 이용하는 행위를 말한다. 저작권법은 저작물을 이용하기 위해서는 저작재산권자에게 이용허락을 받도록 규정하고 있다.

09 다음의 《조건》에 따라 스타일 기능을 적용하여 《출력형태》와 같이 작성하시오. (50점)

• 소스파일 : 없음   • 정답파일 : [출제유형02]-정복02_완성09.hwp

《조건》 (1) 스타일 이름 – personal data

(2) 문단 모양 – 첫 줄 들여쓰기 : 15pt, 문단 아래 간격 : 10pt

(3) 글자 모양 – 글꼴 : 한글(돋움)/영문(궁서), 크기 : 10pt, 장평 : 95%, 자간 : 5%

《출력형태》

1.

The boundaries and content of what is considered private differ among cultures and individuals, but share basic common themes.

개인정보 보호법이란 개인정보의 비밀을 보호함으로써 국민의 권리와 이익을 증진하고 개인의 존엄과 가치를 구현하기 위하여 개인정보의 처리에 관한 사항을 규정하는 법률을 말한다.

10 다음의 《조건》에 따라 스타일 기능을 적용하여 《출력형태》와 같이 작성하시오. (50점)

• 소스파일 : 없음   • 정답파일 : [출제유형02]-정복02_완성10.hwp

《조건》 (1) 스타일 이름 – robot industry

(2) 문단 모양 – 왼쪽 여백 : 15pt, 문단 아래 간격 : 10pt

(3) 글자 모양 – 글꼴 : 한글(굴림)/영문(궁서), 크기 : 10pt, 장평 : 105%, 자간 : 5%

《출력형태》

1.

People could soon be wearing robots like clothing. A robotic suit gives you superhuman strength and robotic leg braces can allow a paraplegic to walk.

인공지능 기술은 기계 지능 및 컴퓨터 지능이라는 용어를 수용하면서 머신 러닝, 딥 러닝을 통해 인간의 사고방식을 컴퓨터에게 가르치는 기계학습의 한 분야인 지능형 로봇산업으로 발전하고 있다.

기능평가 I - 표 작성

- ○ 표 만들기
- ○ 표 내용 입력 및 정렬하기
- ○ 블록 계산 및 캡션 입력하기
- ○ 셀 배경색 및 테두리 지정하기

· 문제 미리보기 ·   · 소스파일 : [출제유형03]-유형03_문제.hwp   · 정답파일 : [출제유형03]-유형03_완성.hwp

2. 다음의 《조건》에 따라 《출력형태》와 같이 표와 차트를 작성하시오. (100점)

※ 《표 조건》은 다음 페이지를 참고하시기 바랍니다.

1.

In 1960, public discussions on unification issues sprang up in various sectors in South Korean society and government felt the need to listen to the public and set up a consistent unification policy.

1960년대 통일 문제에 대한 대중의 논의는 한국 사회의 여러 분야에서 시작되었고, 정부는 국민들의 말에 귀를 기울이고 일관된 통일 정책을 수립할 필요성을 느꼈다.

2.

남북 주요도시 인구현황(단위 : 만 명)

지역	서울	부산	평양	청진	합계
1970년	568	204	98	30	
2000년	1,007	373	277	59	
2020년	963	339	308	64	
2035년	926	320	347	71	

《표 조건》
(1) 표 전체(표, 캡션) – 돋움, 10pt
(2) 정렬 – 문자 : 가운데 정렬, 숫자 : 오른쪽 정렬
(3) 셀 배경(면색) : 노랑
(4) 한글의 계산 기능을 이용하여 빈칸에 합계를 구하고, 캡션 기능 사용할 것
(5) 선 모양은 《출력형태》와 동일하게 처리할 것

《출력형태》

2.

남북 주요도시 인구현황(단위 : 만 명)

지역	서울	부산	평양	청진	합계
1970년	568	204	98	30	
2000년	1,007	373	277	59	
2020년	963	339	308	64	
2035년	926	320	347	71	

❶ 한글 NEO 프로그램을 실행한 후 [파일]-[불러오기]를 클릭합니다. [불러오기] 대화상자가 나오면 '유형03_문제.hwp' 파일을 불러옵니다.

❷ 1페이지의 문제 번호 **2.** 다음 줄을 클릭하여 커서를 위치시킨 후 표를 작성하기 위해 [입력] 탭에서 **표(▦)**(또는 **Ctrl**+**N**, **T**)를 클릭합니다.

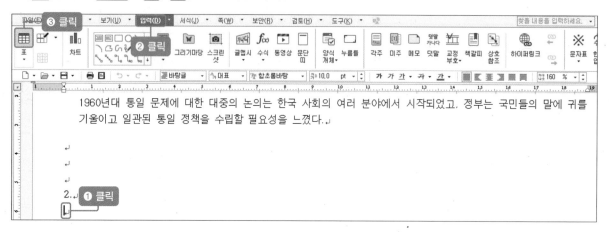

❸ [표 만들기] 대화상자가 나오면 《출력형태》를 참고하여 **줄 수(5), 칸 수(6)**를 입력하고, **글자처럼 취급**을 클릭하여 선택(✓)한 후 〈만들기〉 단추를 클릭합니다.

※ '글자처럼 취급'이 이미 체크(✓)가 된 상태라면 선택하지 않습니다.

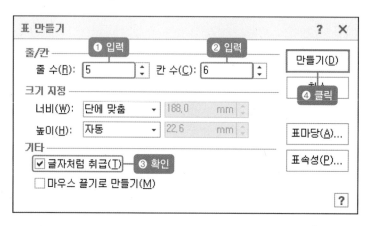

(1) 표 전체(표, 캡션) - 돋움, 10pt
(2) 정렬 - 문자 : 가운데 정렬, 숫자 : 오른쪽 정렬

❶ 표가 만들어지면 표 안쪽을 클릭한 후 문제지 기능평가Ⅰ의 2번 문제《출력형태》를 참고하여 다음
과 같이 내용을 입력합니다.

입력

2.					
지역	서울	부산	평양	청진	합계
1970년	568	204	98	30	
2000년	1,007	373	277	59	
2020년	963	339	308	64	
2035년	926	320	347	71	

★ 셀 안쪽의 커서 이동 방법

표 안의 내용을 입력한 후 **Tab** 키(오른쪽으로 이동) 또는 방향키(↑, ↓, ←, →)를 이용하여 커서를 이동할 수 있습니다.

❷ 모든 내용이 입력되면 표 전체를 드래그하여 블록으로 지정한 후 서식 도구 상자에서 **글꼴
(돋움), 글자 크기(10)**를 지정합니다. 이어서, **가운데 정렬(≡)**을 클릭합니다.

※ 한글 NEO에서는 서식 도구 상자에서 글꼴을 선택할 때 [모든 글꼴]에서 컴퓨터에 설치된 모든 글꼴들을 찾을 수 있
습니다.

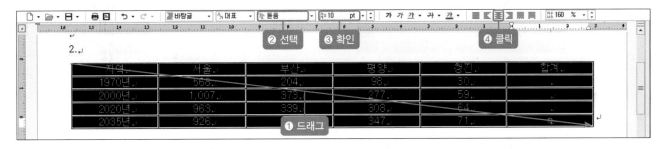

❸ 표 내용에서 숫자를 오른쪽으로 정렬하기 위해 다음과 같이 드래그하여 블록으로 지정한 후 서식
도구 상자에서 **오른쪽 정렬(≡)**을 클릭합니다.

※ 해당 빈 칸(합계 열)은 블록 계산식을 이용하여 숫자 값이 입력되기 때문에 《표 조건》에 맞추어 미리 오른쪽 정렬을
지정합니다.

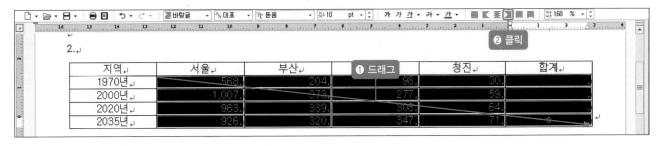

■ 셀 배경색 지정하기

① 셀 배경색을 지정하기 위해 다음과 같이 드래그하여 블록으로 지정합니다.

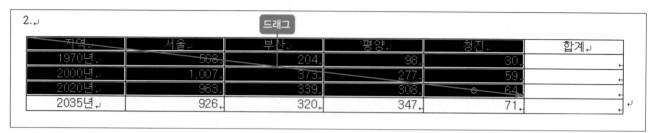

② [표( )] 탭에서 **셀 배경 색( )의 목록 단추( )**를 누릅니다. 이어서, 색상 테마( )를 클릭한 후 **오피스**를 선택합니다.

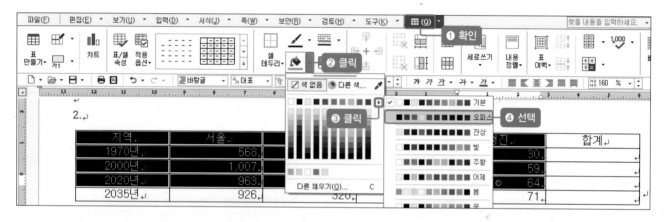

③ 오피스 색상 팔레트가 나오면 **노랑**을 클릭합니다.

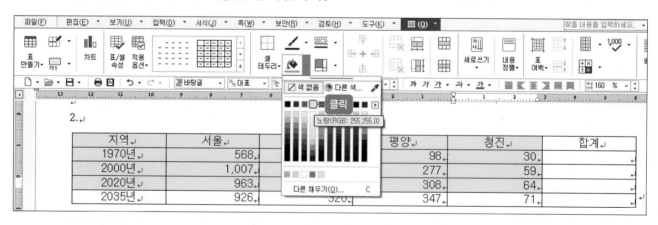

색상 테마

❶ 실제 시험에서 지시하는 색상(빨강, 파랑, 노랑, 하양, 검정)은 하양을 제외하고 모두 [오피스] 색상 테마입니다. 사용자 환경에 따라 다른 색상 테마가 설정되어 있을 수 있으니 반드시 색상 테마를 [오피스]로 변경한 후 작업합니다.

※ 단, 하양은 [기본] 테마의 '하양'을 선택하여 사용합니다.

❷ 색상 팔레트에서 〈다른 색(◉ 다른 색...)〉을 클릭한 후 RGB 값을 직접 입력하여 색상을 지정할 수도 있습니다.
(빨강 : 255, 0, 0 / 파랑 0, 0, 255 / 노랑 255, 255, 0)

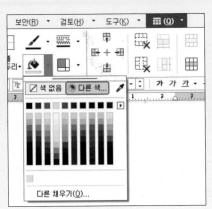
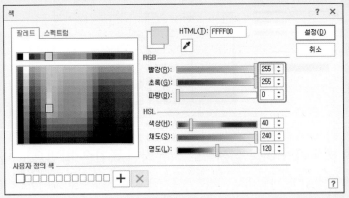

❹ Esc 키를 눌러 블록 지정을 해제한 후 셀 배경색을 확인합니다.

지역	서울	부산	평양	청진	합계
1970년	568	204	98	30	
2000년	1,007	373	277	59	Esc 후 확인
2020년	963	339	308	64	
2035년	926	320	347	71	

■ 셀 테두리 지정하기

> (5) 선 모양은 《출력형태》와 동일하게 처리할 것

❶ 셀 테두리 선을 변경하기 위해 표 전체를 드래그하여 블록으로 지정합니다. 이어서, [표(▦ (Q))] 탭의 목록 단추(▾)를 눌러 [셀 테두리/배경]-[각 셀마다 적용](또는 L)을 클릭합니다.

※ 표 전체를 블록으로 지정한 후 블록으로 지정된 셀 위에서 마우스 오른쪽 단추를 눌러 [셀 테두리/배경]-[각 셀마다 적용]을 선택할 수도 있습니다.

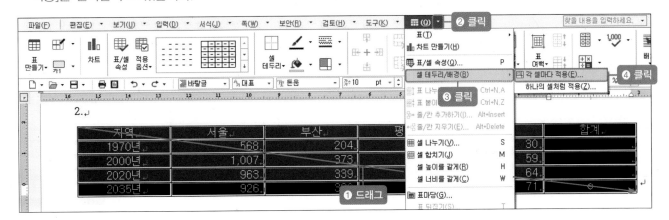

❷ [셀 테두리/배경] 대화상자가 나오면 [테두리] 탭에서 **종류−이중 실선(▬▬▬▬)**, **바깥쪽(⊞)**을 선택한 후 〈설정〉 단추를 클릭합니다.

※ 테두리 종류는 《출력형태》를 참고하여 작업합니다.

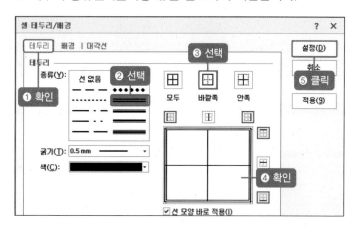

❸ 바깥쪽 테두리가 **이중 실선**으로 적용되면 똑같은 방법으로 다음과 같이 표의 테두리를 지정합니다.

– 첫 번째 행(지역, 서울, 부산, 평양, 청진, 합계)을 블록으로 지정한 후 '이중 실선'으로 바깥쪽(⊞) 테두리 지정
– 첫 번째 열(지역, 1970년, 2000년, 2020년, 2035년)을 블록으로 지정한 후 '이중 실선'으로 바깥쪽(⊞) 테두리 지정

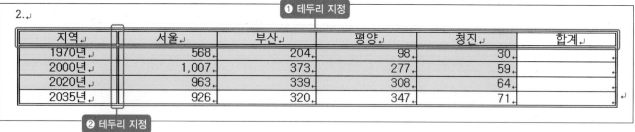

지역	서울	부산	평양	청진	합계
1970년	568	204	98	30	
2000년	1,007	373	277	59	
2020년	963	339	308	64	
2035년	926	320	347	71	

테두리 지정

❶ 첫 번째 행은 [셀 테두리/배경] 대화상자에서 **이중 실선−아래(⊟)**를 선택해도 결과는 같습니다.
❷ 첫 번째 열은 [셀 테두리/배경] 대화상자에서 **이중 실선−오른쪽(⊟)**을 선택해도 결과는 같습니다.

❹ 하나의 셀에 대각선을 지정하기 위해 다음과 같이 표 안의 셀을 클릭하여 커서를 위치시킨 후 **F5** 키를 눌러 블록으로 지정합니다.

❺ [표(⊞(Q))] 탭의 목록 단추(▾)를 눌러 **[셀 테두리/배경]−[각 셀마다 적용]**(또는 **L**)을 클릭합니다.

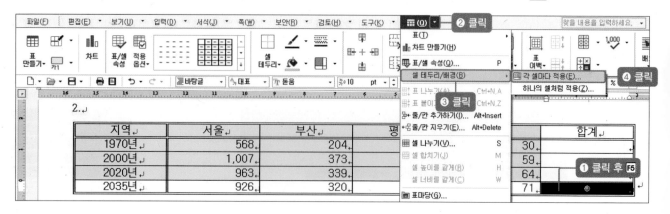

❻ [셀 테두리/배경] 대화상자가 나오면 [대각선] 탭에서 **종류-실선**(■━━━━■), **대각선-**◩, ◪을 선택한 후 〈설정〉 단추를 클릭합니다.

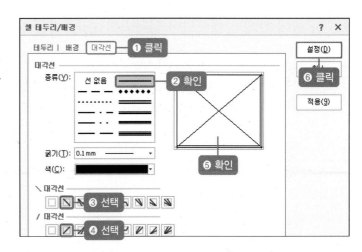

각 셀마다 적용 / 하나의 셀처럼 적용

❶ **각 셀마다 적용** : 블록으로 지정된 셀에 테두리나 배경, 대각선 등을 지정하면 각 셀마다 지정되어 나타납니다.

❷ **하나의 셀처럼 적용** : 블록으로 지정된 셀에 테두리나 배경, 대각선 등을 지정하면 하나의 셀에 지정되는 것처럼 나타납니다.

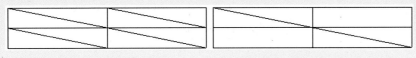

▲ [각 셀마다 적용]–[대각선]을 적용한 경우　　　▲ [하나의 셀처럼 적용]–[대각선]을 적용한 경우

(1) 표 전체(표, 캡션) – 돋움, 10pt
(4) 한글의 계산 기능을 이용하여 빈칸에 합계를 구하고, 캡션 기능 사용할 것

유형 04 블록 계산(합계, 평균 등) 및 캡션 입력하기

❶ 블록 계산식을 이용하여 합계를 구하기 위해 다음과 같이 드래그하여 블록으로 지정한 후 [표(■■(0))] 탭에서 [계산식(■ ·)]–**블록 합계**(■)를 클릭합니다.

※ 블록으로 지정된 셀 위에서 마우스 오른쪽 단추를 눌러 [블록 계산식]–[블록 합계]를 선택할 수도 있습니다.

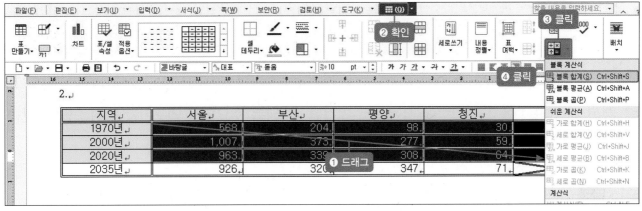

블록 계산

표의 《출력형태》를 보면 합계 부분이 빈 칸으로 되어 있지만, 《출력형태》에는 계산 기능을 이용하여 빈 칸의 합계를 구하라고 되어있기 때문에 블록 계산식을 이용하여 합계를 구해야 합니다.

② 빈 셀에 합계가 계산되어 입력되면 Esc 키를 눌러 블록 지정을 해제합니다.

블록 계산식

❶ 바로 가기 키 : 블록 합계(Ctrl+Shift+S), 블록 평균(Ctrl+Shift+A), 블록 곱(Ctrl+Shift+P)

❷ 소수점 자리수 변경 : 만약 평균을 계산한 후 소수점 자리수를 변경하고자 할 경우에는 평균으로 계산된 숫자(예 : 60.50) 위에서 마우스 오른쪽 단추를 눌러 [계산식 고치기]를 클릭합니다. 이어서, [계산식] 대화상자가 나오면 '형식'을 눌러 원하는 자리수를 지정합니다.

※ 현재 ITQ 한글 시험에서는 평균 계산식의 형식이 기본 자릿수(소수점 이하 두 자리)로 출제되고 있으니 참고하시기 바랍니다.

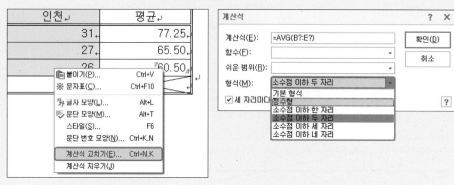

③ 합계가 계산되면 [표( )] 탭에서 **캡션( )의 목록 단추( )**를 클릭한 후 **위**를 선택합니다.

※ 캡션이란 표 또는 그림 등의 이해를 돕기 위하여 간단한 내용을 입력하는 기능으로 《출력형태》의 표 우측 상단을 참고하여 캡션 내용을 입력합니다.

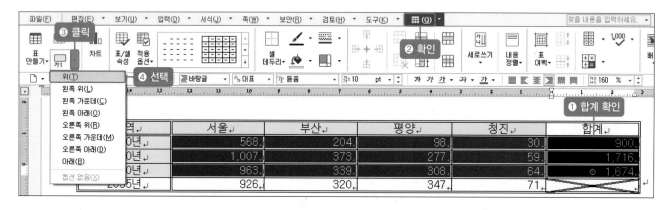

④ **캡션 내용(표 1)**을 드래그하여 블록으로 지정한 후 **남북 주요도시 인구현황(단위 : 만 명)**을 입력합니다.

❺ 캡션을 블록으로 지정한 후 서식 도구 상자에서 **글꼴(돋움)**, **글자 크기(10)**, **오른쪽 정렬(▤)**을 지정합니다. 이어서, **Esc** 키를 눌러 블록 지정을 해제합니다.

 캡션 삭제

캡션 위에서 마우스 오른쪽 단추를 눌러 바로 가기 메뉴가 나오면 **[캡션 없음]**을 선택하여 삭제할 수 있습니다.

---

❻ 표 전체를 드래그하여 블록으로 지정한 후 **Ctrl** 키를 누른 채 **↓** 키를 한 번 눌러 표의 크기를 조절합니다.

※ 표의 크기는 《출력형태》를 참고하여 작업하며, 표의 크기를 조절하지 않아도 감점사항은 아닙니다.

2.↵

남북 주요도시 인구현황(단위 : 만 명).

지역↵	서울↵	부산↵	평양↵	청진↵	합계↵
1970년↵	568↵	204↵	98↵	30↵	900↵
2000년↵	1,007↵	373↵	277↵	59↵	1,716↵
2020년↵	963↵	339↵	308↵	64↵	1,674↵
2035년↵	926↵	320↵	347↵	71↵	

❼ 모든 작업이 완료되면 [파일]-**[저장하기]**(**Alt**+**S**) 또는 서식 도구 상자에서 **저장하기(▤)**를 클릭하여 파일을 저장합니다.

※ 실제 시험을 볼 때 작업 도중에 수시로(10분에 한 번 정도) 저장을 하는 것이 좋습니다.

2.↵

남북 주요도시 인구현황(단위 : 만 명).

지역↵	서울↵	부산↵	평양↵	청진↵	합계↵
1970년↵	568↵	204↵	98↵	30↵	900↵
2000년↵	1,007↵	373↵	277↵	59↵	1,716↵
2020년↵	963↵	339↵	308↵	64↵	1,674↵
2035년↵	926↵	320↵	347↵	71↵	

시험 분석 | **표 작성**

• 과년도 시험 문제를 분석한 결과 표 전체(표, 캡션)의 글꼴은 **돋움**, **궁서**, **굴림**, 셀 배경색은 **노랑**이 자주 출제되었습니다.

• 블록 계산식은 **합계**와 **평균(소수점 두 자리)**이 자주 출제되었습니다.

표 작성

 다음의 《조건》에 따라 《출력형태》와 같이 표와 차트를 작성하시오. (100점)

· 소스파일 : [출제유형03]-정복03_문제01.hwp   · 정답파일 : [출제유형03]-정복03_완성01.hwp

《표 조건》

(1) 표 전체(표, 캡션) - 돋움, 10pt

(2) 정렬 - 문자 : 가운데 정렬, 숫자 : 오른쪽 정렬

(3) 셀 배경(면색) : 노랑

(4) 한글의 계산 기능을 이용하여 빈칸에 평균(소수점 두 자리)을 구하고, 캡션 기능 사용할 것

(5) 선 모양은 《출력형태》와 동일하게 처리할 것

《출력형태》

1.

　　Suncheon-man bay, the treasure house of natural ecosystems has been selected as one of the five brands to compete with the world by the republic of Korea.

　　순천은 산, 바다, 호수가 어우러져 소강남으로 불릴 정도로 천혜의 자연환경을 갖춘 곳이다. 또한 제1호 국가정원인 순천만국가정원과 S자 물길이 이어진 순천만을 품고 있다.

2.

순천만갈대축제 방문객 수 현황(단위 : 명)

구분	2016년	2017년	2018년	2019년	평균
자원봉사단	3,800	5,300	6,100	4,800	
학생기자단	4,800	3,200	4,300	5,100	
국내 관광객	52,800	32,600	48,000	51,600	
해외 관광객	190,456	194,560	208,470	196,520	✕

02 다음의 《조건》에 따라 《출력형태》와 같이 표와 차트를 작성하시오. (100점)

• 소스파일 : [출제유형03]-정복03_문제02.hwp   • 정답파일 : [출제유형03]-정복03_완성02.hwp

《표 조건》

(1) 표 전체(표, 캡션) – 돋움, 10pt

(2) 정렬 – 문자 : 가운데 정렬, 숫자 : 오른쪽 정렬

(3) 셀 배경(면색) : 노랑

(4) 한글의 계산 기능을 이용하여 빈칸에 합계를 구하고, 캡션 기능 사용할 것

(5) 선 모양은 《출력형태》와 동일하게 처리할 것

《출력형태》

2.

소방산업 기업인증 현황(단위 : %)

구분	벤처기업	이노비즈 기업	메인비즈 기업	ISO 인증	합계
소방설계업	5.7	4.9	2.1	10.2	
소방공사업	3.1	1.7	4.4	13.5	
소방제조업	14.6	13.2	5.3	21.9	
소방관리업	3.0	4.0	0.2	8.6	

03 다음의 《조건》에 따라 《출력형태》와 같이 표와 차트를 작성하시오. (100점)

• 소스파일 : [출제유형03]-정복03_문제03.hwp   • 정답파일 : [출제유형03]-정복03_완성03.hwp

《표 조건》

(1) 표 전체(표, 캡션) – 굴림, 10pt

(2) 정렬 – 문자 : 가운데 정렬, 숫자 : 오른쪽 정렬

(3) 셀 배경(면색) : 노랑

(4) 한글의 계산 기능을 이용하여 빈칸에 평균(소수점 두 자리)을 구하고, 캡션 기능 사용할 것

(5) 선 모양은 《출력형태》와 동일하게 처리할 것

《출력형태》

2.

연도별 팜스테이 참가 학생 수 현황(단위 : 명)

구분	2015년	2016년	2017년	2018년	평균
서울시	5,380	5,250	6,470	7,840	
인천시	3,440	3,710	4,850	5,320	
경기도	5,180	6,330	7,660	8,170	
대전시	2,240	3,180	3,150	4,970	

04 다음의 《조건》에 따라 《출력형태》와 같이 표와 차트를 작성하시오. (100점)

· 소스파일 : [출제유형03]−정복03_문제04.hwp   · 정답파일 : [출제유형03]−정복03_완성04.hwp

《표 조건》

(1) 표 전체(표, 캡션) − 돋움, 10pt

(2) 정렬 − 문자 : 가운데 정렬, 숫자 : 오른쪽 정렬

(3) 셀 배경(면색) : 노랑

(4) 한글의 계산 기능을 이용하여 빈칸에 합계를 구하고, 캡션 기능 사용할 것

(5) 선 모양은 《출력형태》와 동일하게 처리할 것

《출력형태》

2.

2019년 분야별 남자 자원봉사자 현황(단위 : 명)

구분	부산	광주	대구	인천	합계
주거환경	4,110	3,641	2,971	6,504	
교육	8,412	4,714	7,260	15,447	
환경보호	16,781	4,368	4,857	14,763	
문화행사	18,038	7,641	10,471	10,347	

05 다음의 《조건》에 따라 《출력형태》와 같이 표와 차트를 작성하시오. (100점)

· 소스파일 : [출제유형03]−정복03_문제05.hwp   · 정답파일 : [출제유형03]−정복03_완성05.hwp

《표 조건》

(1) 표 전체(표, 캡션) − 굴림, 10pt

(2) 정렬 − 문자 : 가운데 정렬, 숫자 : 오른쪽 정렬

(3) 셀 배경(면색) : 노랑

(4) 한글의 계산 기능을 이용하여 빈칸에 평균(소수점 두 자리)을 구하고, 캡션 기능 사용할 것

(5) 선 모양은 《출력형태》와 동일하게 처리할 것

《출력형태》

2.

진도 바닷길 관광객 현황(단위 : 백 명)

구분	2015년	2016년	2017년	2018년	평균
전라도	1,871	1,705	1,973	1,546	
경상도	1,682	1,423	1,170	1,869	
기타 지역	1,749	1,664	1,385	1,297	
외국인	1,031	604	359	812	

06 다음의 《조건》에 따라 《출력형태》와 같이 표와 차트를 작성하시오. (100점)

• 소스파일 : [출제유형03]-정복03_문제06.hwp   • 정답파일 : [출제유형03]-정복03_완성06.hwp

《표 조건》

(1) 표 전체(표, 캡션) - 굴림, 10pt

(2) 정렬 - 문자 : 가운데 정렬, 숫자 : 오른쪽 정렬

(3) 셀 배경(면색) : 노랑

(4) 한글의 계산 기능을 이용하여 빈칸에 평균(소수점 두 자리)을 구하고, 캡션 기능 사용할 것

(5) 선 모양은 《출력형태》와 동일하게 처리할 것

《출력형태》

2.

과학기술 연구개발비 현황(단위 : 천만 달러)

구분	2015년	2016년	2017년	2018년	평균
한국	3,168	4,610	3,647	5,140	
프랑스	5,941	6,410	5,460	7,100	
독일	8,529	9,700	8,815	9,670	
미국	37,600	42,887	45,916	39,700	

07 다음의 《조건》에 따라 《출력형태》와 같이 표와 차트를 작성하시오. (100점)

• 소스파일 : [출제유형03]-정복03_문제07.hwp   • 정답파일 : [출제유형03]-정복03_완성07.hwp

《표 조건》

(1) 표 전체(표, 캡션) - 굴림, 10pt

(2) 정렬 - 문자 : 가운데 정렬, 숫자 : 오른쪽 정렬

(3) 셀 배경(면색) : 노랑

(4) 한글의 계산 기능을 이용하여 빈칸에 합계를 구하고, 캡션 기능 사용할 것

(5) 선 모양은 《출력형태》와 동일하게 처리할 것

《출력형태》

2.

창의인성교육 자원 현황(단위 : 개)

구분	예술	녹색성장	과학기술	진로체험	합계
서울권	160	220	75	200	
충청권	170	130	60	160	
경상권	150	120	60	180	
전라권	140	160	70	195	

08 다음의 《조건》에 따라 《출력형태》와 같이 표와 차트를 작성하시오. (100점)

· 소스파일 : [출제유형03]-정복03_문제08.hwp   · 정답파일 : [출제유형03]-정복03_완성08.hwp

《표 조건》

(1) 표 전체(표, 캡션) – 궁서, 10pt

(2) 정렬 – 문자 : 가운데 정렬, 숫자 : 오른쪽 정렬

(3) 셀 배경(면색) : 노랑

(4) 한글의 계산 기능을 이용하여 빈칸에 평균(소수점 두 자리)을 구하고, 캡션 기능 사용할 것

(5) 선 모양은 《출력형태》와 동일하게 처리할 것

《출력형태》

2.

지역별 공공도서관 수(단위 : 개관)

지역	서울	부산	대구	인천	평균
2018년	175	57	46	31	
2017년	152	45	38	27	
2016년	146	39	31	26	
2015년	139	34	24	22	

09 다음의 《조건》에 따라 《출력형태》와 같이 표와 차트를 작성하시오. (100점)

· 소스파일 : [출제유형03]-정복03_문제09.hwp   · 정답파일 : [출제유형03]-정복03_완성09.hwp

《표 조건》

(1) 표 전체(표, 캡션) – 바탕, 10pt

(2) 정렬 – 문자 : 가운데 정렬, 숫자 : 오른쪽 정렬

(3) 셀 배경(면색) : 노랑

(4) 한글의 계산 기능을 이용하여 빈칸에 합계를 구하고, 캡션 기능 사용할 것

(5) 선 모양은 《출력형태》와 동일하게 처리할 것

《출력형태》

2.

개인정보 침해 사례 현황(단위 : 만 건)

구분	2015년	2016년	2017년	2018년	합계
정보 유출	1,510	1,648	1,713	1,769	
정보 매매	978	1,310	1,398	1,416	
정보 오남용	821	1,036	1,488	1,648	
정보 방치	746	955	1,095	1,248	

기능평가 Ⅰ - 차트 작성

04
출제유형

- ○ 차트 만들기(차트 마법사 이용)
- ○ 차트 제목 및 범례 서식 지정하기
- ○ 축 제목 및 축 이름표 서식 지정하기

· 문제 미리보기 ·   · 소스파일 : [출제유형04]−유형04_문제.hwp   · 정답파일 : [출제유형04]−유형04_완성.hwp

2. 다음의 《조건》에 따라 《출력형태》와 같이 표와 차트를 작성하시오. (100점)

※ 《차트 조건》은 다음 페이지를 참고하시기 바랍니다.

1.

In 1960, public discussions on unification issues sprang up in various sectors in South Korean society and government felt the need to listen to the public and set up a consistent unification policy.

1960년대 통일 문제에 대한 대중의 논의는 한국 사회의 여러 분야에서 시작되었고, 정부는 국민들의 말에 귀를 기울이고 일관된 통일 정책을 수립할 필요성을 느꼈다.

2.

남북 주요도시 인구현황(단위 : 만 명)

지역	서울	부산	평양	청진	합계
1970년	568	204	98	30	
2000년	1,007	373	277	59	
2020년	963	339	308	64	
2035년	926	320	347	71	

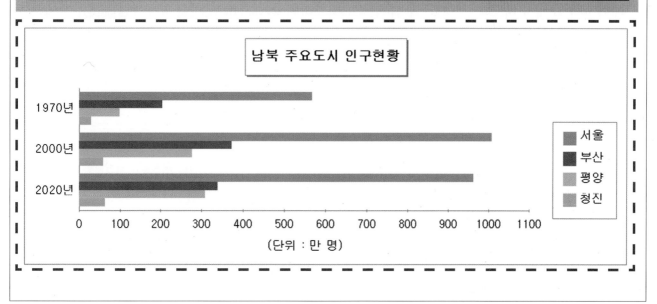

《**차트 조건**》 (1) 차트 데이터는 표 내용에서 지역별 1970년, 2000년, 2020년의 값만 이용할 것

(2) 종류 – 〈묶은 가로 막대형〉으로 작업할 것

(3) 제목 – 굴림, 진하게, 12pt, 속성 – 채우기(하양), 테두리, 그림자(대각선 오른쪽 아래)

【굴림, 진하게, 12pt, 배경 – 선 모양(한 줄로), 그림자(2pt)】

(4) 제목 이외의 전체 글꼴 – 굴림, 보통, 10pt

(5) 축제목과 범례는 《출력형태》와 동일하게 처리할 것

《**출력형태**》

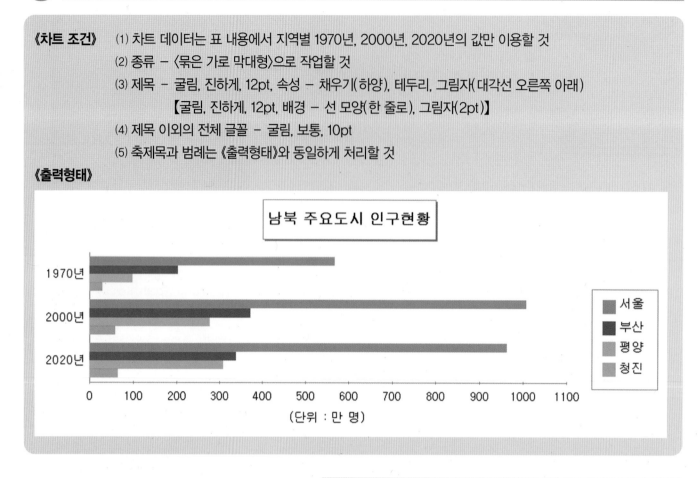

■ **표 내용을 이용하여 차트 만들기**   (1) 차트 데이터는 표 내용에서 지역별 1970년, 2000년, 2020년의 값만 이용할 것

❶ 한글 NEO 프로그램을 실행한 후 [파일]–[불러오기]를 클릭합니다. [불러오기] 대화상자가 나오면 '**유형04_문제.hwp**' 파일을 불러옵니다.

❷ 1페이지의 표에서 차트로 작성할 셀 범위를 드래그하여 블록으로 지정한 후 [표(▦(Q))] 탭에서 **차트**(▥)를 클릭합니다.

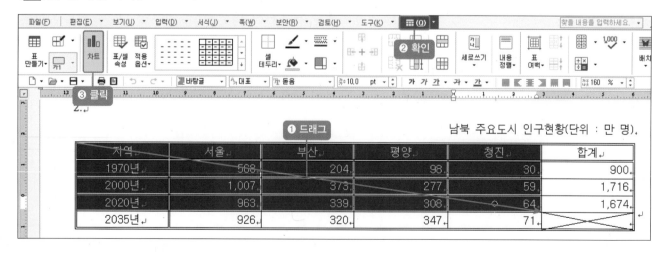

③ 차트가 만들어지면 차트를 선택한 후 [차트(📊)] 탭에서 **글자처럼 취급**을 클릭하여 선택(✓)합니다.

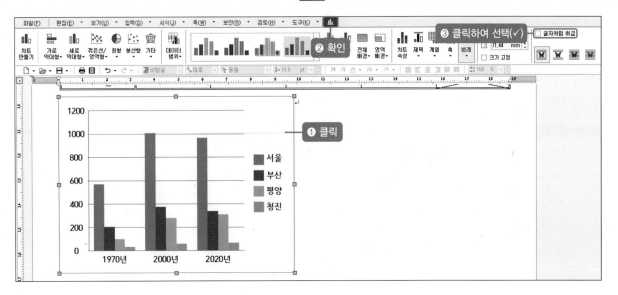

④ 차트의 오른쪽 조절점(■)을 드래그하여 다음과 같이 차트의 크기를 조절합니다.

※ 차트 크기 조절은 《출력형태》를 참고하여 작업합니다.

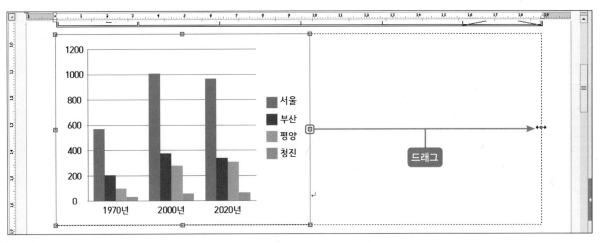

차트 선택

차트를 한 번 클릭하면 차트의 크기 및 위치 등을 변경할 수 있으며, 두 번(더블) 클릭하면 차트 편집 상태로 전환되어 차트의 제목이나 축, 범례 등을 변경할 수 있습니다.

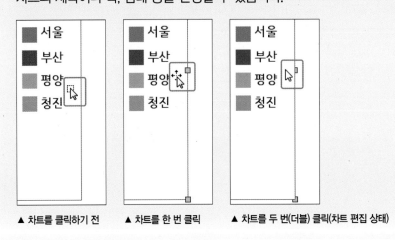

▲ 차트를 클릭하기 전   ▲ 차트를 한 번 클릭   ▲ 차트를 두 번(더블) 클릭(차트 편집 상태)

■ 차트 마법사

(2) 종류 – 〈묶은 가로 막대형〉으로 작업할 것

❶ 차트를 더블 클릭(차트 편집 상태)한 후 마우스 오른쪽 단추를 눌러 [차트 마법사]를 선택합니다.

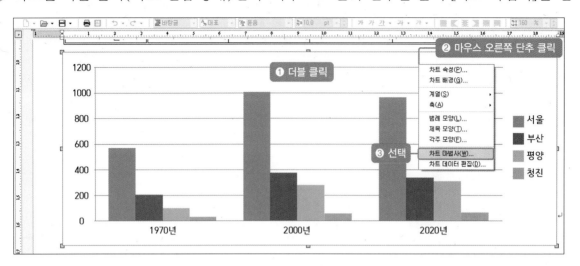

❷ [차트 마법사 – 3단계 중 1단계] 대화상자가 나오면 [표준 종류] 탭에서 **차트 종류(가로 막대형)**와 **차트 모양(묶은 가로 막대형)**을 선택한 후 〈다음〉 단추를 클릭합니다.

세로 막대형 차트

시험에서는 '세로 막대형 차트(묶은 세로 막대형)'와 '가로 막대형 차트(묶은 가로 막대형)'가 번갈아가며 출제되고 있습니다.

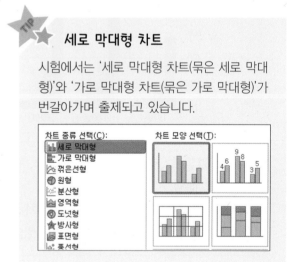

❸ [차트 마법사 – 3단계 중 2단계] 대화상자가 나오면 **방향(열)**을 선택한 후 〈다음〉 단추를 클릭합니다.

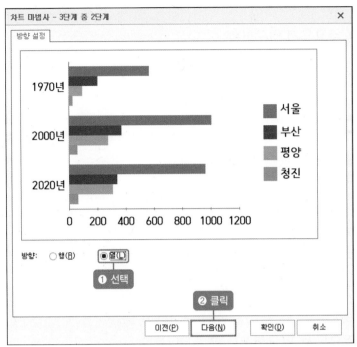

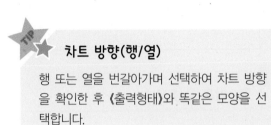

차트 방향(행/열)

행 또는 열을 번갈아가며 선택하여 차트 방향을 확인한 후 《출력형태》와 똑같은 모양을 선택합니다.

❹ [차트 마법사 – 마지막 단계] 대화상자가 나오면 [제목] 탭의 차트 제목 입력 칸에 **남북 주요도시 인구현황**을 입력한 후 Y(값) 축 입력 칸에 **(단위 : 만 명)**을 입력합니다. 이어서, 〈확인〉 단추를 클릭합니다.

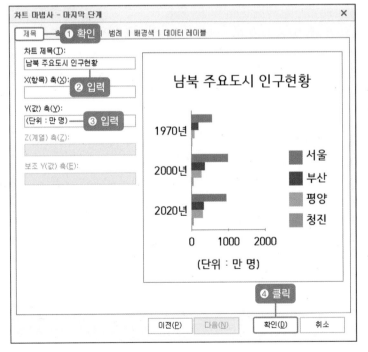

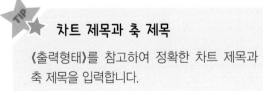

차트 제목과 축 제목

《출력형태》를 참고하여 정확한 차트 제목과 축 제목을 입력합니다.

⑤ 완성된 차트를 확인합니다.

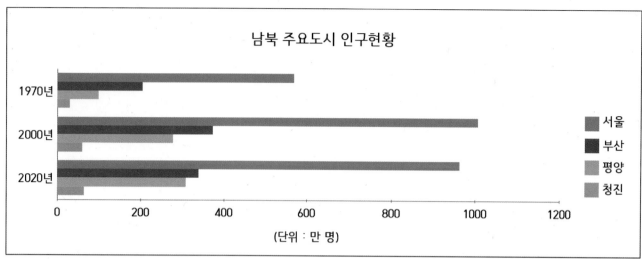

차트 구성 요소

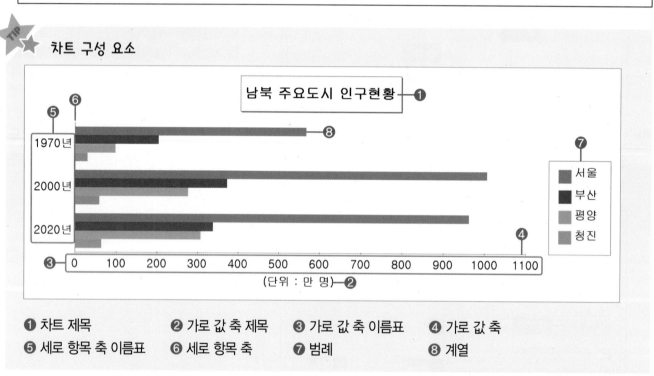

❶ 차트 제목   ❷ 가로 값 축 제목   ❸ 가로 값 축 이름표   ❹ 가로 값 축
❺ 세로 항목 축 이름표   ❻ 세로 항목 축   ❼ 범례   ❽ 계열

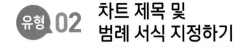

(3) 제목 – 굴림, 진하게, 12pt, 속성– 채우기(하양), 테두리, 그림자(대각선 오른쪽 아래)
【굴림, 진하게, 12pt, 배경 – 선 모양(한 줄로), 그림자(2pt)】
(4) 제목 이외의 전체 글꼴 – 굴림, 보통, 10pt
(5) 축제목과 범례는 《출력형태》와 동일하게 처리할 것

❶ 차트 제목의 서식을 변경하기 위해 차트를 더블 클릭합니다. 차트가 편집 상태로 변경되면 **차트 제목**을 더블 클릭합니다.

※ 차트를 더블 클릭(차트 편집 상태)한 후 마우스 오른쪽 단추를 눌러 [제목 모양]을 선택할 수도 있습니다.

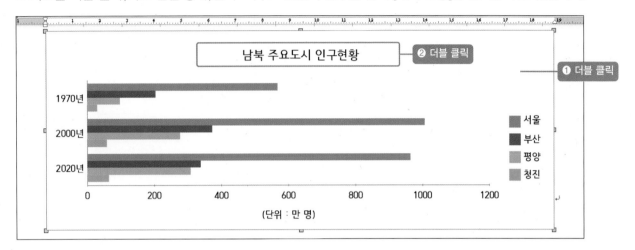

 차트 선택

❶ 차트 선택 : 차트를 한 번만 클릭한 상태로 차트의 크기 및 위치 등을 변경할 수 있습니다.
❷ 차트 편집 상태 : 차트를 더블 클릭한 상태로 차트의 제목이나 축, 범례 등을 변경할 수 있습니다.

❷ [제목 모양] 대화상자가 나오면 [배경] 탭에서 **선 모양–종류(한 줄로)**를 지정하고, **그림자**를 클릭하여 선택(✓)한 후 **위치(2pt)**를 지정합니다.

※ 선 모양을 한 줄로 지정하면 기본 굵기는 1pt로 선택됩니다.

❸ 이어서, [글자] 탭을 클릭하여 **글꼴 설정–글꼴(굴림), 크기(12), 속성(진하게)**을 지정한 후 〈설정〉 단추를 클릭합니다.

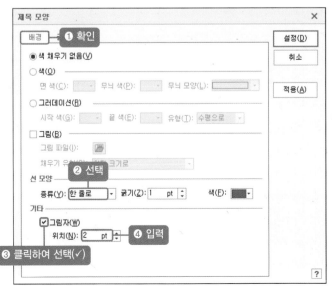

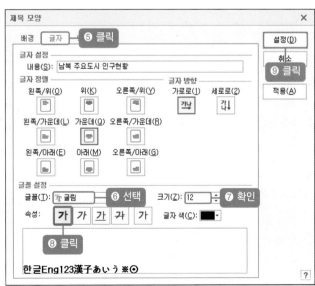

차트 제목 크기

만약 차트 제목이 두 줄로 나오거나 《출력형태》와 비교하여 크기가 작을 경우에는 차트 편집 상태에서 차트 제목을 클릭한 후 조절점(□)을 드래그하여 크기를 조절할 수 있습니다. 차트 제목의 세로 크기를 조절할 경우 축의 값이나 크기가 변경될 수 있으니 주의해야 합니다.

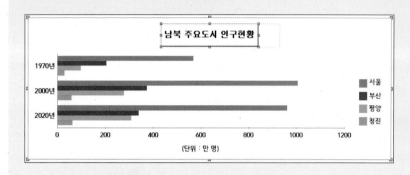

※ 차트 제목의 크기를 변경하고 저장한 후 다시 불러왔을 때 차트 제목 글자의 크기가 바뀌어 보일 수 있습니다. 이는 한글 프로그램의 오류로 인해 그렇게 보일 뿐 실제 글자 크기 값이 변경된 것은 아닙니다. 차트 제목의 조절점(▯)을 살짝 드래그하면 원래의 글자 크기로 되돌릴 수 있으니 참고하시기 바랍니다.

❹ 차트 제목의 서식이 변경된 것을 확인한 후 차트 편집 상태에서 **범례**를 더블 클릭합니다.

※ 차트를 더블 클릭(차트 편집 상태)한 후 마우스 오른쪽 단추를 눌러 [범례 모양]을 선택할 수도 있습니다.

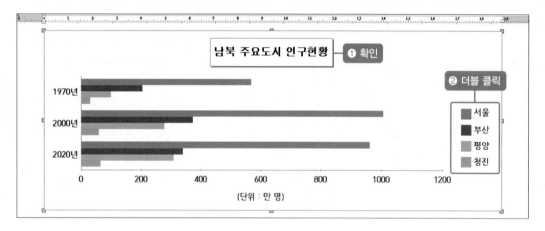

❺ [범례 모양] 대화상자가 나오면 [배경] 탭에서 **선 모양–종류(한 줄로)**를 지정합니다. 이어서, [글자] 탭을 클릭하여 **글꼴 설정–글꼴(굴림), 크기(10), 속성(보통 모양)**을 지정한 후 〈설정〉 단추를 클릭합니다. ※ 범례의 선 모양은 《출력형태》를 참고하여 작업합니다.

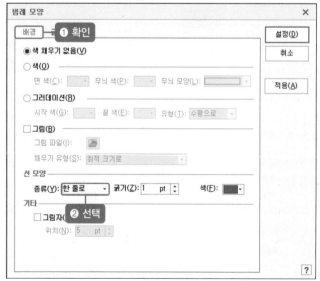

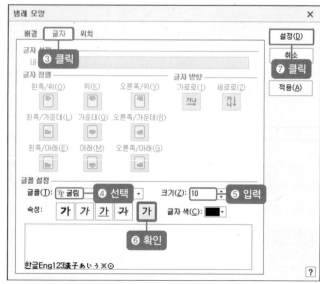

유형 03 축 제목 및 축 이름표 서식 지정하기

❶ 가로 값 축 제목의 서식을 지정하기 위해 차트 편집 상태에서 **가로 값 축 제목**을 더블 클릭합니다.

※ 차트를 더블 클릭(차트 편집 상태)한 후 마우스 오른쪽 단추를 눌러 [축]−[제목]−[가로 값 축]을 선택할 수도 있습니다. 세로 막대형 차트에선 [축]−[제목]−[세로 값 축]을 클릭해야 합니다.

❷ [축 제목 모양] 대화상자가 나오면 [글자] 탭에서 **글자 방향−가로로([깍낚])**를 선택합니다. 이어서, **글꼴 설정−글꼴(굴림), 크기(10), 속성(보통 모양)**을 지정한 후 〈설정〉 단추를 클릭합니다.

※《출력형태》를 참고하여 축 제목의 글자 방향(가로, 세로)을 선택합니다.

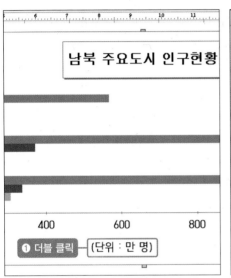
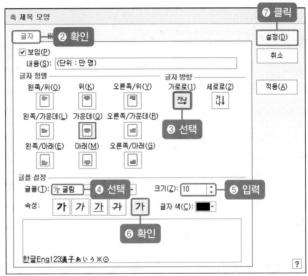

❸ 가로 값 축 이름표의 서식을 지정하기 위해 차트 편집 상태에서 **가로 값 축 이름표**를 더블 클릭합니다.

※ 차트를 더블 클릭(차트 편집 상태)한 후 마우스 오른쪽 단추를 눌러 [축]−[이름표]−[가로 값 축]을 선택할 수도 있습니다.

❹ [축 이름표 모양] 대화상자가 나오면 [글자] 탭에서 **글꼴 설정−글꼴(굴림), 크기(10), 속성(보통 모양)**을 지정한 후 〈설정〉 단추를 클릭합니다.

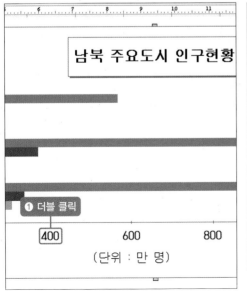
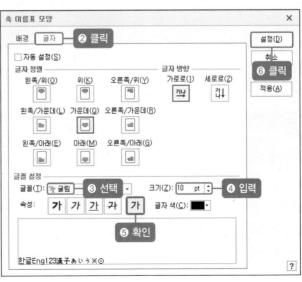

❺ 세로 항목 축 이름표의 서식을 지정하기 위해 차트 편집 상태에서 **세로 항목 축 이름표**를 더블 클릭합니다.

※ 차트를 더블 클릭(차트 편집 상태)한 후 마우스 오른쪽 단추를 눌러 [축]-[이름표]-[세로 항목 축]을 선택할 수도 있습니다. 세로 막대형 차트에서는 [축]-[이름표]-[가로 항목 축]을 클릭해야 합니다.

❻ [축 이름표 모양] 대화상자가 나오면 [글자] 탭에서 **글꼴 설정-글꼴(굴림), 크기(10), 속성(보통 모양)**을 지정한 후 〈설정〉 단추를 클릭합니다.

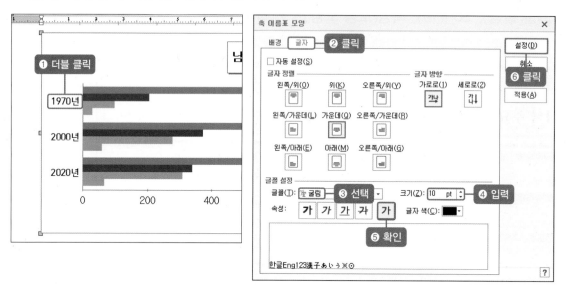

❼ 축의 눈금 값을 변경하기 위해 차트 편집 상태에서 **가로 값 축 눈금**을 더블 클릭합니다.

※ 차트를 더블 클릭(차트 편집 상태)한 후 마우스 오른쪽 단추를 눌러 [축]-[축]-[가로 값 축]을 선택할 수도 있습니다.

❽ [축 모양] 대화상자가 나오면 [비례] 탭에서 **자동으로 꾸밈**을 클릭하여 선택을 해제합니다. 이어서, 《출력형태》를 참고하여 **최솟값(0), 최댓값(1100), 큰 눈금선(11)**을 지정한 후 〈설정〉 단추를 클릭합니다.

※ 축의 눈금 값은 대부분 기본 값으로 출제되기 때문에 별도로 변경하는 일은 거의 없습니다. 하지만 《출력형태》와 비교하여 축의 값이 다를 경우에는 '자동으로 꾸밈'을 해제한 후 직접 값을 입력합니다.

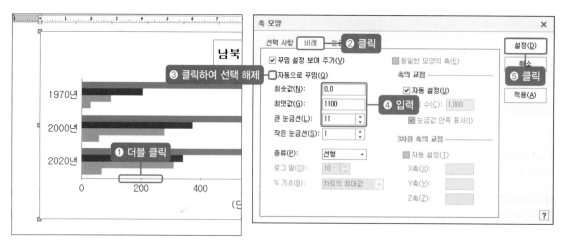

➒ 모든 차트 작업이 끝나면 표의 오른쪽 끝을 클릭하여 커서를 위치시킨 후 **Enter** 키를 두 번 누릅니다. 이어서, 《출력형태》와 비교하여 결과가 같은지 확인합니다.

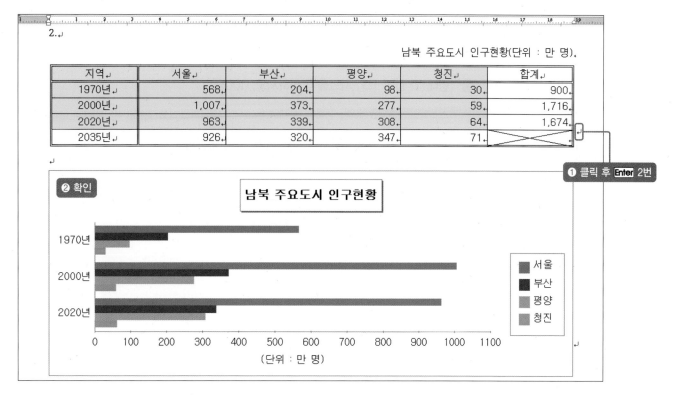

➓ 모든 작업이 완료되면 [파일]-**[저장하기]**(**Alt**+**S**) 또는 서식 도구 상자에서 **저장하기**(💾)를 클릭하여 파일을 저장합니다.

※ 실제 시험을 볼 때 작업 도중에 수시로(10분에 한 번 정도) 저장을 하는 것이 좋습니다.

시험 분석

차트 작성

• 과년도 시험 문제를 분석한 결과 차트의 종류는 **묶은 세로 막대형**과 **묶은 가로 막대형**이 번갈아가며 출제되고 있습니다.

• 차트를 만들 때 축의 눈금값(최솟값, 최댓값, 큰 눈금선, 작은 눈금선)은 대부분 《출력형태》와 똑같기 때문에 기본 값으로 두어도 무관하지만 만약 기본 값이 《출력형태》와 다를 경우에는 [축 모양] 대화상자에서 값을 직접 입력하여 변경합니다.

차트 작성

01 다음의 《조건》에 따라 《출력형태》와 같이 표와 차트를 작성하시오. (100점)

· 소스파일 : [출제유형04]-정복04_문제01.hwp   · 정답파일 : [출제유형04]-정복04_완성01.hwp

《차트 조건》 (1) 차트 데이터는 표 내용에서 연도별 자원봉사단, 학생기자단, 국내 관광객의 값만 이용할 것

(2) 종류 - 〈묶은 가로 막대형〉으로 작업할 것

(3) 제목 - 굴림, 진하게, 12pt, 속성 - 채우기(하양), 테두리, 그림자(대각선 오른쪽 아래)

【굴림, 진하게, 12pt, 배경 - 선 모양(한 줄로), 그림자(2pt)】

(4) 제목 이외의 전체 글꼴 - 굴림, 보통, 10pt

(5) 축제목과 범례는 《출력형태》와 동일하게 처리할 것

《출력형태》

1.

Suncheon-man bay, the treasure house of natural ecosystems has been selected as one of the five brands to compete with the world by the republic of Korea.

순천은 산, 바다, 호수가 어우러져 소강남으로 불릴 정도로 천혜의 자연환경을 갖춘 곳이다. 또한 제1호 국가정원인 순천만국가정원과 S자 물길이 이어진 순천만을 품고 있다.

2.

순천만갈대축제 방문객 수 현황(단위 : 명)

구분	2016년	2017년	2018년	2019년	평균
자원봉사단	3,800	5,300	6,100	4,800	
학생기자단	4,800	3,200	4,300	5,100	
국내 관광객	52,800	32,600	48,000	51,600	
해외 관광객	190,456	194,560	208,470	196,520	

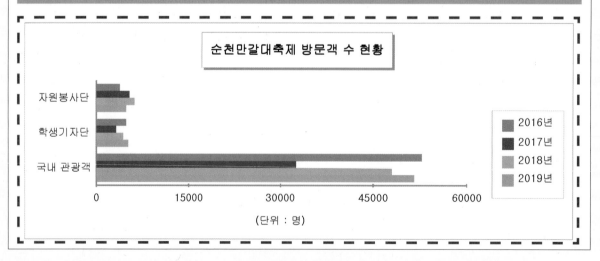

02 다음의 《조건》에 따라 《출력형태》와 같이 표와 차트를 작성하시오. (100점)

　　　　　　　　　• 소스파일 : [출제유형04]–정복04_문제02.hwp　　• 정답파일 : [출제유형04]–정복04_완성02.hwp

《차트 조건》　(1) 차트 데이터는 표 내용에서 구분별 소방설계업, 소방공사업, 소방제조업의 값만 이용할 것

　　　　　　(2) 종류 – 〈묶은 가로 막대형〉으로 작업할 것

　　　　　　　(3) 제목 – 궁서, 진하게, 12pt, 속성 – 채우기(하양), 테두리, 그림자(대각선 오른쪽 아래)

　　　　　　　【궁서, 진하게, 12pt, 배경 – 선 모양(한 줄로), 그림자(2pt)】

　　　　　　(4) 제목 이외의 전체 글꼴 – 궁서, 보통, 10pt

　　　　　　(5) 축제목과 범례는 《출력형태》와 동일하게 처리할 것

《출력형태》

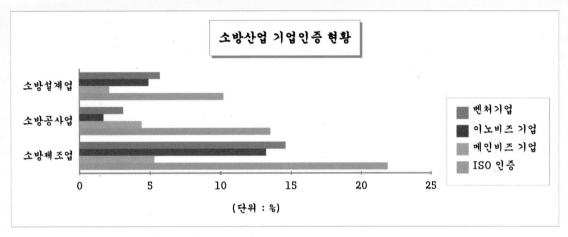

03 다음의 《조건》에 따라 《출력형태》와 같이 표와 차트를 작성하시오. (100점)

　　　　　　　　　• 소스파일 : [출제유형04]–정복04_문제03.hwp　　• 정답파일 : [출제유형04]–정복04_완성03.hwp

《차트 조건》　(1) 차트 데이터는 표 내용에서 연도별 서울시, 인천시, 경기도의 값만 이용할 것

　　　　　　(2) 종류 – 〈묶은 세로 막대형〉으로 작업할 것

　　　　　　(3) 제목 – 굴림, 진하게, 12pt, 속성 – 채우기(하양), 테두리, 그림자(대각선 오른쪽 아래)

　　　　　　　【굴림, 진하게, 12pt, 배경 – 선 모양(한 줄로), 그림자(2pt)】

　　　　　　(4) 제목 이외의 전체 글꼴 – 굴림, 보통, 10pt

　　　　　　(5) 축제목과 범례는 《출력형태》와 동일하게 처리할 것

《출력형태》

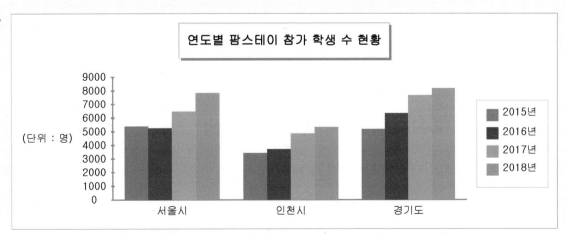

04 다음의 《조건》에 따라 《출력형태》와 같이 표와 차트를 작성하시오. (100점)

• 소스파일 : [출제유형04]-정복04_문제04.hwp   • 정답파일 : [출제유형04]-정복04_완성04.hwp

《차트 조건》 (1) 차트 데이터는 표 내용에서 지역별 주거환경, 교육, 환경보호의 값만 이용할 것

(2) 종류 - 〈묶은 가로 막대형〉으로 작업할 것

(3) 제목 - 돋움, 진하게, 12pt, 속성 - 채우기(하양), 테두리, 그림자(대각선 오른쪽 아래)

【돋움, 진하게, 12pt, 배경 - 선 모양(한 줄로), 그림자(2pt)】

(4) 제목 이외의 전체 글꼴 - 돋움, 보통, 10pt

(5) 축제목과 범례는 《출력형태》와 동일하게 처리할 것

《출력형태》

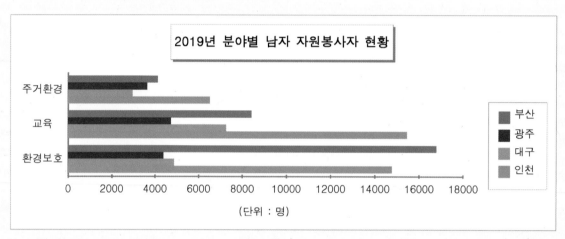

05 다음의 《조건》에 따라 《출력형태》와 같이 표와 차트를 작성하시오. (100점)

• 소스파일 : [출제유형04]-정복04_문제05.hwp   • 정답파일 : [출제유형04]-정복04_완성05.hwp

《차트 조건》 (1) 차트 데이터는 표 내용에서 연도별 전라도, 경상도, 기타 지역의 값만 이용할 것

(2) 종류 - 〈묶은 세로 막대형〉으로 작업할 것

(3) 제목 - 바탕, 진하게, 12pt, 속성 - 채우기(하양), 테두리, 그림자(대각선 오른쪽 아래)

【바탕, 진하게, 12pt, 배경 - 선 모양(한 줄로), 그림자(2pt)】

(4) 제목 이외의 전체 글꼴 - 바탕, 보통, 10pt

(5) 축제목과 범례는 《출력형태》와 동일하게 처리할 것

《출력형태》

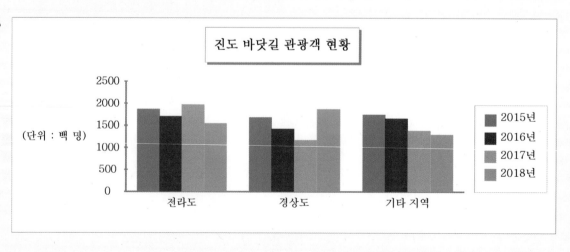

06 다음의 《조건》에 따라 《출력형태》와 같이 표와 차트를 작성하시오. (100점)

• 소스파일 : [출제유형04]-정복04_문제06.hwp   • 정답파일 : [출제유형04]-정복04_완성06.hwp

《차트 조건》 (1) 차트 데이터는 표 내용에서 연도별 한국, 프랑스, 독일의 값만 이용할 것
　　　　　　　(2) 종류 – 〈묶은 가로 막대형〉으로 작업할 것
　　　　　　　(3) 제목 – 돋움, 진하게, 12pt, 속성 – 채우기(하양), 테두리, 그림자(대각선 오른쪽 아래)
　　　　　　　　　　【돋움, 진하게, 12pt, 배경 – 선 모양(한 줄로), 그림자(2pt)】
　　　　　　　(4) 제목 이외의 전체 글꼴 – 돋움, 보통, 10pt
　　　　　　　(5) 축제목과 범례는《출력형태》와 동일하게 처리할 것

《출력형태》

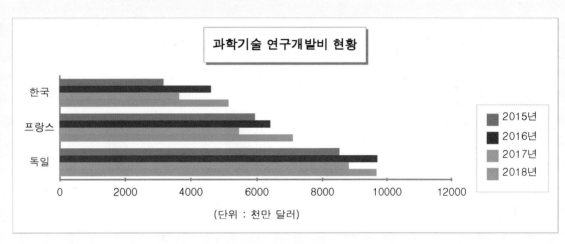

07 다음의 《조건》에 따라 《출력형태》와 같이 표와 차트를 작성하시오. (100점)

• 소스파일 : [출제유형04]-정복04_문제07.hwp   • 정답파일 : [출제유형04]-정복04_완성07.hwp

《차트 조건》 (1) 차트 데이터는 표 내용에서 구분별 서울권, 충청권, 경상권의 값만 이용할 것
　　　　　　　(2) 종류 – 〈꺾은선형〉으로 작업할 것
　　　　　　　(3) 제목 – 궁서, 진하게, 12pt, 속성 – 채우기(하양), 테두리, 그림자(대각선 오른쪽 아래)
　　　　　　　　　　【궁서, 진하게, 12pt, 배경 – 선 모양(한 줄로), 그림자(2pt)】
　　　　　　　(4) 제목 이외의 전체 글꼴 – 궁서, 보통, 10pt
　　　　　　　(5) 축제목과 범례는《출력형태》와 동일하게 처리할 것

《출력형태》

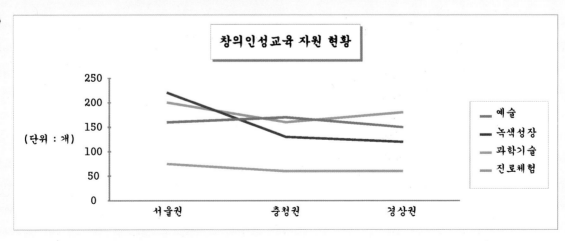

08 다음의 《조건》에 따라 《출력형태》와 같이 표와 차트를 작성하시오. (100점)

• 소스파일 : [출제유형04]-정복04_문제08.hwp • 정답파일 : [출제유형04]-정복04_완성08.hwp

《차트 조건》 (1) 차트 데이터는 표 내용에서 지역별 2018년, 2017년, 2016년의 값만 이용할 것

(2) 종류 – 〈묶은 세로 막대형〉으로 작업할 것

(3) 제목 – 돋움, 진하게, 12pt, 속성 – 채우기(하양), 테두리, 그림자(대각선 오른쪽 아래)

【돋움, 진하게, 12pt, 배경 – 선 모양(한 줄로), 그림자(2pt)】

(4) 제목 이외의 전체 글꼴 – 돋움, 보통, 10pt

(5) 축제목과 범례는 《출력형태》와 동일하게 처리할 것

《출력형태》

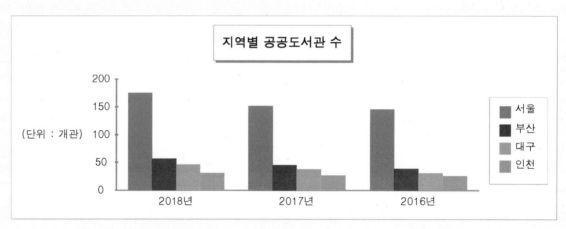

09 다음의 《조건》에 따라 《출력형태》와 같이 표와 차트를 작성하시오. (100점)

• 소스파일 : [출제유형04]-정복04_문제09.hwp • 정답파일 : [출제유형04]-정복04_완성09.hwp

《차트 조건》 (1) 차트 데이터는 표 내용에서 연도별 정보 유출, 정보 매매, 정보 오남용의 값만 이용할 것

(2) 종류 – 〈꺾은선형〉으로 작업할 것

(3) 제목 – 굴림, 진하게, 12pt, 속성 – 채우기(하양), 테두리, 그림자(대각선 오른쪽 아래)

【굴림, 진하게, 12pt, 배경 – 선 모양(한 줄로), 그림자(2pt)】

(4) 제목 이외의 전체 글꼴 – 굴림, 보통, 10pt

(5) 축제목과 범례는 《출력형태》와 동일하게 처리할 것

《출력형태》

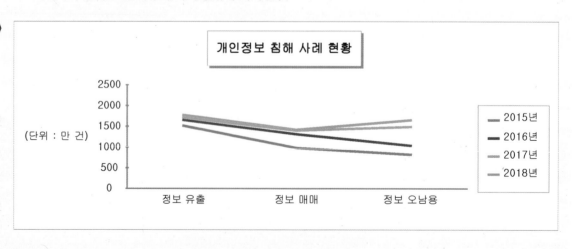

○ 첫 번째 수식 입력하기   ○ 두 번째 수식 입력하기

· 문제 미리보기 ·

· 소스파일 : [출제유형05]-유형05_문제.hwp   · 정답파일 : [출제유형05]-유형05_완성.hwp

3. 다음 (1), (2)의 수식을 수식 편집기로 각각 입력하시오. (40점)

3.

(1) $G = 2\int_{\frac{a}{2}}^{a} \frac{b\sqrt{a^2 - x^2}}{a} dx$

(2) $H_n = \dfrac{a(r^n - 1)}{r - 1} = \dfrac{a(1 + r^n)}{1 - r} (r \neq 1)$

4.

《출력형태》

3.

(1) $G = 2\int_{\frac{a}{2}}^{a} \frac{b\sqrt{a^2 - x^2}}{a} dx$

(2) $H_n = \frac{a(r^n - 1)}{r - 1} = \frac{a(1 + r^n)}{1 - r}(r \neq 1)$

❶ 한글 NEO 프로그램을 실행한 후 [파일]-[불러오기]를 클릭합니다. [불러오기] 대화상자가 나오면 **'유형05_문제.hwp'** 파일을 불러옵니다.

❷ 2페이지에 입력된 문제 번호 **3.**의 다음 줄을 클릭합니다. 이어서, **(1)**을 입력한 후 Space Bar 키를 눌러 한 칸을 띄웁니다. 수식을 입력하기 위해 [입력] 탭에서 **수식**($f\infty$)(또는 Ctrl + N, M)을 클릭합니다.

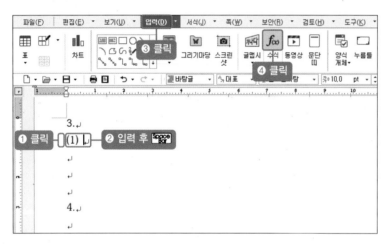

❸ [수식 편집기] 대화상자가 나오면 《출력형태》를 참고하여 다음 수식 입력 과정을 따라합니다.

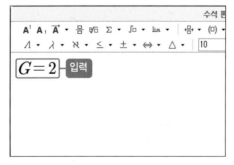

❶ G=2 입력

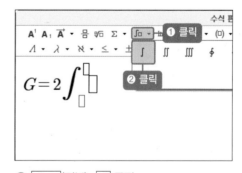

❷ ∫□ ▼ (적분)-∫ 클릭

항목 이동

[수식 편집기] 대화상자에서 항목을 이동하려면 방향키(↑, ↓, ←, →) 또는 수식 도구 상자에서 이전 항목(←┃), 다음 항목(┃→)을 클릭하여 이동할 수 있으며 마우스로 원하는 위치의 항목을 선택하여 이동할 수도 있습니다.

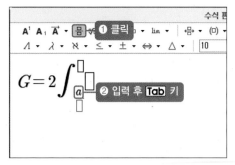

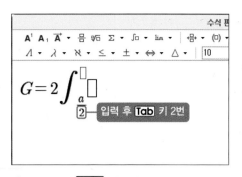

❸ 분수(믐) 클릭 → a 입력 후 **Tab** 키 누르기

❹ 2 입력 후 **Tab** 키 2번 누르기

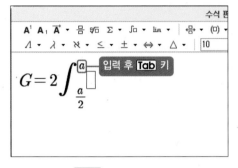

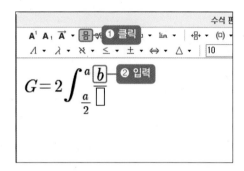

❺ a 입력 후 **Tab** 키 누르기

❻ 분수(믐) 클릭 → b 입력

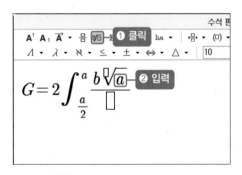

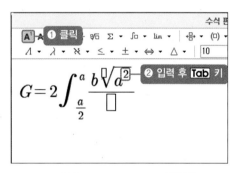

❼ 근호(√□) 클릭 → a 입력

❽ 위첨자(A¹) 클릭 → 2 입력 후 **Tab** 키 누르기

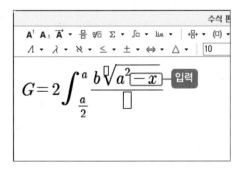

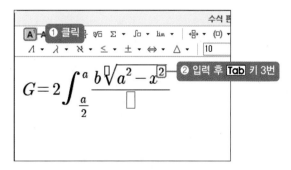

❾ −x 입력

❿ 위첨자(A¹) 클릭 → 2 입력 후 **Tab** 키 3번 누르기

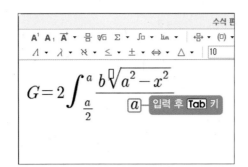

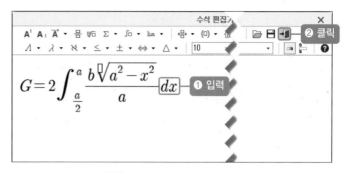

⑪ a 입력 후 Tab 키 누르기

⑫ dx 입력 후 넣기() 클릭

❹ 수식 문제 번호 (1) 뒤에 첫 번째 수식이 입력된 것을 확인합니다.

3.

$$(1) \quad G = 2 \int_{\frac{a}{2}}^{a} \frac{b\sqrt{a^2 - x^2}}{a} dx$$

확인

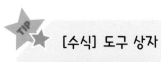

[수식] 도구 상자

❶❷❸ ❹❺❻ ❼ ❽ ❾ ❿ ⓫⓬⓭

⓮ ⓯ ⓰ ⓱ ⓲ ⓳ ⓴

❶ 위첨자(A¹)

❷ 아래첨자(A₁)

❸ 장식 기호(Ā ▼)

❹ 분수(뭄)

❺ 근호(√□)

❻ 합(Σ ▼)

❼ 적분(∫□ ▼)

❽ 극한(lim ▼)

❾ 상호 관계(뭄 ▼)

❿ 괄호((□) ▼)

⓫ 경우(⦃⦄)

⓬ 세로 쌓기(ㅂ)

⓭ 행렬(⬚ ▼)

⓮ 그리스 대문자(Λ ▼)

⓯ 그리스 소문자(λ ▼)

⓰ 그리스 기호(ℵ ▼)

⓱ 합, 집합 기호(≤ ▼)

⓲ 연산, 논리 기호(± ▼)

⓳ 화살표(⇔ ▼)

⓴ 기타 기호(△ ▼)

《출력형태》

3.

(1) $G = 2 \int_{\frac{a}{2}}^{a} \frac{b\sqrt{a^2 - x^2}}{a} dx$

(2) $H_n = \frac{a(r^n - 1)}{r - 1} = \frac{a(1 + r^n)}{1 - r} (r \neq 1)$

❶ 첫 번째 수식 뒤에 커서를 위치시킨 후 **Tab** 키를 3~4번 눌러 일정하게 칸을 띄웁니다. 이어서, **(2)**를 입력한 후 **Space Bar** 키를 눌러 한 칸 띄웁니다. 두 번째 수식을 입력하기 위해 [입력] 탭에서 **수식(** $f\infty$ **)**(또는 **Ctrl** + **N**, **M**)을 클릭합니다.

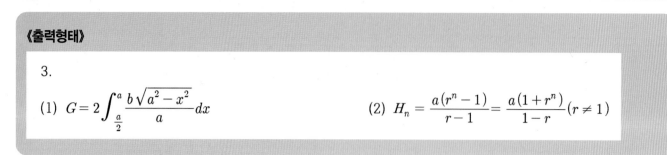

❷ [수식 편집기] 대화상자가 나오면 《출력형태》를 참고하여 다음 수식 입력 과정을 따라합니다.

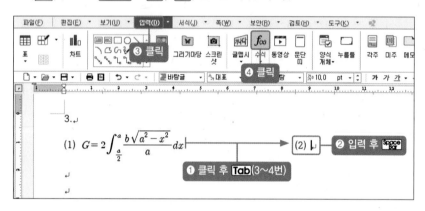

❶ H 입력

❷ 아래첨자(**A₁**) 클릭 → n 입력 후 **Tab** 키 누르기

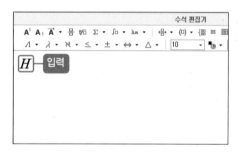

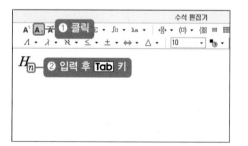

❸ = 입력 → 분수(**몸**) 클릭

❹ a(r 입력 → 위첨자(**Aˡ**) 클릭

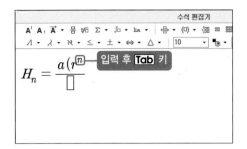

❺ n 입력 후 Tab 키 누르기

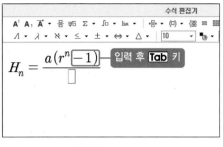

❻ −1) 입력 후 Tab 키 누르기

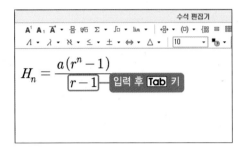

❼ r−1 입력 후 Tab 키 누르기

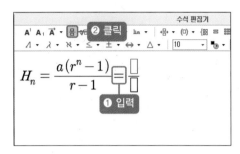

❽ = 입력 → 분수(뭄) 클릭

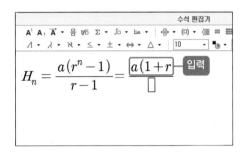

❾ a(1+r 입력

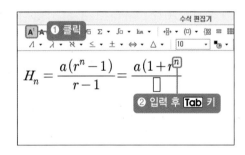

❿ 위첨자(A¹) 클릭 → n 입력 후 Tab 키 누르기

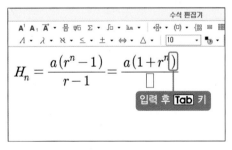

⓫) 입력 후 Tab 키 누르기

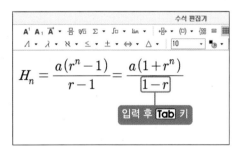

⓬ 1−r 입력 후 Tab 키 누르기

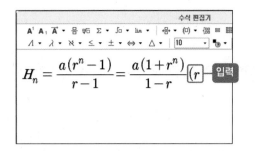

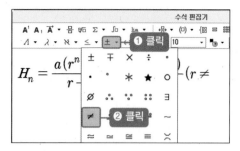

⑬ (r 입력

⑭ 연산, 논리 기호(± ▾)-≠ 클릭

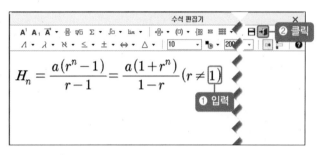

⑮ 1) 입력 후 넣기(⬅) 클릭

❸ 완성된 두 개의 수식을 《출력형태》와 비교하여 확인합니다.

3.

(1) $G = 2 \int_{\frac{a}{2}}^{a} \frac{b\sqrt{a^2 - x^2}}{a} dx$

(2) $H_n = \frac{a(r^n - 1)}{r - 1} = \frac{a(1 + r^n)}{1 - r}(r \neq 1)$

4.

❹ 모든 작업이 완료되면 [파일]-[**저장하기**]([Alt]+[S]) 또는 서식 도구 상자에서 **저장하기**(🖫)를 클릭하여 파일을 저장합니다.

※ 실제 시험을 볼 때 작업 도중에 수시로(10분에 한 번 정도) 저장을 하는 것이 좋습니다.

01 다음 (1), (2)의 수식을 수식 편집기로 각각 입력하시오. (40점)

• 소스파일 : [출제유형05]−정복05_문제01.hwp   • 정답파일 : [출제유형05]−정복05_완성01.hwp

《출력형태》

3.

분수   연산, 논리 기호

(1) $\dfrac{1}{\lambda} = 1.097 \times 10^5 \left(\dfrac{1}{2^2} - \dfrac{1}{n^2} \right)$

그리스 소문자   위첨자

(2) $E = mr^2 = \dfrac{nc^2}{\sqrt{1 - \dfrac{r^2}{d^2}}}$

근호

4.

시험
분석

수식 입력

• 모든 수식 입력은 반드시 [수식 편집기] 대화상자에서 작성해야 합니다.

• 실제 시험에서는 다양한 수식을 이용하여 답안을 작성하기 때문에 출제유형 완전정복
으로 수식의 위치와 입력 방법을 숙지합니다.

• 수식 입력은 번거로운 작업에 비해 배점(각 20점 − 총 40점)이 크게 높지 않으며, 문
제 특성상 부분 점수가 없기 때문에 실제 시험에서는 다른 문제의 답안을 먼저 작성한
후 수식 입력 작업을 하는 것이 효율적입니다.

02 다음 (1), (2)의 수식을 수식 편집기로 각각 입력하시오. (40점)

· 소스파일 : [출제유형05]-정복05_문제02.hwp　　· 정답파일 : [출제유형05]-정복05_완성02.hwp

《출력형태》

(1) $\dfrac{h^1}{h^2} = (\sqrt{a})^{M_2 - M_1} \fallingdotseq 2.5^{M_2 - M_1}$

연산, 논리 기호

위첨자+아래첨자

(2) $G = 2 \displaystyle\int_{\frac{a}{2}}^{a} \dfrac{b\sqrt{a^2 - x^2}}{a} dx$

적분

03 다음 (1), (2)의 수식을 수식 편집기로 각각 입력하시오. (40점)

· 소스파일 : [출제유형05]-정복05_문제03.hwp　　· 정답파일 : [출제유형05]-정복05_완성03.hwp

《출력형태》

(1) $\dfrac{a^4}{T^2} - 1 = \dfrac{G}{4\pi^2}(M + m)$

그리스 소문자+위첨자

(2) $\displaystyle\int_{0}^{3} \dfrac{\sqrt{6t^2 - 18t + 12}}{t} dt = 11$

04 다음 (1), (2)의 수식을 수식 편집기로 각각 입력하시오. (40점)

· 소스파일 : [출제유형05]-정복05_문제04.hwp　　· 정답파일 : [출제유형05]-정복05_완성04.hwp

《출력형태》

(1) $\dfrac{V_2}{V_1} = \dfrac{0.9 \times 10^3}{1.0 \times 10^2} = 0.8$

연산, 논리 기호

(2) $\displaystyle\int_{a}^{b} xf(x)dx = \dfrac{1}{b - a}\int_{a}^{b} xdx = \dfrac{a + b}{2}$

05 다음 (1), (2)의 수식을 수식 편집기로 각각 입력하시오. (40점)

· 소스파일 : [출제유형05]−정복05_문제05.hwp   · 정답파일 : [출제유형05]−정복05_완성05.hwp

《출력형태》

(1) $Q = \lim_{\triangle t \to 0} \frac{\triangle s}{\triangle t} = \frac{d^2 s}{dt^2}$ (2) $\frac{a^4}{T^2} - 1 = \frac{G}{4\pi^2}(M+m)$

---

06 다음 (1), (2)의 수식을 수식 편집기로 각각 입력하시오. (40점)

· 소스파일 : [출제유형05]−정복05_문제06.hwp   · 정답파일 : [출제유형05]−정복05_완성06.hwp

《출력형태》

(1) $F = \frac{4\pi^2}{T^2} - 1 = 4\pi^2 K \frac{m}{r^2}$ (2) $\frac{1}{d} = \sqrt{n^2} = \sqrt{\frac{3kT}{m}}$

---

07 다음 (1), (2)의 수식을 수식 편집기로 각각 입력하시오. (40점)

· 소스파일 : [출제유형05]−정복05_문제07.hwp   · 정답파일 : [출제유형05]−정복05_완성07.hwp

《출력형태》

(1) $\sum_{k=1}^{n}(k^4+1) - \sum_{k=3}^{n}(k^4+1) = 19$ (2) $\sqrt{a+b+2\sqrt{ab}} = \sqrt{a} + \sqrt{b}\,(a>0, b>0)$

08 다음 (1), (2)의 수식을 수식 편집기로 각각 입력하시오. (40점)

· 소스파일 : [출제유형05]-정복05_문제08.hwp   · 정답파일 : [출제유형05]-정복05_완성08.hwp

《출력형태》

(1) $\int_0^1 (\sin x + \frac{x}{2}) dx = \int_0^1 \frac{1 + \sin x}{2} dx$

┌→ 장식 기호
(2) $\overline{AB} = \sqrt{(x_2 - x_1)^2 + (y_2 - y_1)^2}$

09 다음 (1), (2)의 수식을 수식 편집기로 각각 입력하시오. (40점)

· 소스파일 : [출제유형05]-정복05_문제09.hwp   · 정답파일 : [출제유형05]-정복05_완성09.hwp

《출력형태》

(1) $\lim_{n \to \infty} P_n = 1 - \frac{9^3}{10^3} = \frac{271}{1000}$

(2) $\frac{a^4}{T^2} - 1 = \frac{G}{4\pi^2}(M + m)$

06 기능평가 Ⅱ - 도형 그리기

출제유형

- ◉ 배경 도형 그리기
- ◉ 제목 글상자 그리기
- ◉ 목차 도형 그리기
- ◉ 그림 및 글맵시 입력하기
- ◉ 책갈피 삽입하기
- ◉ 하이퍼링크 지정하기

· 문제 미리보기 ·

· 소스파일 : [출제유형06]−유형06_문제.hwp　　· 정답파일 : [출제유형06]−유형06_완성.hwp

4. 다음의 《조건》에 따라 《출력형태》와 같이 문서를 작성하시오. (110점)

《조건》　(1) 그리기 도구를 이용하여 작성하고, 모든 도형(글맵시, 지정된 그림 포함)을 《출력형태》와 같이 작성하시오.
　　　　(2) 도형의 면색은 지시사항이 없으면 색 없음을 제외하고 서로 다르게 임의로 지정하시오.

《출력형태》

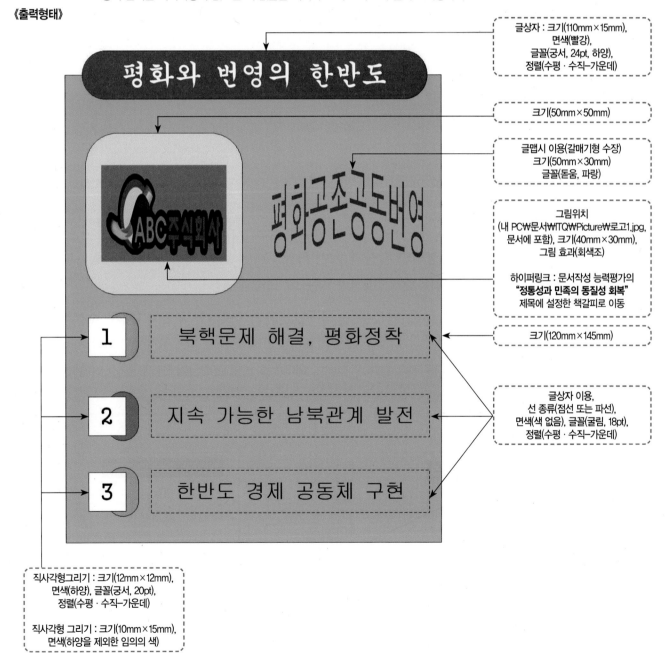

■ 뒤쪽 배경 도형 그리기

① 한글 NEO 프로그램을 실행한 후 [파일]-[불러오기]를 클릭합니다. [불러오기] 대화상자가 나오면 **'유형06_문제.hwp'** 파일을 불러옵니다.

② 2페이지에 입력된 문제 번호 **4.**의 다음 줄을 클릭한 후 뒤쪽 배경 도형을 그리기 위해 [입력] 탭에서 **직사각형(□)**을 선택합니다.

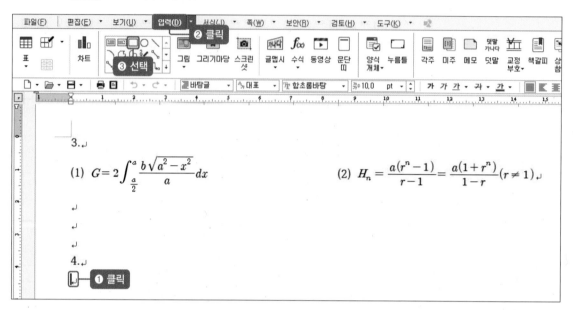

③ 마우스 포인터 모양이 ⊞로 변경되면 다음과 같이 드래그하여 뒤쪽 배경 도형을 그립니다.

※ 도형을 그릴 때 《출력형태》를 참고하여 문제 번호 4.를 기준으로 그립니다.

④ 입력된 도형 위에서 마우스 오른쪽 단추를 눌러 바로 가기 메뉴가 나오면 **[개체 속성]**을 클릭합니다.

※ [도형(🖼)] 탭에서 개체 속성(🔲)을 클릭하거나, 도형의 테두리를 더블 클릭하여 [개채 속성] 대화상자를 실행할 수도 있습니다.

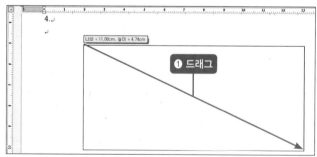

⑤ [개체 속성] 대화상자가 나오면 [기본] 탭에서 **크기-너비(120), 높이(145)**를 입력한 후 **크기 고정**을 클릭하여 선택(✓)합니다. 이어서, [채우기] 탭을 클릭합니다.

※ 크기 고정을 선택(✓)하는 이유는 도형의 크기가 변경되는 것을 방지하기 위해서 입니다.

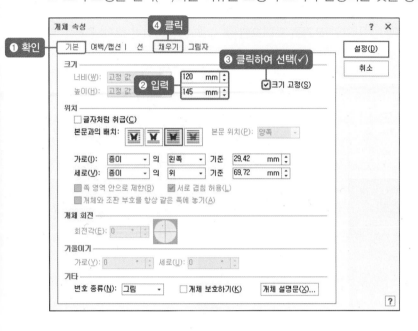

⑥ [채우기] 탭에서 **색-면 색**을 클릭합니다. 이어서, 임의의 색상을 선택한 후 〈설정〉 단추를 클릭합니다.

※ 도형을 만들 때 면 색에 대한 별도의 지시사항이 없으면 [색 없음]을 제외한 모든 색은 임의의 색(검정색, 하양 제외)으로 지정합니다.

■ 앞쪽 도형 그리기   크기(50mm x 50mm)

① 앞쪽 도형을 그리기 위해 [입력] 탭에서 **직사각형(□)**을 클릭합니다. 이어서, 마우스 포인터 모양이 ┼로 변경되면 다음과 같이 드래그하여 앞쪽 도형을 그립니다.

※ 크기가 지시되어 있는 도형이나 글상자를 그릴 때는 임의의 크기로 드래그한 후 값을 입력하여 변경합니다.

② 입력된 도형 위에서 마우스 오른쪽 단추를 눌러 바로 가기 메뉴가 나오면 **[개체 속성]**을 클릭합니다.

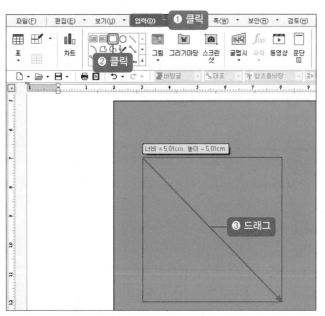 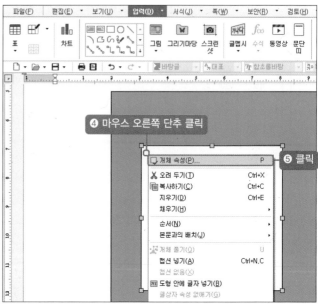

③ [개체 속성] 대화상자가 나오면 [기본] 탭에서 **크기-너비(50), 높이(50)**를 입력한 후 **크기 고정**을 클릭하여 선택(✓)합니다. 이어서, [선] 탭을 클릭합니다.

④ [선] 탭에서 **사각형 모서리 곡률 – 둥근 모양(□)**을 선택한 후 [채우기] 탭을 클릭합니다.

❺ [채우기] 탭에서 **색-면색**을 클릭합니다. 이어서, 임의의 색상을 선택한 후 〈설정〉 단추를 클릭합니다.

※ 도형을 만들 때 면 색에 대한 별도의 지시사항이 없으면 [색 없음]을 제외한 모든 색은 임의의 색(검정색, 하양 제외)으로 지정합니다.

 도형의 순서 변경하기

만약 도형의 순서가 《출력형태》와 다르게 나오는 경우에는 순서를 변경할 도형 위에서 마우스 오른쪽 단추를 눌러 바로가기 메뉴가 나오면 [순서]에서 [맨 앞으로] 또는 [맨 뒤로]를 클릭하여 선택된 도형의 순서를 변경할 수 있습니다.

※ 도형(🔲) 탭에서 맨 앞으로(🔳) 또는 맨 뒤로(🔲)를 클릭하여 도형의 순서를 변경할 수도 있습니다.

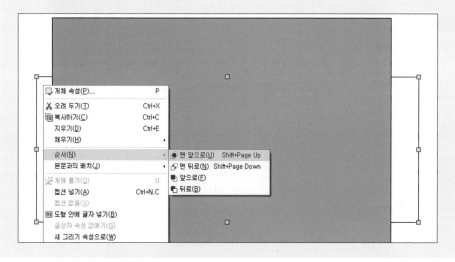

⑥ 앞쪽 도형이 완성되면《출력형태》를 참고하여 도형의 위치를 변경합니다.

※ 도형을 선택한 후 키보드의 방향키(↑, ↓, ←, →)를 눌러 도형의 위치를 세밀하게 조절할 수 있습니다.

⑦ 모든 작업이 완료되면 **Esc** 키를 눌러 선택 상태를 해제합니다.

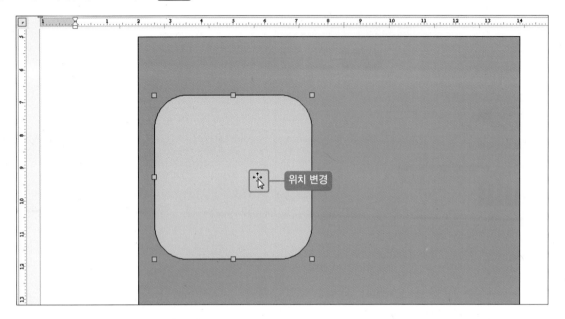

제목 글상자 그리기   글상자 : 크기(110mm x 15mm), 면색(빨강), 글꼴(궁서, 24pt, 하양), 정렬(수평 · 수직-가운데)

① 글상자를 입력하기 위해 [입력] 탭에서 **가로 글상자(▤)**(또는 **Ctrl**+**N**, **B**)를 클릭합니다.

② 마우스 포인터 모양이 ╋로 변경되면《출력형태》를 참고하여 다음과 같이 드래그합니다.

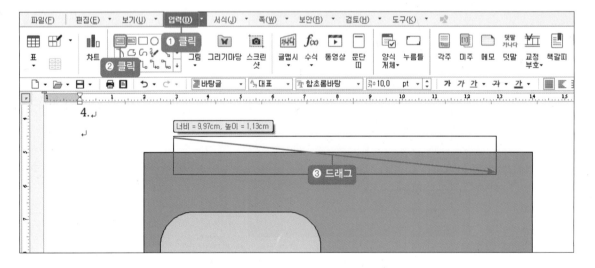

❸ 입력된 글상자 위에서 마우스 오른쪽 단추를 눌러 바로 가기 메뉴가 나오면 **[개체 속성]**을 클릭합니다.

※ 만약 글상자의 안쪽이 아닌 테두리에서 마우스 오른쪽 단추를 눌러 [개체 속성]을 선택하여 작업을 했다면 글상자 안에 내용을 바로 입력할 수 없습니다.

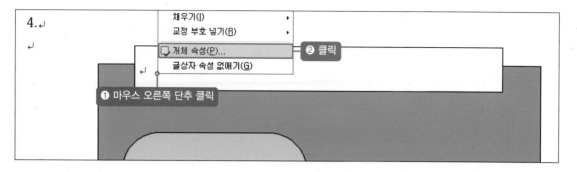

❹ [개체 속성] 대화상자가 나오면 [기본] 탭에서 **크기-너비(110), 높이(15)**를 입력한 후 **크기 고정**을 클릭하여 선택(✓)합니다. 이어서, [선] 탭을 클릭합니다.

❺ [선] 탭에서 **사각형 모서리 곡률-반원(□)**을 선택한 후 [채우기] 탭을 클릭합니다.

❻ [채우기] 탭에서 **색-면 색**을 클릭합니다. 이어서, **빨강**을 선택한 후 〈설정〉 단추를 클릭합니다.

※ 실제 시험에서 지시하는 색상은 하양을 제외하고 모두 [오피스] 색상 테마에서 지정합니다.

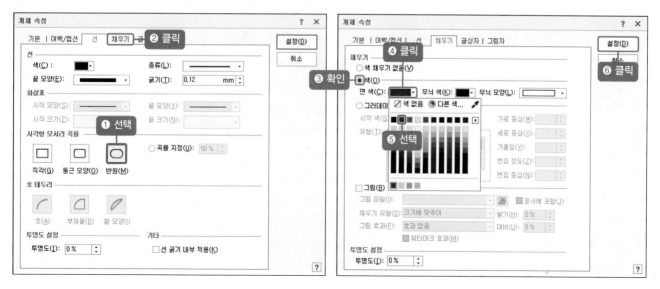

❼ 속성 지정이 완료되면 **평화와 번영의 한반도**를 입력한 후 글꼴 서식을 변경하기 위해 글상자의 테두리를 클릭합니다.

> ※ 글상자 안쪽의 텍스트를 블록으로 지정하여 서식 작업을 해도 결과는 동일합니다.
>
> ※ 만약 글상자에 텍스트가 바로 입력되지 않을 경우(테두리 선택 후 [개체 속성] 작업을 한 경우)에는 Esc 키를 누른 후 글상자 안쪽을 클릭하여 내용을 입력합니다.

❽ 서식 도구 상자에서 **글꼴(궁서), 글자 크기(24), 글자 색(하양), 가운데 정렬(≡)**을 지정합니다.

> ※ 문제지의 지시사항 중 하양은 [기본] 색상 테마의 하양(255, 255, 255)을 선택합니다.

❾ 모든 작업이 완료되면 《출력형태》를 참고하여 키보드 방향키(↑, ↓, ←, →)로 위치를 변경한 후 Esc 키를 누릅니다.

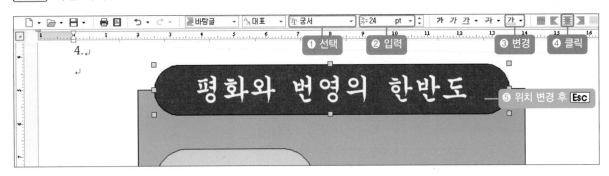

유형 03 **목차 도형 그리기**   직사각형 그리기 : 크기(10mm x 15mm), 면색(하양을 제외한 임의의 색)

■ **뒤쪽 도형 그리기**

❶ 뒤쪽의 목차 도형을 그리기 위해 [입력] 탭에서 **직사각형(□)**을 클릭합니다. 이어서, 마우스 포인터 모양이 ✛로 변경되면 다음과 같이 드래그하여 도형을 그립니다.

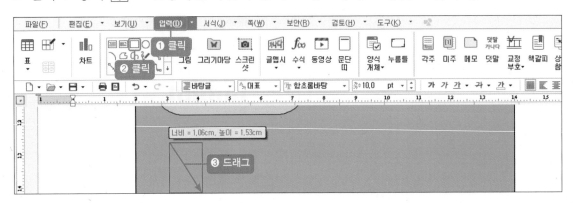

② 입력된 도형 위에서 마우스 오른쪽 단추를 눌러 바로 가기 메뉴가 나오면 **[개체 속성]**을 클릭합니다.

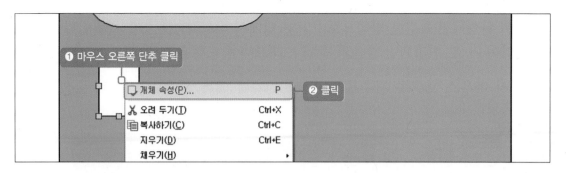

③ [개체 속성] 대화상자가 나오면 [기본] 탭에서 **크기-너비(10), 높이(15)**를 입력한 후 **크기 고정**을 클릭하여 선택(✓)합니다. 이어서, [선] 탭을 클릭합니다.

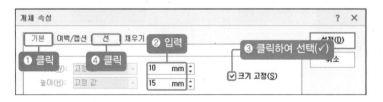

④ [선] 탭에서 **사각형 모서리 곡률-반원(◯)**을 선택한 후 [채우기] 탭을 클릭합니다.

⑤ [채우기] 탭에서 **색-면 색**을 클릭합니다. 이어서, 임의의 색상을 선택한 후 〈설정〉 단추를 클릭합니다.

> ※ 도형을 만들 때 면 색에 대한 별도의 지시사항이 없으면 [색 없음]을 제외한 모든 색은 임의의 색(검정색, 하양 제외)으로 지정합니다.

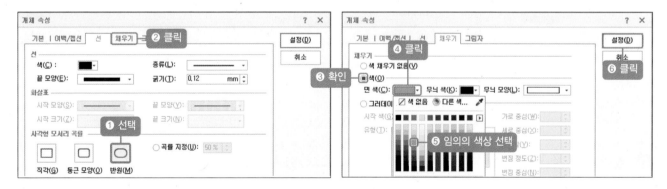

⑥ 뒤쪽 도형이 완성되면 《출력형태》를 참고하여 키보드 방향키(↑, ↓, ←, →)로 위치를 변경합니다.

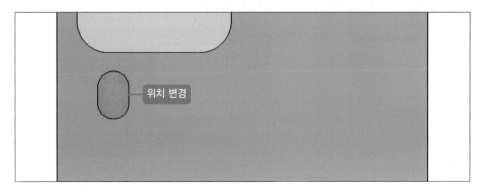

■ 앞쪽 도형 그리기

직사각형 그리기 : 크기(12mm x 12mm), 면색(하양), 글꼴(궁서, 20pt), 정렬(수평·수직-가운데)

❶ 뒤쪽의 목차 도형이 완성되면 똑같은 방법으로 [입력] 탭에서 **직사각형(□)**을 클릭합니다. 이어서, 마우스 포인터 모양이 ⊞로 변경되면 다음과 같이 드래그하여 도형을 그립니다.

❷ 입력된 도형 위에서 마우스 오른쪽 단추를 눌러 바로 가기 메뉴가 나오면 **[개체 속성]**을 클릭합니다.

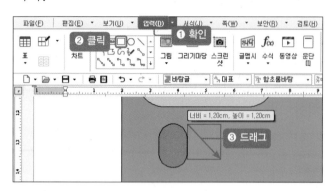 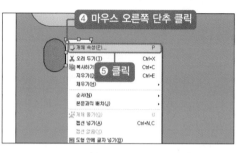

❸ [개체 속성] 대화상자가 나오면 [기본] 탭에서 **크기-너비(12), 높이(12)**를 입력한 후 **크기 고정**을 클릭하여 선택(✓)합니다. 이어서, [채우기] 탭을 클릭합니다.

❹ [채우기] 탭에서 **색-면 색**을 클릭하여 **하양**을 선택한 후 〈설정〉 단추를 클릭합니다.

※ 문제지의 지시사항 중 하양은 [기본] 색상 테마의 하양(255, 255, 255)을 선택합니다.

 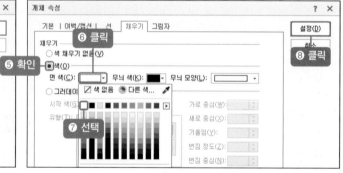

❺ 앞쪽의 목차 도형이 완성되면 다음과 같이 드래그하여 **두 개의 도형을 겹칩니다.**

※ 도형을 겹칠 때 《출력형태》를 참고하여 키보드 방향키(↑, ↓, ←, →)로 위치를 세밀하게 조절합니다.

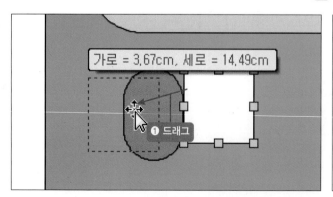 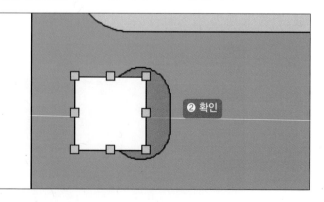

호( ) 그리기

실제 시험에서 호( )를 이용하여 목차 도형을 작성하는 문제도 출제됩니다. 시험에 대비하여 호 테두리 모양을
미리 숙지하시기 바랍니다.

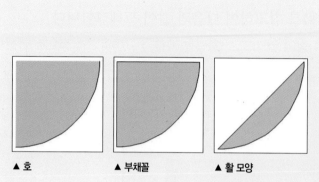

▲ 호   ▲ 부채꼴   ▲ 활 모양

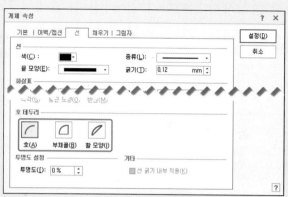

■ 앞쪽 도형에 텍스트 입력하기

글꼴(궁서, 20pt), 정렬(수평 · 수직 가운데)

❶ 앞쪽 도형이 선택된 상태에서 [도형( )] 탭에서 **글자 넣기( )**를 클릭합니다. 도형 안쪽에
커서가 활성화되면 1을 입력한 후 도형의 테두리를 클릭합니다.

※ 도형 안쪽의 텍스트를 블록으로 지정하여 서식 작업을 해도 결과는 동일합니다.

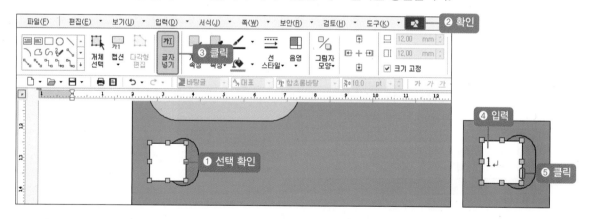

❷ 서식 도구 상자에서 **글꼴(궁서), 글자 크기(20), 글자 색(검정), 가운데 정렬( )**을 지정합니다.

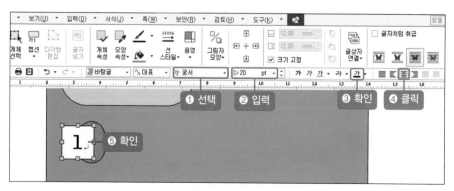

■ 목차 글상자 그리기

① 목차 글상자를 입력하기 위해 [입력] 탭에서 **가로 글상자**(▤)(또는 **Ctrl**+**N**, **B**)를 클릭합니다.

② 마우스 포인터 모양이 ⊞로 변경되면 《출력형태》를 참고하여 다음과 같이 드래그합니다.

> ※ 목차 도형에 사용되는 글상자의 크기는 별도의 지시사항이 없으므로 《출력형태》를 참고하여 조절점으로 글상자의
> 크기를 조절합니다.

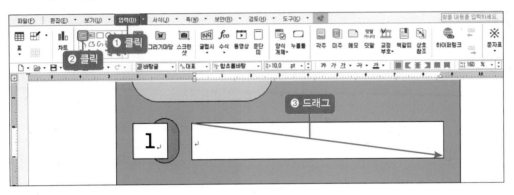

③ 글상자 테두리 위에서 마우스 오른쪽 단추를 눌러 바로 가기 메뉴가 나오면 **[개체 속성]**을 클릭합니다.

> ※ 글상자의 테두리를 더블 클릭하여 [개체 속성] 대화상자를 실행할 수도 있습니다.

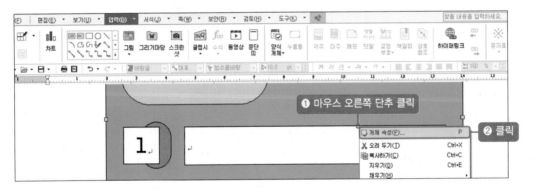

④ [개체 속성] 대화상자가 나오면 [선] 탭에서 **선–종류(파선 ┈┈┈┈ 또는 점선 ┈┈┈┈┈┈┈┈)**를
선택합니다. 이어서, [채우기] 탭을 클릭합니다.

> ※ 교재에서는 파선을 사용했지만 《출력형태》를 참고하여 파선 또는 점선을 선택합니다.

⑤ [채우기] 탭에서 **색–면 색**을 클릭하여 **색 없음**을 선택한 후 〈설정〉 단추를 클릭합니다.

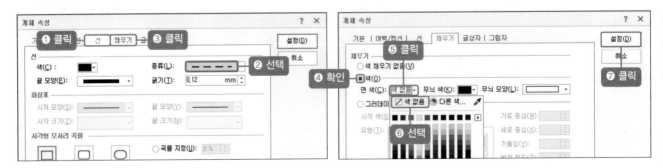

⑥ 속성 지정이 완료되면 Esc 키를 눌러 글상자 선택을 해제한 후 안쪽을 클릭합니다. 이어서, **북핵 문제 해결, 평화정착**을 입력한 후 글상자의 테두리를 클릭합니다.

※ 글상자 안쪽의 텍스트를 블록으로 지정하여 서식 작업을 해도 결과는 동일합니다.

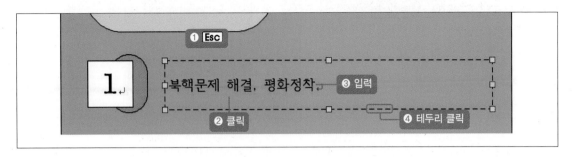

⑦ 서식 도구 상자에서 **글꼴(굴림), 글자 크기(18), 글자 색(검정), 가운데 정렬(≡)**을 지정합니다.

⑧ 모든 작업이 완료되면 《출력형태》를 참고하여 글상자의 크기와 위치를 변경합니다.

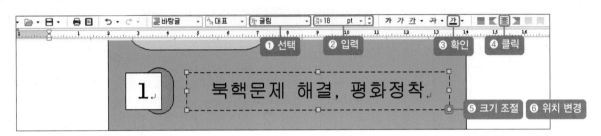

■ 목차 도형과 글상자를 복사하여 내용 수정하기

① 글상자가 선택된 상태에서 [도형( )] 탭에서 **개체 선택( )**을 클릭합니다. 이어서, 마우스 포인터 모양이 로 변경되면 다음과 같이 드래그하여 **목차 도형**과 **글상자**를 선택합니다.

※ [편집] 탭에서 개체 선택( )을 클릭하여 선택하거나, Shift 키를 누른 채 각각의 도형들을 선택할 수도 있습니다.

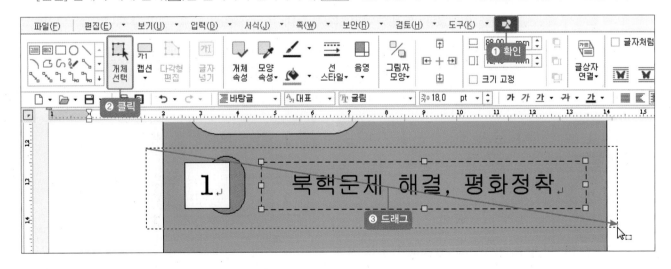

❷ 다음과 같이 도형과 글상자들이 선택되면 **Ctrl**+**Shift** 키를 누른 채 아래로 드래그하여 복사합니다.

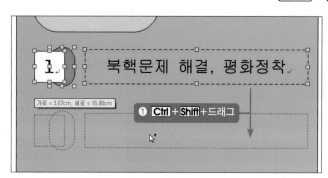 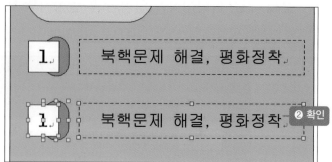

❸ 똑같은 방법으로 **Ctrl**+**Shift** 키를 누른 채 아래로 드래그하여 복사합니다. 이어서, 다음과 같이 목차 도형과 글상자 안의 내용을 변경합니다.

※ 내용 수정 : 도형 및 글상자 안쪽의 내용을 블록으로 지정한 후 새로운 내용을 입력합니다.

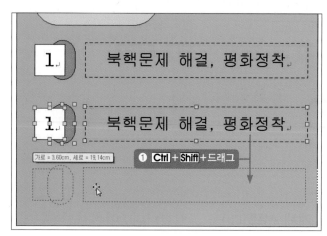 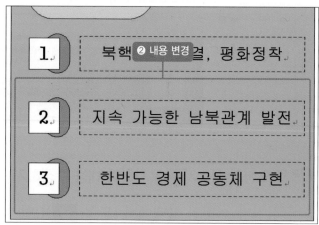

 글상자 크기 조절

만약 글상자 안의 내용이 두 줄로 입력되는 경우에는 글상자의 대각선 조절점을 드래그하여 크기(너비 및 높이)를 조절합니다. 크기가 변경되면 나머지 글상자들도 변경된 글상자의 크기에 맞추어 조절합니다.

※ 목차 글상자 중에서 가장 긴 내용을 먼저 입력하여 복사한 후 내용을 수정하면 두 줄로 입력되는 것을 방지할 수 있습니다.

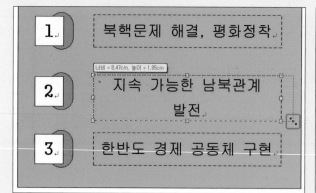 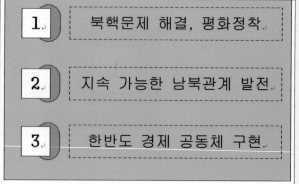

④ 글상자의 내용 수정이 완료되면 《출력형태》를 참고하여 복사된 **직사각형(반원)**의 면 색을 임의의 색으로 변경합니다. 이어서, Esc 키를 눌러 모든 선택을 해제합니다.

※ 도형의 색상 변경은 [개체 속성] 대화상자-[채우기] 또는 [도형] 탭에서 채우기(◧)를 이용하여 변경합니다.

그림위치(내 PC₩문서₩ITQ₩Picture₩로고1.jpg, 문서에 포함), 크기(40mm x 30mm), 그림 효과(회색조)

유형 05 그림 및 글맵시 입력하기

■ 그림 입력하기

① 그림을 입력하기 위해 [입력] 탭에서 **그림(▣)**(또는 Ctrl+N, I)을 클릭합니다.

② [그림 넣기] 대화상자가 나오면 [내 PC₩문서₩ITQ₩Picture] 폴더에서 '**로고1.jpg**' 파일을 선택한 후 〈넣기〉 단추를 클릭합니다.

그림 넣기

'문서에 포함'을 제외한 나머지 '글자처럼 취급'과 '마우스로 크기 지정'이 선택(✓)되어 있다면 선택을 해제합니다.

❸ 입력된 그림 위에서 마우스 오른쪽 단추를 눌러 바로 가기 메뉴가 나오면 **[개체 속성]**을 클릭합니다.

※ [그림(🥋)] 탭에서 개체 속성(🔽)을 클릭하거나, 그림을 더블 클릭하여 [개채 속성] 대화상자를 실행할 수도 있습니다.

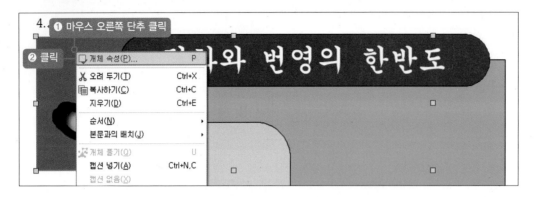

❹ [개체 속성] 대화상자가 나오면 [기본] 탭에서 **크기-너비(40), 높이(30)**를 입력한 후 **크기 고정**을 클릭하여 선택(✓)합니다. 이어서, **본문과의 배치-글 앞으로(▥)**를 선택한 후 [그림] 탭을 클릭합니다.

❺ [그림] 탭에서 **그림 효과-회색조(▣)**를 선택한 후 〈설정〉 단추를 클릭합니다.

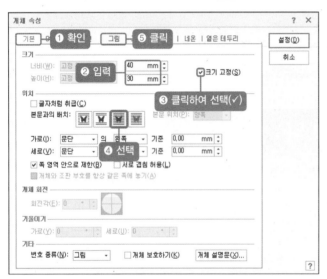

❻ 속성이 지정되면 《출력형태》를 참고하여 다음과 같이 그림의 위치를 변경한 후 **Esc** 키를 누릅니다.

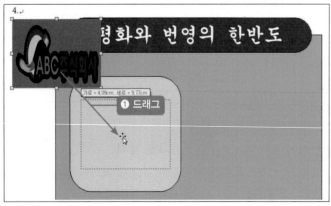
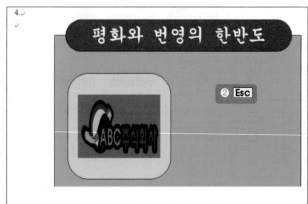

■ 글맵시 입력하기

❶ 글맵시를 입력하기 위해 [입력] 탭에서 **글맵시(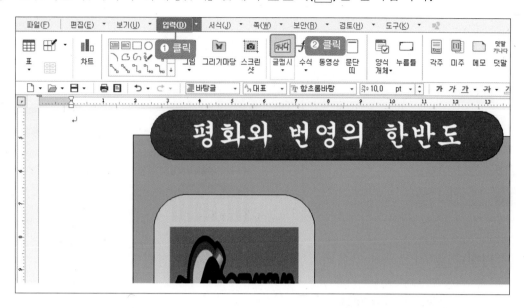)**를 클릭합니다.

❷ [글맵시 만들기] 대화상자가 나오면 **내용(평화공존공동번영), 글꼴(돋움), 글맵시 모양(갈매기형 수장 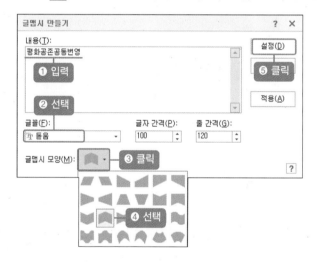)**을 입력 및 지정한 후 〈설정〉 단추를 클릭합니다.

❸ 입력된 글맵시 위에서 마우스 오른쪽 단추를 눌러 바로 가기 메뉴가 나오면 **[개체 속성]**을 클릭합니다.

　※ [글맵시(🄰)] 탭에서 개체 속성(🖳)을 클릭하거나, 입력된 글맵시를 더블 클릭하여 [개체 속성] 대화상자를 실행할 수도 있습니다.

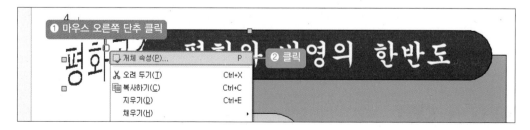

❹ [개체 속성] 대화상자가 나오면 [기본] 탭에서 **크기-너비(50), 높이(30)**를 입력한 후 **크기 고정**을 클릭하여 선택(✓)합니다. 이어서, **본문과의 배치-글 앞으로(▣)**를 선택한 후 [채우기] 탭을 클릭합니다.

❺ [채우기] 탭에서 **색-면 색**을 클릭하여 **파랑**을 선택한 후 〈설정〉 단추를 클릭합니다.

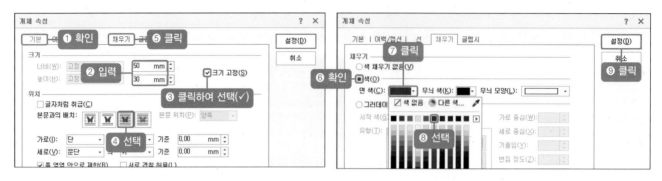

❻ 속성이 지정되면 《출력형태》를 참고하여 다음과 같이 글맵시의 위치를 변경합니다.

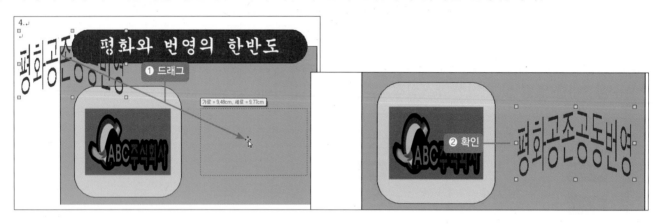

유형 06 책갈피 삽입 및 하이퍼링크 지정하기

하이퍼링크 : 문서작성 능력평가의 **"정통성과 민족의 동질성 회복"** 제목에 설정한 책갈피로 이동

❶ 3페이지의 첫 번째 줄을 클릭한 후 [문서작성 능력평가]의 제목(**정통성과 민족의 동질성 회복**)을 입력합니다. 이어서, **제목의 맨 앞쪽을 클릭하여 커서를 이동**한 후 [입력] 탭에서 **책갈피(▤)**(또는 **Ctrl**+**K**, **B**)를 클릭합니다.

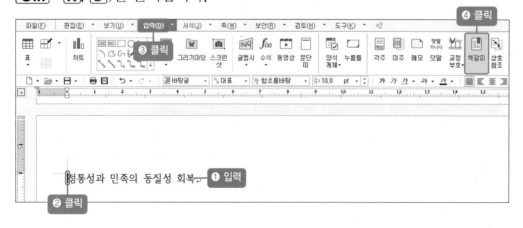

❷ [책갈피] 대화상자가 나오면 책갈피 이름 입력 칸에 **통일**을 입력한 후 〈넣기〉 단추를 클릭합니다.

책갈피 이름

책갈피 이름은 [문서작성 능력평가] 문제지의 제목 부분에 지시된 내용을 참고하여 입력합니다.

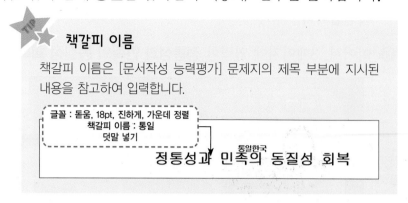

❸ 하이퍼링크를 지정하기 위해 2페이지에 입력한 그림을 선택한 후 [입력] 탭에서 **하이퍼링크(🌐)** (또는 **Ctrl**+**K**, **H**)를 클릭합니다.

※ 그림 위에서 마우스 오른쪽 단추를 눌러 [하이퍼링크]를 선택할 수도 있습니다.

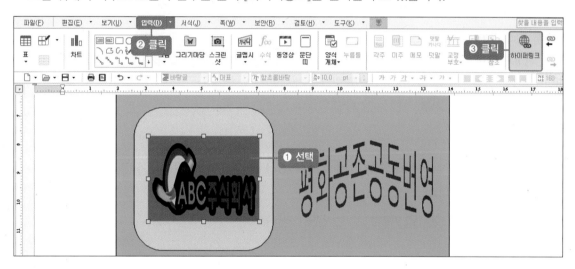

❹ [하이퍼링크] 대화상자가 나오면 연결 대상-**[현재 문서]**-**책갈피**-**통일**을 선택한 후 〈넣기〉 단추를 클릭합니다.

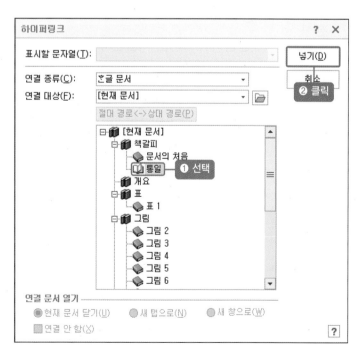

❺ **Esc** 키를 눌러 선택을 해제한 후 그림을 클릭하여 3페이지의 첫 번째 줄(제목)로 이동하는 것을 확인합니다.

❻ 이어서, 3페이지에 입력한 **정통성과 민족의 동질성 회복** 뒤를 클릭한 후 **Enter** 키를 두 번 누릅니다.

 하이퍼링크 해제하기

Shift 키를 누른 채 그림을 선택한 후 그림 위에서 마우스 오른쪽 단추를 눌러 바로 가기 메뉴가 나오면 [하이퍼링크]를 클릭하거나, [입력] 탭에서 하이퍼링크(🌐)를 선택합니다. 이어서, [하이퍼링크 고치기] 대화상자가 나오면 '연결 안 함'을 선택한 후 〈고치기〉 단추를 클릭하여 하이퍼링크를 해제할 수 있습니다.

※ 하이퍼링크가 지정된 개체는 **Shift** 키를 누른 채 클릭하여 선택할 수 있습니다.

❼ 모든 작업이 완료되면 [파일]-[**저장하기**](**Alt**+**S**) 또는 서식 도구 상자에서 **저장하기**(💾)를 클릭하여 파일을 저장합니다.

※ 실제 시험을 볼 때 작업 도중에 수시로(10분에 한 번 정도) 저장을 하는 것이 좋습니다.

시험
분석

도형 그리기

• 글맵시의 모양은 **역등변사다리꼴, 나비넥타이, 육각형, 역아래로 계단식, 아래로 계단식 등**이 자주 출제되었지만 이외에도 다양한 모양이 출제되고 있습니다.

• 도형의 모양은 직사각형의 테두리 선을 변경하여 **반원과 둥근 모양**으로 작업하는 유형이 자주 출제되고 있으며, 이외에도 **타원과 호**를 이용하는 작업이 출제된 적도 있었습니다.

• 도형이나 글맵시, 글상자 등에 지시되어 있는 색상은 반드시 해당 색상으로 변경해야 하지만, 문제지에 색상이 지정되어 있지 않으면 서로 다른 임의의 색상(하양, 검정색 제외)을 선택하여 작업합니다.

• 《출력형태》를 참고하여 도형, 글상자, 글맵시, 그림의 위치를 지정합니다.

도형 그리기

01 다음의 《조건》에 따라 《출력형태》와 같이 문서를 작성하시오. (110점)

• 소스파일 : [출제유형06]−정복06_문제01.hwp　　• 정답파일 : [출제유형06]−정복06_완성01.hwp

《조건》

(1) 그리기 도구를 이용하여 작성하고, 모든 도형(글맵시, 지정된 그림 포함)을 《출력형태》와 같이 작성하시오.

(2) 도형의 면색은 지시사항이 없으면 색 없음을 제외하고 서로 다르게 임의로 지정하시오.

《출력형태》

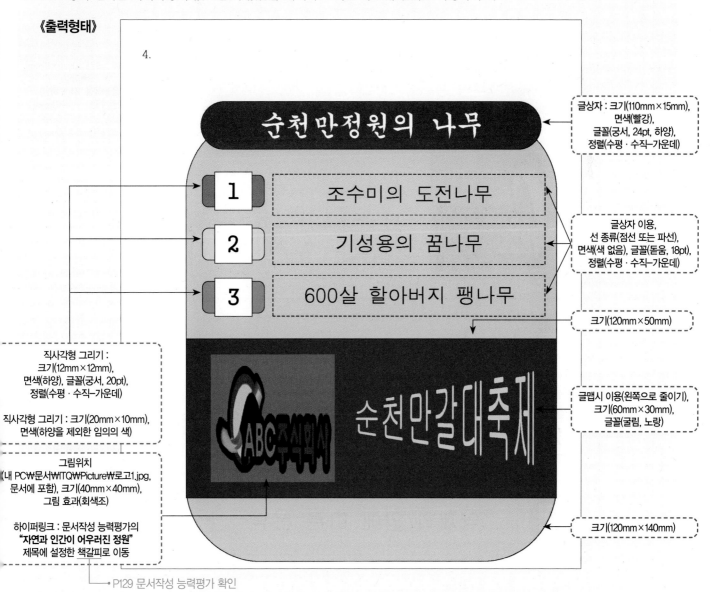

글상자 : 크기(110mm×15mm),
면색(빨강),
글꼴(궁서, 24pt, 하양),
정렬(수평 · 수직−가운데)

글상자 이용,
선 종류(점선 또는 파선),
면색(색 없음), 글꼴(돋움, 18pt),
정렬(수평 · 수직−가운데)

크기(120mm×50mm)

글맵시 이용(왼쪽으로 줄이기),
크기(60mm×30mm),
글꼴(굴림, 노랑)

크기(120mm×140mm)

직사각형 그리기 :
크기(12mm×12mm),
면색(하양), 글꼴(궁서, 20pt),
정렬(수평 · 수직−가운데)

직사각형 그리기 : 크기(20mm×10mm),
면색(하양을 제외한 임의의 색)

그림위치
(내 PC₩문서₩ITQ₩Picture₩로고1.jpg,
문서에 포함), 크기(40mm×40mm),
그림 효과(회색조)

하이퍼링크 : 문서작성 능력평가의
"자연과 인간이 어우러진 정원"
제목에 설정한 책갈피로 이동

P129 문서작성 능력평가 확인

02 다음의 《조건》에 따라 《출력형태》와 같이 문서를 작성하시오. (110점)

· 소스파일 : [출제유형06]-정복06_문제02.hwp   · 정답파일 : [출제유형06]-정복06_완성02.hwp

《조건》

(1) 그리기 도구를 이용하여 작성하고, 모든 도형(글맵시, 지정된 그림 포함)을 《출력형태》와 같이 작성하시오.

(2) 도형의 면색은 지시사항이 없으면 색 없음을 제외하고 서로 다르게 임의로 지정하시오.

《출력형태》

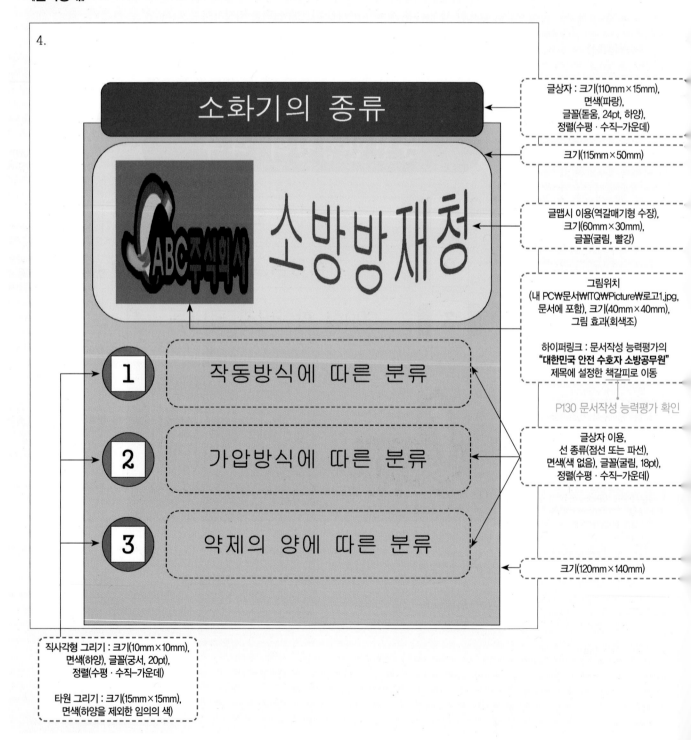

4.

글상자 : 크기(110mm×15mm), 면색(파랑), 글꼴(돋움, 24pt, 하양), 정렬(수평·수직-가운데)

크기(115mm×50mm)

글맵시 이용(역갈매기형 수장), 크기(60mm×30mm), 글꼴(굴림, 빨강)

그림위치 (내 PC₩문서₩ITQ₩Picture₩로고1.jpg, 문서에 포함), 크기(40mm×40mm), 그림 효과(회색조)

하이퍼링크 : 문서작성 능력평가의 **"대한민국 안전 수호자 소방공무원"** 제목에 설정한 책갈피로 이동

P130 문서작성 능력평가 확인

글상자 이용, 선 종류(점선 또는 파선), 면색(색 없음), 글꼴(굴림, 18pt), 정렬(수평·수직-가운데)

크기(120mm×140mm)

소화기의 종류

ABC주식회사 소방방재청

1 작동방식에 따른 분류

2 가압방식에 따른 분류

3 약제의 양에 따른 분류

직사각형 그리기 : 크기(10mm×10mm), 면색(하양), 글꼴(궁서, 20pt), 정렬(수평·수직-가운데)

타원 그리기 : 크기(15mm×15mm), 면색(하양을 제외한 임의의 색)

03 다음의 《조건》에 따라 《출력형태》와 같이 문서를 작성하시오. (110점)

· 소스파일 : [출제유형06]−정복06_문제03.hwp   · 정답파일 : [출제유형06]−정복06_완성03.hwp

《조건》

(1) 그리기 도구를 이용하여 작성하고, 모든 도형(글맵시, 지정된 그림 포함)을 《출력형태》와 같이 작성하시오.

(2) 도형의 면색은 지시사항이 없으면 색 없음을 제외하고 서로 다르게 임의로 지정하시오.

《출력형태》

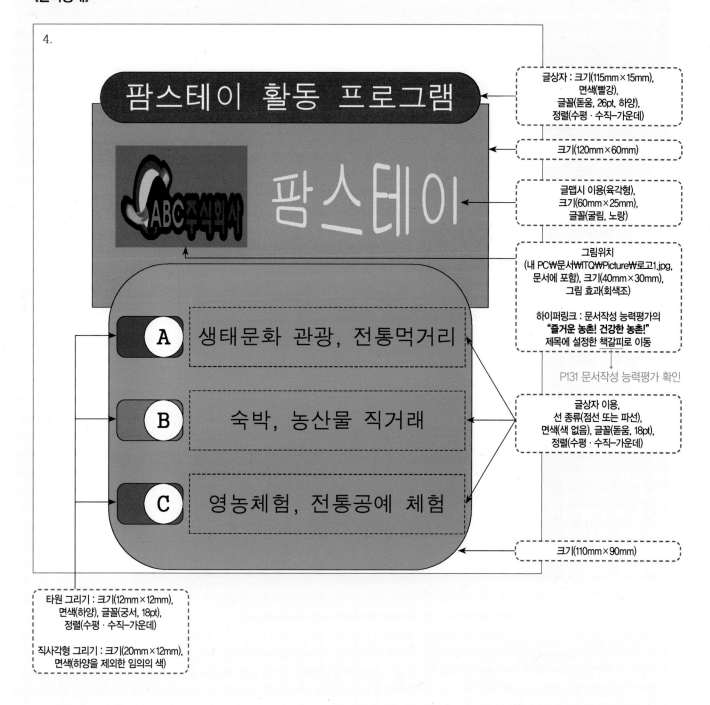

4.

팜스테이 활동 프로그램

글상자 : 크기(115mm×15mm),
면색(빨강),
글꼴(돋움, 26pt, 하양),
정렬(수평 · 수직−가운데)

크기(120mm×60mm)

ABC주식회사   팜스테이

글맵시 이용(육각형),
크기(60mm×25mm),
글꼴(굴림, 노랑)

그림위치
(내 PC₩문서₩ITQ₩Picture₩로고1.jpg,
문서에 포함), 크기(40mm×30mm),
그림 효과(회색조)

하이퍼링크 : 문서작성 능력평가의
"즐거운 농촌! 건강한 농촌!"
제목에 설정한 책갈피로 이동

P131 문서작성 능력평가 확인

A 생태문화 관광, 전통먹거리

B 숙박, 농산물 직거래

C 영농체험, 전통공예 체험

글상자 이용,
선 종류(점선 또는 파선),
면색(색 없음), 글꼴(돋움, 18pt),
정렬(수평 · 수직−가운데)

크기(110mm×90mm)

타원 그리기 : 크기(12mm×12mm),
면색(하양), 글꼴(궁서, 18pt),
정렬(수평 · 수직−가운데)

직사각형 그리기 : 크기(20mm×12mm),
면색(하양을 제외한 임의의 색)

04 다음의 《조건》에 따라 《출력형태》와 같이 문서를 작성하시오. (110점)

• 소스파일 : [출제유형06]−정복06_문제04.hwp   • 정답파일 : [출제유형06]−정복06_완성04.hwp

《조건》

⑴ 그리기 도구를 이용하여 작성하고, 모든 도형(글맵시, 지정된 그림 포함)을 《출력형태》와 같이 작성하시오.

⑵ 도형의 면색은 지시사항이 없으면 색 없음을 제외하고 서로 다르게 임의로 지정하시오.

《출력형태》

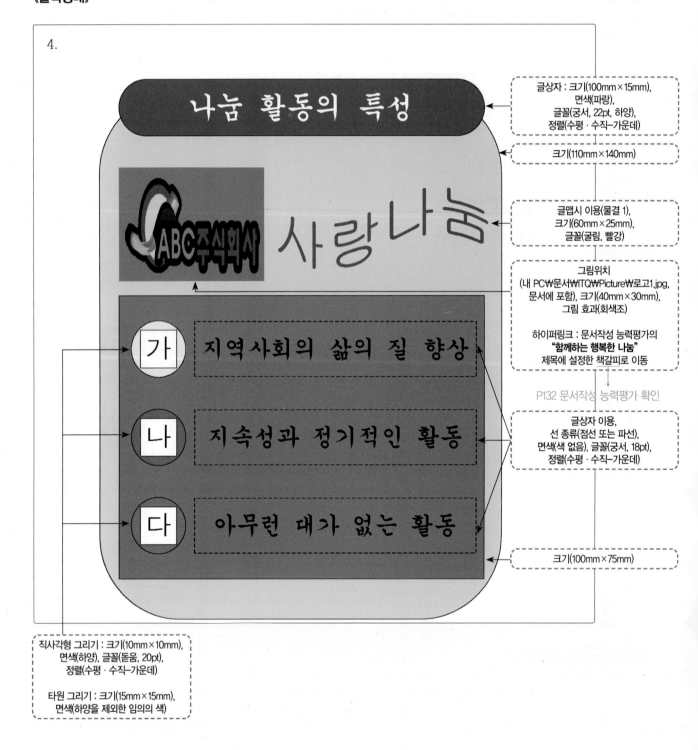

글상자 : 크기(100mm×15mm),
면색(파랑),
글꼴(궁서, 22pt, 하양),
정렬(수평·수직−가운데)

크기(110mm×140mm)

글맵시 이용(물결 1),
크기(60mm×25mm),
글꼴(굴림, 빨강)

그림위치
(내 PC₩문서₩ITQ₩Picture₩로고1.jpg,
문서에 포함), 크기(40mm×30mm),
그림 효과(회색조)

하이퍼링크 : 문서작성 능력평가의
"함께하는 행복한 나눔"
제목에 설정한 책갈피로 이동

P132 문서작성 능력평가 확인

글상자 이용,
선 종류(점선 또는 파선),
면색(색 없음), 글꼴(궁서, 18pt),
정렬(수평·수직−가운데)

크기(100mm×75mm)

직사각형 그리기 : 크기(10mm×10mm),
면색(하양), 글꼴(돋움, 20pt),
정렬(수평·수직−가운데)

타원 그리기 : 크기(15mm×15mm),
면색(하양을 제외한 임의의 색)

다음의 《조건》에 따라 《출력형태》와 같이 문서를 작성하시오. (110점)

· 소스파일 : [출제유형06]−정복06_문제05.hwp   · 정답파일 : [출제유형06]−정복06_완성05.hwp

《조건》

(1) 그리기 도구를 이용하여 작성하고, 모든 도형(글맵시, 지정된 그림 포함)을 《출력형태》와 같이 작성하시오.

(2) 도형의 면색은 지시사항이 없으면 색 없음을 제외하고 서로 다르게 임의로 지정하시오.

《출력형태》

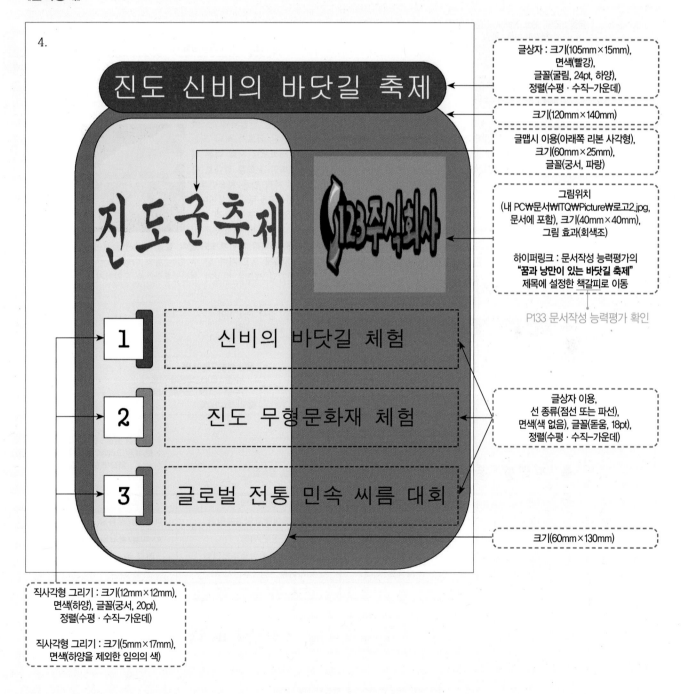

4.

글상자 : 크기(105mm×15mm),
면색(빨강),
글꼴(굴림, 24pt, 하양),
정렬(수평 · 수직−가운데)

크기(120mm×140mm)

글맵시 이용(아래쪽 리본 사각형),
크기(60mm×25mm),
글꼴(궁서, 파랑)

그림위치
(내 PC₩문서₩ITQ₩Picture₩로고2.jpg,
문서에 포함), 크기(40mm×40mm),
그림 효과(회색조)

하이퍼링크 : 문서작성 능력평가의
"꿈과 낭만이 있는 바닷길 축제"
제목에 설정한 책갈피로 이동

P133 문서작성 능력평가 확인

글상자 이용,
선 종류(점선 또는 파선),
면색(색 없음), 글꼴(돋움, 18pt),
정렬(수평 · 수직−가운데)

크기(60mm×130mm)

직사각형 그리기 : 크기(12mm×12mm),
면색(하양), 글꼴(궁서, 20pt),
정렬(수평 · 수직−가운데)

직사각형 그리기 : 크기(5mm×17mm),
면색(하양을 제외한 임의의 색)

- 내용 입력 후 제목 및 머리말 편집하기
- 문자표 입력 및 문단 번호 모양 지정하기
- 문단 첫 글자 장식 및 각주 입력하기
- 그림 및 표 입력하기
- 기관명 및 쪽 번호 입력하기

• 문제 미리보기 •

〈문서작성 능력평가 (200점)〉

- 소스파일 : [출제유형07]-유형07_문제.hwp
- 정답파일 : [출제유형07]-유형07_완성.hwp

글꼴 : 굴림, 18pt, 진하게, 가운데 정렬
책갈피 이름 : 통일
덧말 넣기

머리말 기능
돋움, 10pt, 오른쪽 정렬 ▶ 통일 우리의 미래

통일한국
정통성과 민족의 동질성 회복

문단 첫 글자 장식 기능
글꼴 : 궁서, 면색 : 노랑

각주

그림위치(내 PC₩문서₩ITQ₩Picture₩
그림4.jpg, 문서에 포함)
자르기 기능 이용, 크기(40mm×40mm),
바깥 여백 왼쪽 : 2mm

통일은 남북한 국민이 한 민족⊙ 하나의 국민이라고 느끼고 남북한 단일체제(但一體制) 수립을 넘어 한 마음이 된 상태를 의미한다. 통일은 분단된 국토가 하나 되는 것은 물론 정치적으로 대립되었던 체제를 하나로 만드는 것이고, 경제적으로 서로 다른 제도를 하나로 거듭나게 하는 것이며, 남북주민 사이에 내면화된 이질적인 문화를 하나로 다시 탄생시키는 것이다. 우리가 추구하는 통일은 인류 보편적 가치로 자리 잡은 자유민주주의와 시장경제를 바탕으로 구성원 모두의 자유와 인권이 보장되는 민족공동체의 건설이다.

통일(統一)은 분단으로 인해 굴절된 역사를 바로잡고, 민족공동체 건설을 통해 우리 민족의 총체적 역량을 극대화하기 위해 필요하다. 또한 통일은 분단에 따른 유형, 무형적인 비용을 소멸시키고 새로운 이득(利得)을 창출함으로 인해 국가와 사회뿐 아니라 개인에게도 삶의 질을 향상시킬 것이다. 개인적 차원에서 통일은 이산가족의 고통을 해소하고 남북 간에 자유롭게 오고 가며 살 수 있는 등의 다양한 선택의 기회를 부여하며 인간적인 삶을 보장할 것이다. 통일은 21세기 한민족의 새로운 비상과 선진일류국가로 도약하기 위한 수단으로서 필요하다.

♣ ## 학교 통일교육의 실태와 방향

글꼴 : 궁서, 18pt, 하양
음영색 : 파랑

1) 학교 통일교육의 실태
　가) 대체로 학생들의 부정적인 통일 의식 심화
　나) 정규 수업에 밀려 통일교육의 비활성화
2) 학교 통일교육의 방향
　가) 학생들의 통일문제에 대한 관심과 올바른 통일의식 함양
　나) 통일 미래의 구체적인 모습과 비전 제시

문단 번호 기능 사용
1수준 : 20pt, 오른쪽 정렬,
2수준 : 30pt, 오른쪽 정렬,
줄 간격 : 180%

♣ ## 지역별 통일관 현황

글꼴 : 궁서, 18pt, 기울임, 강조점

표 전체 글꼴 : 굴림, 10pt, 가운데 정렬
셀 배경(그러데이션) : 유형(가로)[수평],
시작색(하양), 끝색(노랑)

지역	위치	운영주체	휴관
서울	서울 구로구 궁동 35번지	서서울생활과학고등학교	매주 일/공휴일
오두산	경기 파주시 통일전망대 내	민간위탁	4-10월/월요일
광주	광주 서구 화정2동	통일교육위원회광주협의회	매주 월, 토
부산	부산 부산진구 자유회관 내	자유총연맹 (부산지구)	연중 무휴
기타 지역 현황		경남, 고성, 대전, 양구/인천, 제주, 청주, 충남	

글꼴 : 돋움, 24pt, 진하게
장평 105%, 오른쪽 정렬 ▶ ## 통일교육 운영계획

각주 구분선 : 5cm

⊙ 언어와 문화상의 공통성에 기초하여 오랜 세월 역사적으로 형성된 사회 집단

쪽 번호 매기기
6으로 시작 ▶ ⑥

■ 내용 입력 및 제목 편집하기

❶ 한글 NEO 프로그램을 실행한 후 [파일]-[불러오기]를 클릭합니다. [불러오기] 대화상자가 나오면 '유형07_문제.hwp' 파일을 불러옵니다.

❷ 3페이지의 세 번째 줄을 클릭한 후 문제지를 보면서 다음과 같이 내용을 입력합니다.

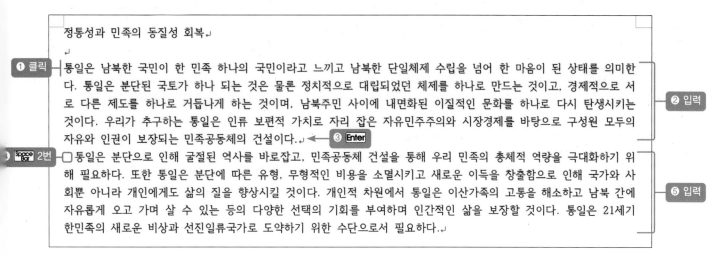

❸ 3페이지의 제목인 **정통성과 민족의 동질성 회복**을 드래그하여 블록으로 지정한 후 서식 도구 상자에서 **글꼴(굴림)**, **글자 크기(18pt)**, **진하게(가)**, **가운데 정렬(≡)**을 지정합니다.

❹ 이어서, [입력] 탭에서 **덧말(덧말 가나다)**을 클릭합니다.

❺ [덧말 넣기] 대화상자가 나오면 덧말 입력 칸에 **통일한국**을 입력한 후 〈넣기〉 단추를 클릭합니다.

※ 덧말 위치는 《출력형태》를 참고하여 지정합니다.

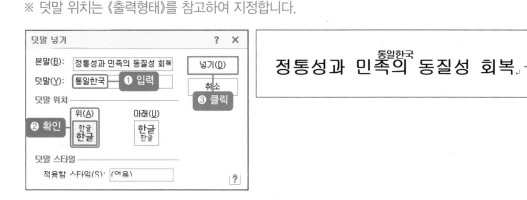

■ 머리말 입력 및 편집하기

❶ 머리말을 추가하기 위해 [쪽] 탭에서 [머리말(▤)]-[위쪽]-**모양 없음**(또는 **Ctrl**+**N**, **H**)을 클릭합니다.

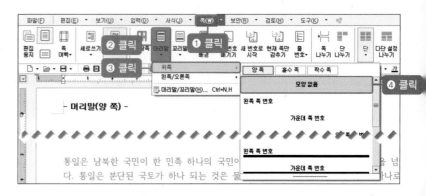

❷ 머리말 입력 화면을 클릭하여 **통일 우리의 미래**를 입력한 후 해당 내용을 블록으로 지정합니다. 이어서, 서식 도구 상자에서 **글꼴(돋움)**, **글자 크기(10)**, **오른쪽 정렬(▤)**을 지정합니다.

❸ 머리말 입력 작업이 끝나면 [머리말/꼬리말] 탭에서 **머리말/꼬리말 닫기(⬅)**(또는 **Shift**+**Esc**)를 클릭합니다.

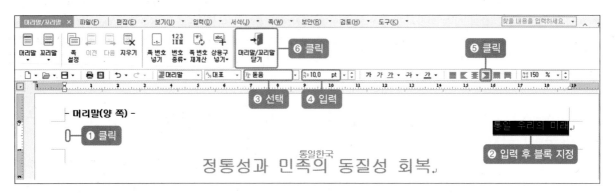

❹ 입력된 머리말을 확인합니다.

※ 입력된 머리말 또는 덧말을 더블 클릭하여 해당 내용을 수정할 수 있습니다.

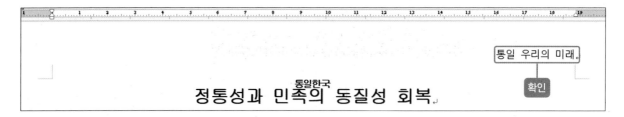

⭐ 머리말이 보이지 않을 경우

입력한 머리말이 보이지 않을 경우에는 [보기] 탭에서 쪽 윤곽(▢)(또는 **Ctrl**+**G**, **L**)을 클릭하여 활성화합니다.

■ 문단 첫 글자 장식하기

① 문단 첫 글자 장식을 지정하기 위해 첫 번째 문단 내용**(통일은)** 앞을 **클릭**한 후 [서식] 탭에서 **문단 첫 글자 장식(🔲)**을 클릭합니다.

※ [서식] 탭의 목록 단추(▼)를 클릭한 후 [문단 첫 글자 장식]을 선택할 수도 있습니다.

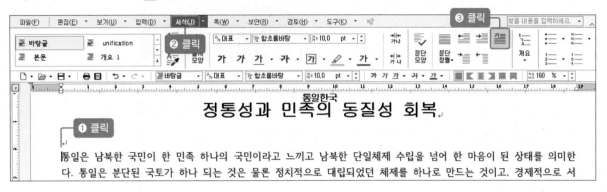

② [문단 첫 글자 장식] 대화상자가 나오면 **모양-2줄, 글꼴/테두리-글꼴(궁서), 면 색(노랑)**을 지정한 후 〈설정〉 단추를 클릭합니다.

※ 면 색(노랑)은 [오피스] 색상 테마에서 지정합니다.

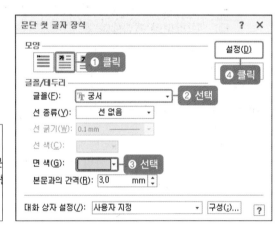

■ 한자 입력하기

① 문제지에서 한자로 변환할 단어**(통일, 이득, 단일체제)**를 확인한 후 **통일**을 드래그하여 블록으로 지정합니다. 이어서, [입력] 탭에서 **한자 입력(⚡)**(또는 F9)을 클릭합니다.

※ 한자로 변환할 단어(통일)를 블록 지정이 아닌 단어의 뒤쪽(일)을 클릭한 후 F9 또는 한자 키를 눌러도 결과는 동일합니다.

❷ [한자로 바꾸기] 대화상자가 나오면 한자 목록에서 문제지와 일치하는 한자를 찾아서 클릭합니다.
이어서, **입력 형식-한글(漢子)**를 선택한 후 〈바꾸기〉 단추를 클릭합니다.

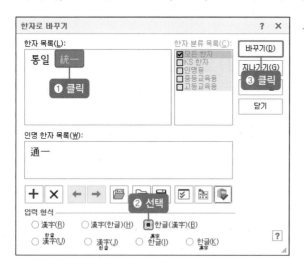

입력 형식

漢字 : 한글 대신 한자를 입력합니다.
한글(漢字) : 한글 오른쪽에 한자를 입력합니다.
漢字(한글) : 한글 대신 한자를 입력하고 한글을 한자 오른쪽에 입력합니다.

한글 : 한글 위쪽에 한자를 입력합니다.
한글 : 한글 아래쪽에 한자를 입력합니다.

漢字 : 한자를 대신 입력하고 한글을 위쪽에 입력합니다.
漢字 : 한자를 대신 입력하고 한글을 아래쪽에 입력합니다.

❸ 똑같은 방법으로 문제지를 확인하여 다른 단어들도 한자로 변환합니다.

일은 남북한 국민이 한 민족 하나의 국민이라고 느끼고 남북한 단일(但一)체제(體制) 한 마음이 된 상태를 의미한다. 통일은 분단된 국토가 하나 되는 것은 물론 정치적으로 대립되었던 체제를 하나로 만드는 것이고, 경제적으로 서로 다른 제도를 하나로 거듭나게 하는 것이며, 남북주민 사이에 내면화된 이질적인 문화를 하나로 다시 탄생시키는 것이다. 우리가 추구하는 통일은 인류 보편적 가치로 자리 잡은 자유민주주의와 시장경제를 바탕으로 구성원 모두의 자유와 인권이 보장되는 민족공동체의 건설이다.↵
통일(統一)은 분단으로 인해 굴절된 역사를 바로잡고, 민족공동체 건설을 통해 우리 민족의 총체적 역량을 극대화하기 위해 필요하다. 또한 통일은 분단에 따른 유형, 무형적인 비용을 소멸시키고 새로운 이득(利得)을 인해 국가와 사회뿐 아니라 개인에게도 삶의 질을 향상시킬 것이다. 개인적 차원에서 통일은 이산가족의 고통을 해소하고 남북 간에 자유롭게 오고 가며 살 수 있는 등의 다양한 선택의 기회를 부여하며 인간적인 삶을 보장할 것이다. 통일은 21세기 한민족의 새로운 비상과 선진일류국가로 도약하기 위한 수단으로서 필요하다.↵

❹ 한자 변환이 끝나면 **但一**을 드래그하여 블록으로 지정한 후 [편집] 탭에서 **오려 두기**(✂)(또는 **Ctrl**+**X**)를 클릭합니다.

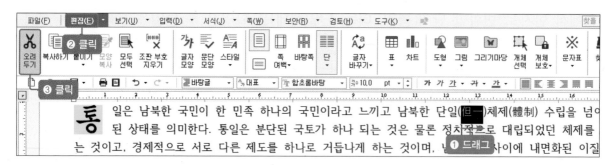

❺ **체제(** 글자 뒤를 클릭한 후 [편집] 탭에서 **붙이기(**🗐**)**(또는 **Ctrl**+**V**)를 클릭합니다.

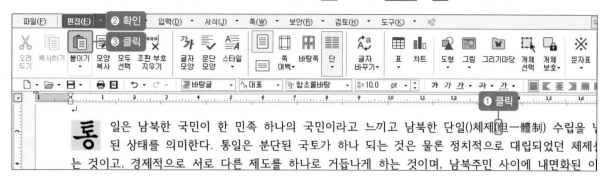

❻ **단일** 글자 뒤를 클릭한 후 **Delete** 키를 두 번 눌러 괄호를 삭제합니다.

 한자로 바꾸기

● 실제 시험에서 출제되는 한자 단어의 개수는 대부분 2~3개이므로 문제지에 나오는 한자 단어의 개수를 세어 빠뜨린 부분이 없는지 확인합니다.
● 한자 변환 작업 시 두 개 이상의 단어를 하나로 합치는 문제가 나올 수도 있습니다. 2개의 단어로 구분된 한자를 문제지에 맞게 이어 붙이고 괄호를 지워서 답안을 작성합니다.

■ 각주 입력하기

각주 구분선 : 5cm

❶ 문제지 왼쪽 아래의 각주 내용을 확인하고 각주를 입력할 **단어(민족) 뒤를 클릭**한 후 [입력] 탭에서 **각주(**🗐**)**(또는 **Ctrl**+**N**, **N**)를 클릭합니다.

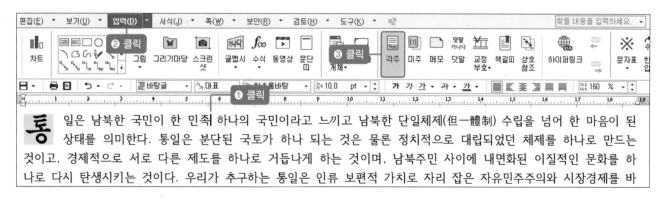

② 각주 입력 화면이 나오면 [주석] 탭에서 **각주/미주 모양 고치기(⟋)**를 클릭합니다.

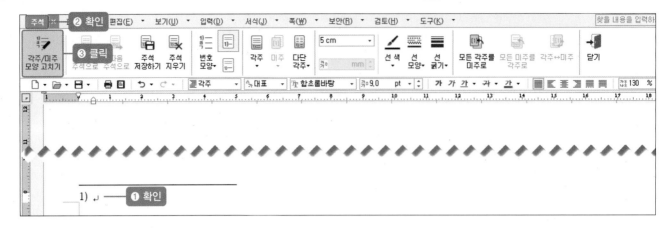

③ [주석 모양] 대화상자가 나오면 **번호 모양 – 'ⓐ, ⓑ, ⓒ'**을 선택합니다. 이어서, **구분선 길이(5cm)**를 확인한 후 〈설정〉 단추를 클릭합니다.

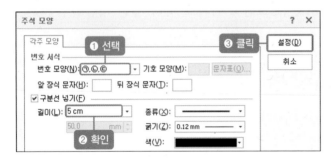

④ 각주 번호 모양이 변경되면 문제지를 보면서 다음과 같이 각주 내용을 입력합니다. 이어서, [주석] 탭에서 **닫기(→))**(또는 **Shift** + **Esc**)를 클릭합니다.

※ 각주의 글꼴과 글자 크기는 별도의 지시사항이 없으므로 변경하지 않습니다.

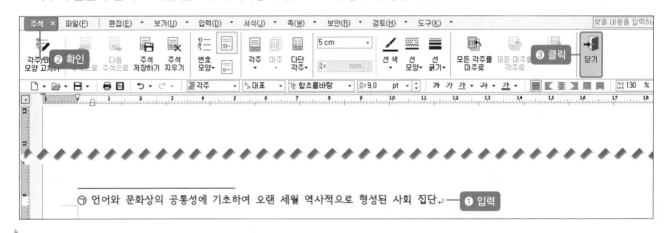

> **TIP**
>
> **각주**
>
> 각주란 본문 내용에서 특정 단어의 뜻을 보충 설명하기 위해 문서 아래쪽에 해당 내용을 추가하는 기능으로 ITQ 한글 시험에서는 한 개의 단어에 각주를 지정하는 문제가 출제되고 있습니다.

유형 03 그림 입력하기

❶ 그림을 입력하기 위해 [입력] 탭에서 **그림(🖼)**(또는 **Ctrl**+**N**, **I**)을 클릭합니다.

❷ [그림 넣기] 대화상자가 나오면 [내 PC₩문서₩ITQ₩Picture] 폴더에서 '**그림4.jpg**' 파일을 선택한 후 〈넣기〉 단추를 클릭합니다.

그림 넣기

'문서에 포함'을 제외한 나머지 '글자처럼 취급'과 '마우스로 크기 지정'이 선택(✓)되어 있다면 선택을 해제합니다.

❸ 입력된 그림을 클릭한 후 **Shift** 키를 누른 채 조절점(□)을 드래그하여 《출력형태》처럼 그림을 자릅니다.

※ [그림(🖼)] 탭에서 자르기(🔲)를 클릭하여 작업할 수 있습니다.

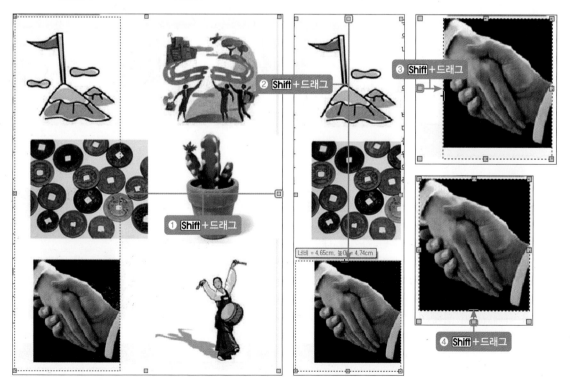

❹ 그림의 속성을 지정하기 위해 그림 위에서 마우스 오른쪽 단추를 눌러 바로 가기 메뉴가 나오면 **[개체 속성]**을 클릭합니다.

※ 삽입된 그림을 더블 클릭하여 [개체 속성] 대화 상자를 실행할 수도 있습니다.

❺ [개체 속성] 대화상자가 나오면 [기본] 탭에서 **크기-너비(40), 높이(40)**를 입력한 후 **크기 고정**을 클릭하여 선택(✓)합니다. 이어서, **본문과의 배치-어울림(▨)**을 선택한 후 [여백/캡션] 탭을 클릭합니다.

❻ [여백/캡션] 탭에서 **바깥 여백-왼쪽(2)**을 입력한 후 〈설정〉 단추를 클릭합니다.

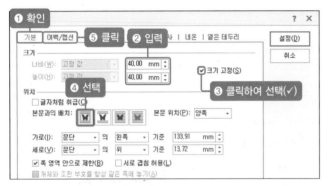

❼ 속성 지정이 완료되면 《출력형태》를 참고하여 다음과 같이 그림의 위치를 변경한 후 문장 오른쪽 끝의 글자들이 《출력형태》와 같은지 확인합니다.

※ 만약 오른쪽 끝 부분의 글자가 《출력형태》와 다를 경우에는 '글자 누락, 오타, 띄어쓰기' 등을 다시 한 번 확인하시기 바랍니다.

통 일은 남북한 국민이 한 민족⊙ 하나의 국민이라고 느끼고 남북한 단일체제(但一體制) 수립을 넘어 한 마음이 된 상태를 의미한다. 통일은 분단된 국토가 하나 되는 것은 물론 정치적으로 대립되었던 체제를 하나로 만드는 것이고, 경제적으로 서로 다른 제도를 하나로 거듭나게 하는 것이며, 남북주민 사이에 내면화된 이질적인 문화를 하나로 다시 탄생시키는 것이다. 우리가 추구하는 통일은 인류 보편적 가치로 자리 잡은 자유민주주의와 시장경제를 바탕으로 구성원 모두의 자유와 인권이 보장되는 민족공동체의 건설이다.↵
　통일(統一)은 분단으로 인해 굴절된 역사를 바로잡고, 민족공동체 건설을 통해 우리 민족의 총체적 역량을 극대화하기 위해 필요하다. 또한 통일은 분단에 따른 유형, 무형적인 비용을 소멸시키고 새로운 이득(利得)을 창출함으로 인해 국가와 사회뿐 아니라 개인에게도 삶의 질을 향상시킬 것이다. 개인적 차원에서 통일은 이산가족의 고통을 해소하고 남북 간에 자유롭게 오고 가며 살 수 있는 등의 다양한 선택의 기회를 부여하며 인간적인 삶을 보장할 것이다. 통일은 21세기 한민족의 새로운 비상과 선진일류국가로 도약하기 위한 수단으로서 필요하다.↵

■ 내용 입력 및 문자표 입력하기

① 입력한 내용의 마지막 줄(**필요하다.**) 뒤쪽을 클릭한 후 **Enter** 키를 **두 번** 누릅니다. 이어서, 문제지를 보면서 나머지 내용 및 표를 입력합니다.

② 표 입력은 [입력] 탭에서 **표(▦)**를 클릭한 후《출력형태》를 참고하여 표(줄 수 : 6, 칸 수 : 4)를 입력합니다.

※ 표를 작성할 때 '글자처럼 취급'을 지정한 후 표를 만듭니다.

※ 셀 합치기 : 셀을 블록으로 지정한 후 [표] 탭에서 셀 합치기(▦)(또는 **M**)를 클릭합니다.

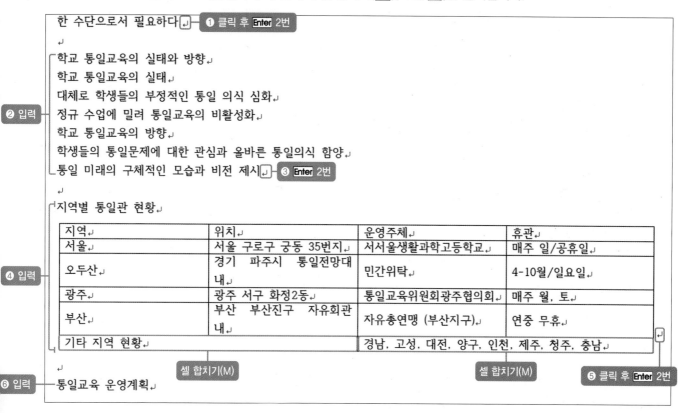

③ 문자표(♣)를 입력하기 위해 **학교** 글자 앞쪽을 클릭합니다. 이어서, [입력] 탭에서 **문자표(※)**의 **목록 단추(문자표)**를 클릭한 후 **문자표**(또는 **Ctrl**+**F10**)를 선택합니다.

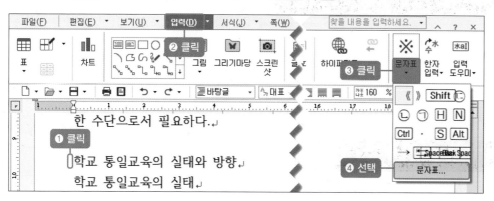

④ [문자표 입력] 대화상자가 나오면 [한글(HNC) 문자표]–[문자 영역]–[전각 기호(일반)]에서 '♣' 모양을 선택한 후 〈넣기〉 단추를 클릭합니다.

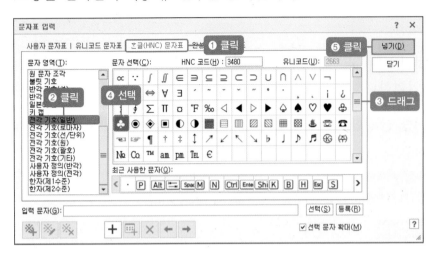

⑤ 문자표가 입력되면 [Space Bar] 키를 눌러 한 칸 띄웁니다. 이어서, 똑같은 방법으로 표 제목 앞에 문자표 (♣)를 입력합니다.

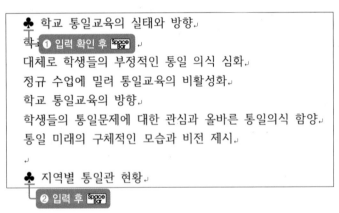

삽입/수정 전환([Insert])

만약 문자표 입력 후 [Space Bar] 키를 눌렀을 때 뒤쪽의 글자가 삭제(수정 상태)되면 [Ctrl]+[Z] 키를 눌러 이전 상태로 되돌립니다. 이어서, [Insert] 키를 눌러 '삽입' 상태로 전환한 후 다음 작업을 진행합니다.

■ **소제목 편집하기**

글꼴 : 궁서, 18pt, 하양, 음영색 : 파랑

① ♣ **학교 통일교육의 실태와 방향**을 드래그하여 블록으로 지정한 후 서식 도구 상자에서 **글꼴(궁서), 글자 크기(18)**를 지정합니다.

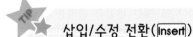

② [Esc] 키를 눌러 블록 지정을 해제한 후 **학교 통일교육의 실태와 방향**만 드래그하여 블록으로 지정합니다. 이어서, 마우스 오른쪽 단추를 눌러 바로 가기 메뉴가 나오면 [**글자 모양**]을 클릭합니다.

※ [서식] 탭의 목록 단추([▼])를 클릭한 후 [글자 모양]을 선택하거나, [Alt]+[L] 키를 눌러 글자 모양을 지정할 수도 있습니다.

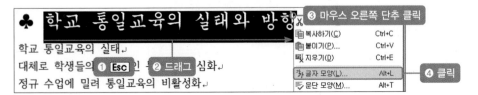

❸ [글자 모양] 대화상자가 나오면 [기본] 탭에서 **속성–글자 색(하양), 음영 색(파랑)**을 지정한 후 〈설정〉 단추를 클릭합니다. 이어서, **Esc** 키를 눌러《출력형태》와 같은지 확인합니다.

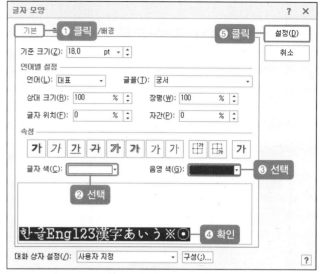

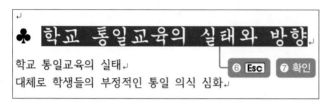

■ 문단 번호 지정하기

문단 번호 기능 사용
1수준 : 20pt, 오른쪽 정렬, 2수준 : 30pt, 오른쪽 정렬, 줄 간격 : 180%

❶ 문단 번호를 지정할 내용을 그림과 같이 드래그하여 블록으로 지정합니다. 이어서, 마우스 오른쪽 단추를 눌러 바로 가기 메뉴가 나오면 **[문단 번호 모양]**을 클릭합니다.

※ [서식] 탭의 목록 단추(▾)를 클릭한 후 [문단 번호 모양]을 선택하거나, **Ctrl**+**K**, **N** 키를 눌러 문단 번호 모양을 지정할 수도 있습니다.

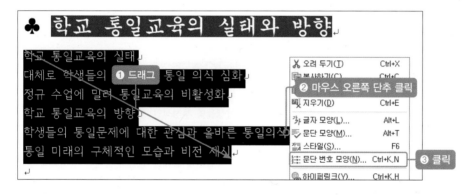

❷ [문단 번호/글머리표] 대화상자가 나오면 [문단 번호] 탭에서《출력형태》를 참고하여 **문단 번호 모양(▤)**을 선택한 후 〈사용자 정의〉 단추를 클릭합니다.

❸ [문단 번호 사용자 정의 모양] 대화상자가 나오면 **수준-1 수준**을 확인합니다. 이어서, 번호 위치에서 **너비 조정-20pt, 정렬-오른쪽**으로 지정합니다.

※ 미리 보기 화면을 참고하여 《출력형태》와 같은지 확인합니다.

❹ 1수준 작업이 끝나면 **수준-2 수준**을 클릭합니다. 이어서, 번호 위치에서 **너비 조정-30pt, 정렬-오른쪽**으로 지정한 후 〈설정〉 단추를 클릭합니다.

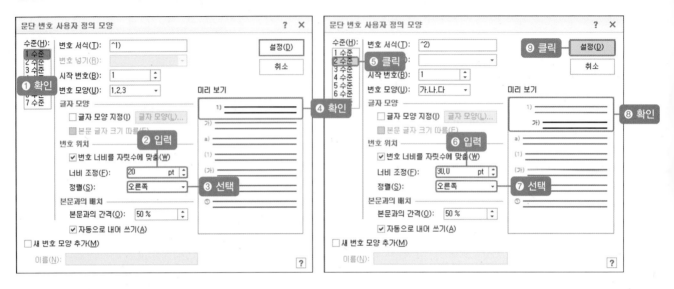

❺ [문단 번호/글머리표] 대화상자가 다시 나오면 적용된 문단 번호 모양을 확인한 후 〈설정〉 단추를 클릭합니다. 이어서, **Esc** 키를 눌러 블록 지정을 해제합니다.

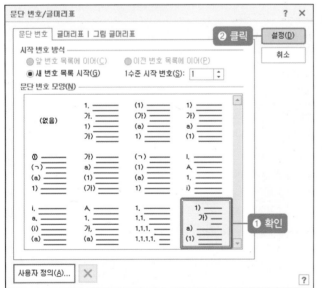

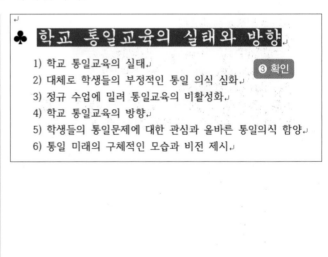

⑥ 문단 번호가 지정되면 한 수준을 감소하기 위해 다음과 같이 드래그하여 블록으로 지정한 후 [서식] 탭에서 **한 수준 감소(🔲)**를 클릭합니다.

※ [서식] 탭의 목록 단추(▾)를 클릭한 후 [한 수준 감소]를 선택하거나, Ctrl +숫자 키패드 + 키를 눌러 문단 번호 수준을 낮출 수도 있습니다.

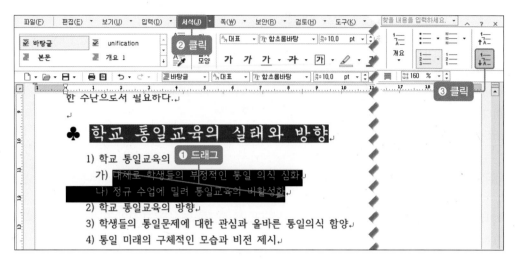

⑦ 이어서, 똑같은 방법으로 그림과 같이 문단 번호 수준을 한 수준 감소시킵니다.

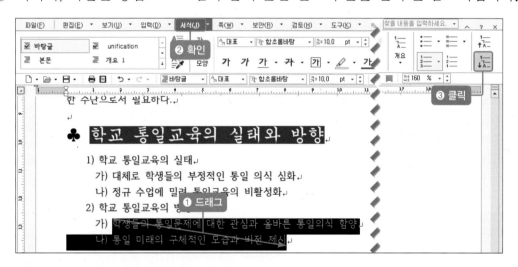

⑧ 줄 간격을 지정하기 위해 다음과 같이 드래그하여 블록으로 지정한 후 서식 도구 상자에서 **줄 간격(180)**을 선택합니다. 이어서, Esc 키를 눌러 블록 지정을 해제합니다.

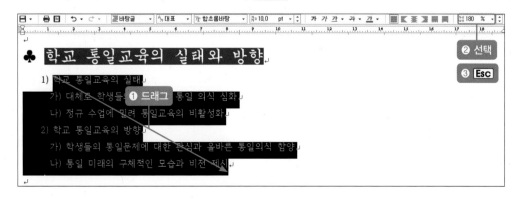

문단 번호 모양 직접 만들기

• 소스파일 : [출제유형07]-문단번호.hwp

《출력형태》에서 제시한 번호 모양이 없는 경우에는 〈사용자 정의〉 단추를 클릭하여 직접 문단 번호 모양을 만들 수 있습니다.

◆ **주요 서비스 및 하위 내역**

　A. 국가 R&D 성과평가정보 공개

　　ⓐ 평가 계획 및 지침 등 평가업무 관련 자료 확인

　　ⓑ 평가 업무 담당자의 평가관련 자료 제출 지원

　B. R&D 데이터 개방

　　ⓐ 과학기술데이터의 종합현황 제공

　　ⓑ 데이터를 공동 활용하는 문화 확산의 장을 제공

> 문단 번호 기능 사용
> 1수준 : 20pt, 오른쪽정렬,
> 2수준 : 30pt, 오른쪽정렬
> 줄 간격 : 180%

---

❶ 문단 번호 기능을 지정할 전체 내용을 블록으로 지정한 후 마우스 오른쪽 단추를 눌러 바로 가기 메뉴가 나오면 [문단 번호 모양]을 클릭합니다.

❷ [문단 번호/글머리표] 대화상자가 나오면 《출력형태》와 1수준이 같은 모양을 선택한 후 〈사용자 정의〉 단추를 클릭합니다.

　※ 임의의 문단 번호 모양을 선택할 때 1수준과 같은 모양 번호를 우선으로 선택합니다. 만약, 1수준과 같은 모양이 없을 경우에는 임의의 모양을 선택합니다.

❸ [문단 번호 사용자 정의 모양] 대화상자가 나오면 《출력형태》를 참고하여 1 수준의 번호 서식과 번호 모양을 확인한 후 **너비 조정(20pt)** 및 **정렬(오른쪽 정렬)**을 지정합니다.

　(※ 1수준의 번호 서식과 번호 모양이 동일하기 때문에 너비 조정과 정렬만 지정합니다.)

　– 번호 서식(^1.) : 만약 1 수준 번호 서식이 'A.'가 아닌 'A)'라면 '.'을 삭제한 후 ')'를 입력합니다. → 예 : ^A)

　– 번호 모양(A, B, C) : 만약 1 수준 번호 모양이 'A'가 아닌 'Ⓐ'라면 '번호 모양'을 클릭하여 Ⓐ,Ⓑ,Ⓒ를 선택합니다.

❹ 2 수준을 클릭하여 번호 서식과 번호 모양을 변경한 후 **너비 조정(30pt)** 및 **정렬(오른쪽 정렬)**을 지정합니다.

　– 번호 서식 : 번호 뒤에 아무 것도 없기 때문에 '.'을 삭제합니다.

　– 번호 모양 : '번호 모양'을 클릭하여 'ⓐ,ⓑ,ⓒ'를 선택합니다.

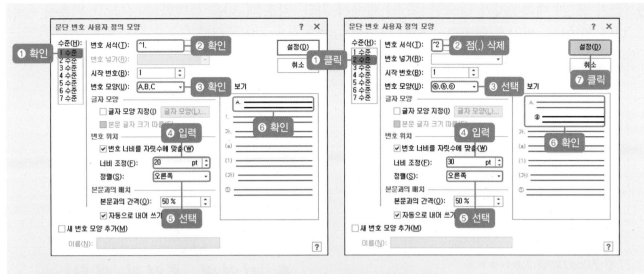

⑤ [문단 번호/글머리표] 대화상자가 다시 나오면 〈설정〉 단추를 클릭합니다.

⑥ 2 수준으로 변경할 내용을 블록으로 설정한 후 [서식] 탭에서 **한 수준 감소**(🔽)(또는 **Ctrl**+숫자 키패드 **+** 키) 를 클릭합니다.

유형 05 표 제목 및 표 편집하기

글꼴 : 궁서, 18pt, 기울임, 강조점

■ 표 제목 편집하기

① ♣ **지역별 통일관 현황**을 드래그하여 블록으로 지정한 후 서식 도구 상자에서 **글꼴(궁서)**, **글자 크기(18)**를 지정합니다. 이어서, **Esc** 키를 눌러 블록 지정을 해제합니다.

② **지역별 통일관 현황**만 드래그하여 블록으로 지정한 후 서식 도구 상자에서 **기울임**(*가*)을 클릭합니다. 이어서, **Esc** 키를 눌러 블록 지정을 해제합니다.

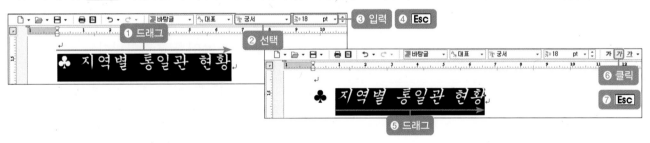

③ **지역별**을 드래그하여 블록으로 지정한 후 마우스 오른쪽 단추를 눌러 바로 가기 메뉴가 나오면 **[글자 모양]**을 클릭합니다.

※ [서식] 탭의 목록 단추(▼)를 클릭한 후 [글자 모양]을 클릭하거나, **Alt**+**L** 키를 눌러 글자 모양을 지정할 수도 있습니다.

❹ [글자 모양] 대화상자가 나오면 [확장] 탭에서 **기타–강조점**(⊗)을 선택한 후 〈설정〉 단추를 클릭합니다. 이어서, 똑같은 방법으로 **현황** 단어에도 강조점을 지정합니다.

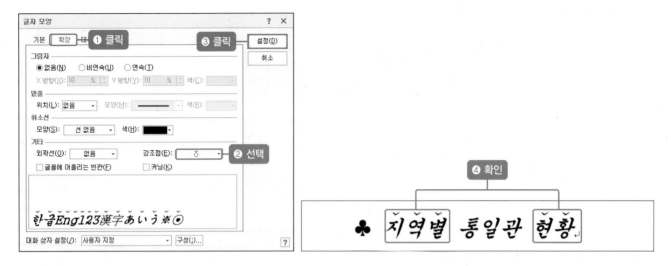

■ 표 편집하기

표 전체 글꼴 : 굴림, 10pt, 가운데 정렬

❶ 표 안의 내용을 드래그하여 블록으로 지정한 후 서식 도구 상자에서 **글꼴(굴림)**, **글자 크기(10)**, **가운데 정렬**(≡)을 지정합니다.

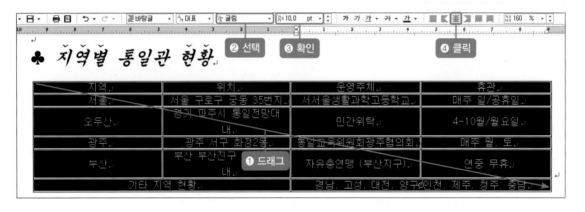

❷ 다음 그림을 참고하여 아래(③ ~ ⑥)와 같이 **칸의 너비** 및 **행의 높이**를 조절합니다.

지역↵	위치↵	운영주체↵	휴관↵
서울↵	서울 구로구 궁동 35번지↵	서서울생활과학고등학교↵	매주 일/공휴일↵
오두산↵	경기 파주시 통일전망대 내↵	민간위탁↵	4-10월/일요일↵
광주↵	광주 서구 화정2동↵	통일교육위원회광주협의회↵	매주 월, 토↵
부산↵	부산 부산진구 자유회관 내↵	자유총연맹 (부산지구)↵	연중 무휴↵
기타 지역 현황↵		경남, 고성, 대전, 양구, 인천, 제주, 청주, 충남↵	

▲ 참고 이미지

❸ 첫 번째 열을 블록으로 지정한 후 **Alt** 키를 누른 채 **←** 키를 눌러 칸의 너비를 조절합니다.

※ '지역'과 '위치' 열 사이의 경계선을 마우스로 드래그하여 칸의 너비를 조절할 수도 있습니다.

❶ 블록 지정

지역↵	위치↵
서울↵	서울 구로구 궁동 35번지↵
오두산↵	경기 파주시 통일전망대 내↵
광주↵	광주 서구 화정2동↵
부산↵	부산 부산진구 자유회관 내↵
기타 지역 현황↵	

❷ Alt + ←

지역↵	위치↵
서울↵	서울 구로구 궁동 35번지↵
오두산↵	경기 파주시 통일전망대 내↵
광주↵	광주 서구 화정2동↵
부산↵	부산 부산진구 자유회관 내↵
기타 지역 현황↵	

❹ 두 번째 열을 블록으로 지정한 후 **Alt** 키를 누른 채 **←** 키를 눌러 칸의 너비를 조절합니다.

※ **Alt** 키를 이용하여 칸의 너비를 조절할 때는 열 전체가 아닌 해당 열의 특정 셀만 블록으로 지정해도 결과는 동일합니다.

❶ 블록 지정

지역↵	위치↵
서울↵	서울 구로구 궁동 35번지↵
오두산↵	주시 통일전망대 내↵
광주↵	광주 서구 화정2동↵
부산↵	부산 부산진구 자유회관 내↵
기타 지역 현황↵	

❷ Alt + ←

지역↵	위치↵	
서울↵	서울 구로구 궁동 35번지↵	서
오두산↵	경기 파주시 통일전망대 내↵	
광주↵	광주 서구 화정2동↵	통
부산↵	부산 부산진구 자유회관 내↵	
기타 지역 현황↵		

❺ 똑같은 방법으로 나머지 칸의 너비를 조절합니다. 단, **'세 번째 열(운영주체)'**은 **Alt** 키를 누른 채 **→** 키를 눌러 칸의 너비를 조절합니다.

지역↵	위치↵	운영주체↵	휴관↵
서울↵	서울 구로구 궁동 35번지↵	서서울생활과학고등학교↵	매주 일/공휴일↵
오두산↵	경기 파주시 통일전망대 내↵	민간위탁↵	4-10월/월요일↵
광주↵	광주 서구 화정2동↵	통일교육위원회광주협의회↵	매주 월, 토↵
부산↵	부산 부산진구 자유회관 내↵	자유총연맹 (부산지구)↵	연중 무휴↵
기타 지역 현황↵		경남, 고성, 대전, 양구/인천, 제주, 청주, 충남↵	↵

❻ 행의 높이를 변경하기 위해 아래 그림처럼 블록을 지정한 후 **Ctrl** 키를 누른 채 **↓** 키를 두 번 누릅니다.

❶ 블록 지정

지역↵	위치↵	운영주체↵	휴관↵
서울↵	서울 구로구 궁동 35번지↵	서서울생활과학고등학교↵	매주 일/공휴일↵
오두산↵	통일전망대 내↵	민간위탁↵	4-10월/월요일↵
광주↵	화정2동↵	통일교육위원회광주협의회↵	매주 월, 토↵
부산↵	부산 부산진구 자유회관 내↵	자유총연맹 (부산지구)↵	연중 무휴↵
기타 지역 현황↵		경남, 고성, 대전, 양구/인천, 제주, 청주, 충남↵	

❷ Ctrl + ↓ 2번

지역↵	위치↵	운영주체↵	휴관↵
서울↵	서울 구로구 궁동 35번지↵	서서울생활과학고등학교↵	매주 일/공휴일↵
오두산↵	경기 파주시 통일전망대 내↵	민간위탁↵	4-10월/월요일↵
광주↵	광주 서구 화정2동↵	통일교육위원회광주협의회↵	매주 월, 토↵
부산↵	부산 부산진구 자유회관 내↵	자유총연맹 (부산지구)↵	연중 무휴↵
기타 지역 현황↵		경남, 고성, 대전, 양구/인천, 제주, 청주, 충남↵	

셀 합치기/나누기

① 셀 합치기

두 개 이상의 셀을 블록으로 지정한 상태에서 [표(🎞 ⓠ)] 탭에서 셀 합치기(🎞)를 클릭하거나, **M** 키를 눌러 하나의 셀로 합칠 수 있습니다.

※ '문서작성 능력평가' 부분에서 표를 만들 때 셀 합치기 기능이 자주 사용되기 때문에 반드시 숙지해야 합니다.

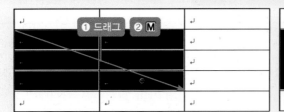

② 셀 나누기

한 개 이상의 셀을 블록으로 지정한 상태에서 [표(🎞 ⓠ)] 탭에서 셀 나누기(🎞)를 클릭하거나, **S** 키를 누릅니다. [셀 나누기] 대화상자가 나오면 줄 수와 칸 수를 입력하여 셀을 나눌 수 있습니다.

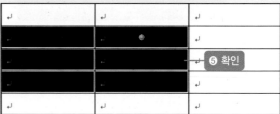

블록 지정

① **F5** 키 한 번 : 현재 커서 위치에 블록을 지정합니다. 방향키를 이용하여 블록으로 지정된 셀을 변경할 수 있습니다.

② **F5** 키 두 번 : 현재 커서 위치를 블록으로 지정한 후 방향키를 이용해 다른 연결된 셀들을 블록으로 지정할 수 있습니다.

③ **F5** 키 세 번 : 전체 셀을 블록으로 지정합니다. 방향키를 이용하여 블록으로 지정된 셀의 범위를 줄일 수 있습니다.

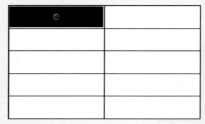
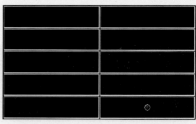

▲ **F5** 키 한 번   ▲ **F5** 키 두 번   ▲ **F5** 키 세 번

표의 높이 및 너비 조절

※ '문서작성 능력평가' 부분에서 표를 만들 때 표의 높이 및 너비를 조절하는 기능이 자주 사용되기 때문에 반드시 숙지해야 합니다.

❶ 키보드를 이용한 조절 방법
  - **Ctrl+방향키** : 너비를 조절할 부분을 블록(**F5**)으로 지정한 후 **Ctrl** 키를 누른 채 방향키(**↑**, **↓**, **←**, **→**)를 누르면 표 전체 크기를 기준으로 칸의 높이 및 너비를 조절할 수 있습니다.

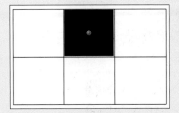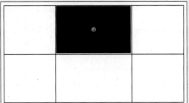

▲ **Ctrl**+**→** 키를 눌러 칸의 너비를 조절

  - **Alt+방향키** : 너비를 조절할 부분을 블록(**F5**)으로 지정한 후 **Alt** 키를 누른 채 방향키(**↑**, **↓**, **←**, **→**)를 누르면 해당 행의 높이 또는 열의 너비를 조절 할 수 있습니다.
  - **Shift+방향키** : 너비를 조절할 부분을 블록(**F5**)으로 지정한 후 **Shift** 키를 누른 채 방향키(**↑**, **↓**, **←**, **→**)를 누르면 해당 셀 높이 및 너비를 조절할 수 있습니다.

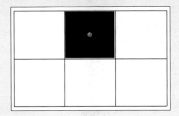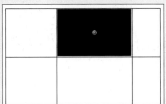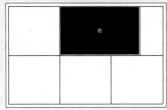

▲ **Alt**+**→** 키를 눌러 열의 너비를 조절   ▲ **Shift**+**→** 키를 눌러 셀의 너비를 조절

❷ 마우스를 이용한 조절 방법
  - **조절점 드래그** : 표의 테두리를 클릭하여 조절점이 나오면 해당 조절점을 드래그하여 표의 전체 크기를 조절할 수 있습니다.

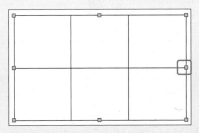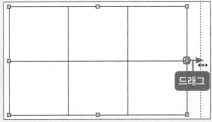

▲ 오른쪽 조절점을 마우스로 드래그하여 표의 전체 크기를 조절

  - **칸 너비** : 특정 칸의 테두리에 마우스 포인터를 위치시킨 후 좌-우로 드래그하여 너비를 조절할 수 있습니다.

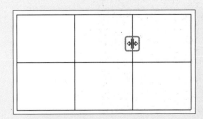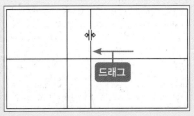

▲ 표 안쪽 테두리를 왼쪽으로 드래그하여 특정 열의 너비를 조절

■ 셀 테두리 및 배경색 지정

셀 배경(그러데이션) : 유형(가로)【수평】, 시작색(하양), 끝색(노랑)

❶ 셀 테두리 및 배경색을 지정하기 위해 첫 번째 행을 드래그하여 블록으로 지정한 후 마우스 오른쪽 단추를 눌러 바로 가기 메뉴가 나오면 **[셀 테두리/배경]–[각 셀마다 적용]**(또는 [L])을 클릭합니다.

❷ [셀 테두리/배경] 대화상자가 나오면 [테두리] 탭에서 **종류–이중 실선(════════), 위(▥), 아래(▥)**를 선택한 후 [배경] 탭을 클릭합니다.

※ 표의 셀 테두리 지정은 《출력형태》를 참고하여 작업합니다.

❸ [배경] 탭에서 **그러데이션**을 클릭합니다. 이어서, **시작 색(하양), 끝 색(노랑), 유형–수평**을 선택한 후 〈설정〉 단추를 클릭합니다.

※ [Esc] 키를 눌러 블록 지정을 해제한 후 그러데이션을 확인합니다.

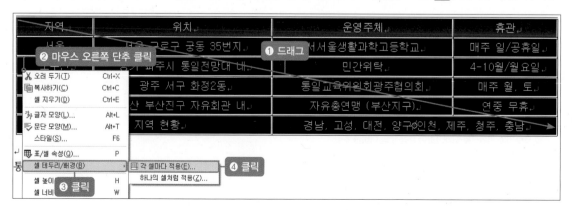

❹ 배경색이 지정되면 표 전체를 드래그하여 블록으로 지정한 후 마우스 오른쪽 단추를 눌러 바로 가기 메뉴가 나오면 **[셀 테두리/배경]–[각 셀마다 적용]**(또는 [L])을 클릭합니다.

❺ [셀 테두리/배경] 대화상자가 나오면 [테두리] 탭에서 **종류−이중 실선**(▬▬▬), **아래**(▦)를 선택한 후 〈설정〉 단추를 클릭합니다.

※ Esc 키를 눌러 블록 지정을 해제한 후 테두리를 확인합니다.

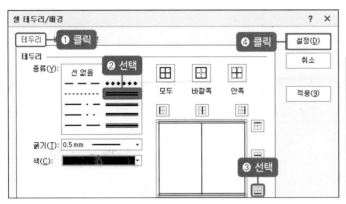

❻ 다시 표 전체를 블록으로 지정한 후 마우스 오른쪽 단추를 눌러 바로 가기 메뉴가 나오면 **[셀 테두리/배경]−[각 셀마다 적용]**(또는 L)을 클릭합니다.

❼ [셀 테두리/배경] 대화상자가 나오면 [테두리] 탭에서 **종류−선 없음**, **왼쪽**(▦), **오른쪽**(▦)을 선택한 후 〈설정〉 단추를 클릭합니다.

※ Esc 키를 눌러 블록 지정을 해제한 후 테두리를 확인합니다.

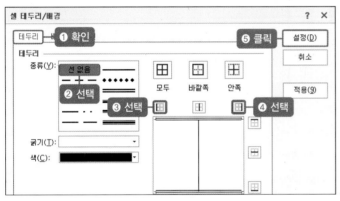

❽ 모든 작업이 끝나면 《출력형태》와 같은지 확인합니다.

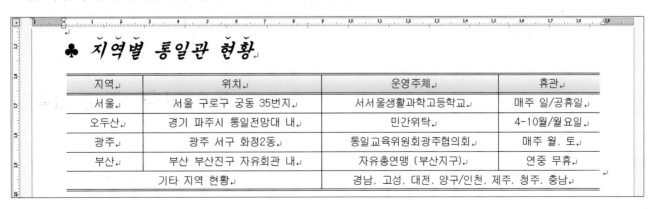

♣ 지역별 통일관 현황

지역↵	위치↵	운영주체↵	휴관↵
서울↵	서울 구로구 궁동 35번지↵	서서울생활과학고등학교↵	매주 일/공휴일↵
오두산↵	경기 파주시 통일전망대 내↵	민간위탁↵	4-10월/월요일↵
광주↵	광주 서구 화정2동↵	통일교육위원회광주협의회↵	매주 월, 토↵
부산↵	부산 부산진구 자유회관 내↵	자유총연맹 (부산지구)↵	연중 무휴↵
기타 지역 현황↵		경남, 고성, 대전, 양구/인천, 제주, 청주, 충남↵	

■ **기관명 편집하기**

❶ 기관명인 **통일교육 운영계획**을 드래그하여 블록으로 지정한 후 서식 도구 상자에서 **오른쪽 정렬(▤)**을 클릭합니다.

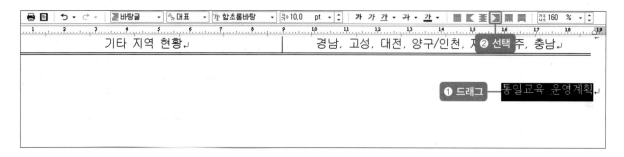

❷ 이어서, 마우스 오른쪽 단추를 눌러 바로 가기 메뉴가 나오면 **[글자 모양]**을 클릭합니다.

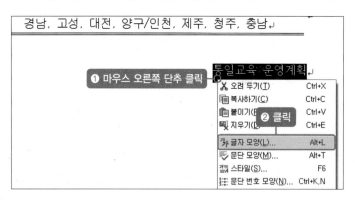

❸ [글자 모양] 대화상자가 나오면 [기본] 탭에서 **기준 크기(24pt)**, **언어별 설정-글꼴(돋움)**, **장평(105%)**, **속성-진하게(가)**를 지정한 후 〈설정〉 단추를 클릭합니다. 이어서, **Esc** 키를 눌러 블록 지정을 해제합니다.

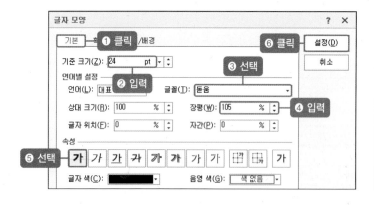

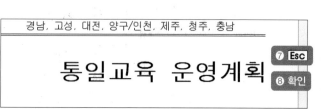

■ 쪽 번호 입력하기

쪽 번호 매기기 : 6으로 시작

❶ 쪽 번호를 입력하기 위해 [쪽] 탭에서 **쪽 번호 매기기(▭)**(또는 **Ctrl + N, P**)를 클릭합니다.

※ 쪽 번호 삽입은 반드시 3페이지가 선택된 상태에서 작업합니다.

❷ [쪽 번호 매기기] 대화상자가 나오면 **번호 위치−오른쪽 아래, 번호 모양−'①,②,③', 시작 번호−6**으로 지정합니다. 이어서, 줄표 넣기의 선택(✓)을 해제한 후 〈넣기〉 단추를 클릭합니다.

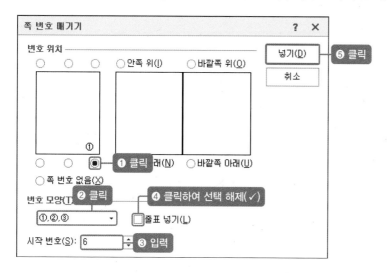

❸ 삽입된 쪽 번호가 《출력형태》와 같은지 확인합니다.

※ 답안을 작성하기 전에 '구역 나누기'로 페이지를 구분하였기 때문에 3페이지에만 쪽 번호가 입력됩니다.

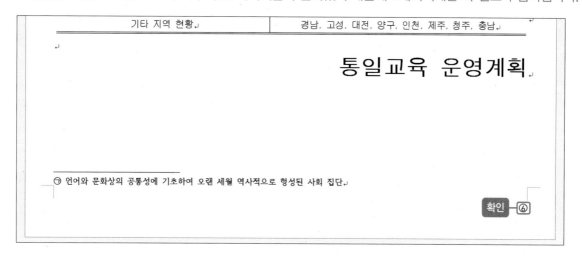

❹ 모든 작업이 완료되면 [파일]-[**저장하기**](**Alt** + **S**) 또는 서식 도구 상자에서 **저장하기**(💾)를 클릭하여 파일을 저장합니다.

※ 실제 시험을 볼 때 작업 도중에 수시로(10분에 한 번 정도) 저장을 하는 것이 좋습니다.

시험 분석	**문서작성 능력평가**

- 각주 모양은 Ⓐ, ⓐ, ㉮, ① 등 다양한 모양이 출제됩니다.

- 문자표 모양은 ※, ★, ▣, ◆, ♠, ♣ 등 다양한 모양으로 출제되지만 대부분의 모양은 [문자표 입력] 대화상자의 [흔글(HNC) 문자표]-[전각 기호(일반)]에서 찾을 수 있습니다.

- [문단 번호/글머리표] 대화상자에서 《출력형태》와 같은 문단 번호 모양이 없을 경우에는 〈사용자 지정〉 단추를 클릭하여 모양을 직접 만들어 지정할 수 있습니다.

- 표의 크기와 너비는 별도의 지시사항이 없으므로 《출력형태》를 참고하여 크기를 조절합니다.

- 그러데이션 유형은 **수직, 수평, 가운데**에서가 자주 출제되지만 완전정복을 통해 여러 그러데이션 유형을 연습하여 실제 시험에 대비합니다.

01 문제지의 지시사항 및 세부조건을 참고하여 출력형태에 알맞게 작업하시오.

• 소스파일 : [출제유형07]-정복07_문제01.hwp • 정답파일 : [출제유형07]-정복07_완성01.hwp

---

글꼴 : 돋움, 18pt, 진하게, 가운데 정렬
책갈피 이름 : 순천만
덧말 넣기

머리말 기능
궁서, 10pt, 오른쪽 정렬 → **한국관광공사**

순천만갈대축제
자연과 인간이 어우러진 정원

그림위치(내 PC₩문서₩ITQ₩Picture₩그림4.jpg,
문서에 포함) 자르기 기능 이용, 크기(40mm×45mm),
바깥 여백 왼쪽 : 2mm

문단 첫 글자 장식 기능
글꼴 : 굴림, 면색 : 노랑

각주

정 원(Garden)①은 헤브라이어의 gan과 oden의 합성어로 gan은 울타리 또는 둘러싸는 공간이나 둘러싸는 행위를 의미하며, oden은 즐거움이나 기쁨을 의미한다. 한국의 고문에서는 가원, 임원, 임천, 원, 정원, 화원 등의 단어가 보이나 현대에는 정원이 보편적으로 쓰인다. 정원을 의미하는 한자 '원'의 부수자인 큰 입구는 에워싸는 행위를 뜻하므로 서구의 gan과 유사하며 이러한 어원에서 유추할 때 가장 원초적인 정원의 원형은 '위요 공간'으로서의 정원이라고 할 수 있다. 이는 울타리를 쳐서 내부와 외부를 구분하고 한정된 내부 공간을 자신의 영역으로 길들이려는 인간 본연의 사유(私有) 영역 설정의 속성이 드러나는 부분이다. 이러한 기능으로 볼 때 정원이 실용적인 '가사 작업 공간'의 역할을 한다는 것을 알 수 있다.

이러한 정원에서는 향수(鄕愁)와 감상의 효과를 높이기 위해 인공적으로 이상적인 자연을 조작하기도 하고, 각종 예술품이 놓이기도 하며 정원을 만든 사람이나 소유자의 자연관 및 취미가 나타나게 된다. 이러한 점에서 정원은 자연과 인공이 함께 결합되어 있는 일종의 예술이라고 볼 수 있다.

◆ **순천만갈대 축제**
글꼴 : 돋움, 18pt, 하양
음영색 : 빨강

  1) 레트로&디스코 퍼레이드 쇼
    가) 운영일시 : 평일 2회 14:00, 16:00, 주말&공휴일 3회 11:00, 14:00, 16:00
    나) 퍼포먼스 쇼 : 평일&주말 19:00
  2) 감성콘서트
    가) 운영일시 : 9월 24일, 25일 / 10월 6일, 27일 18:30 - 19:30 (총4회)
    나) 운영장소 : 순천만국가정원 동천갯벌공연장

문단 번호 기능 사용
1수준 : 20pt, 오른쪽정렬,
2수준 : 30pt, 오른쪽정렬
줄 간격 : 180%

표 전체 글꼴 : 굴림, 10pt, 가운데 정렬
셀 배경(그러데이션) : 유형(세로)[수직],
시작색(하양), 끝색(노랑)

◆ *순천만갈대축제 프로그램 일정표* ← 글꼴 : 돋움, 18pt, 기울임, 강조점

구분	프로그램명	주요내용	운영장소	운영일시
공연	뮤지컬 앙상블팀 공연	뮤지컬 공연, 풍선&매직쇼	잔디마당	주말&공휴일 18:30 - 19:30
	어린이 대상 부대공연	풍선&매직쇼, 동요노래자랑 등	물새놀이터 옆	주말&공휴일 14:00 - 15:00
페스티벌	한평정원 페스티벌	가을꽃 전시 및 정원박람회 등	참여정원 일원	9.14. - 10.13. (30일간)
체험 프로그램	동물원 체험 프로그램	양서류&파충류 기획전시	동물체험장	주말&공휴일 11:00, 15:00

글꼴 : 궁서, 24pt, 진하게
장평 : 105%, 오른쪽 정렬 → **순천 만갈대 축제**

각주 구분선 : 5cm

① 미관, 위락, 실용을 목적으로 주로 주거 공간 주위에 수목을 심거나 또는 특별히 조경이 된 공간

쪽 번호 매기기
5로 시작 → ⑤

글꼴 : 굴림, 18pt, 진하게, 가운데 정렬
책갈피 이름 : 소방
덧말 넣기

머리말 기능
돋움, 10pt, 오른쪽 정렬 ▶ 봉사와 희생정신

대한민국의 영웅
대한민국 안전 수호자 소방공무원

문단 첫 글자 장식 기능
글꼴 : 돋움, 면색 : 노랑

각주

그림위치(내 PC\문서\ITQ\Picture\
그림4.jpg, 문서에 포함)
자르기 기능 이용, 크기(40mm×45mm),
바깥 여백 왼쪽 : 2mm

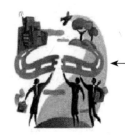

화재 발생 시 출동하여 사고 진압 및 소화 업무를 담당하고 있는 소방공무원은 화재 외에도 다양한 관련 분야에 걸쳐 임무를 수행하고 있다. 소방공무원ⓐ의 업무는 소방과, 방호과, 119 소방서, 구조대, 구조구급과로 나뉘며 소방과는 다시 소방(消防) 업무와 장비(裝備) 업무로 분류된다.

소방 업무에는 소방서 기본 운영 계획에 관한 사항을 비롯하여 직원들의 신분, 상벌, 복무규율 및 교육 훈련, 보건, 복지, 후생에 관한 사항이 포함된다. 장비 업무로는 직원들의 보수 등 예산과 회계에 관한 사항과 소방 차량 및 장비 유지 관리에 관한 사항을 담당한다. 방호과에서는 화재 진압 대책과 각종 소방 현장 활동의 효율적 수행을 위한 안전 대책 등을 수립하며 소방 시설의 작동 상태 및 관리 상황에 대한 점검을 통해 사전 예방 활동을 펼친다. 119 소방서는 현장 활동 업무를 수행하는 부서로 화재 발생 시 신속한 진압 활동에 착수하며 응급 환자에 대한 구급 활동을 맡는다. 구조대는 각종 재난 사고 현장에서 인명을 구조하는 부서로 화재, 교통사고, 산악사고, 수난 사고 등에 대응하기 위해 실력 향상 훈련 및 안전사고 예방 교육과 캠페인을 주관한다.

♠ **소방공무원 시험 개요**

글꼴 : 돋움, 18pt, 하양
음영색 : 파랑

　A. 시험 방법
　　① 신체검사 : 직무 수행에 필요한 신체 조건 및 건강 점검
　　② 필기시험 : 시험 과목당 20문항씩 객관식으로 출제
　B. 시험 과목
　　① 공개 채용 : 국어, 한국사, 영어, 소방학개론, 행정학개론
　　② 특별 채용 : 국어, 한국사, 소방 관계 법규

문단 번호 기능 사용
1수준 : 20pt, 오른쪽정렬,
2수준 : 30pt, 오른쪽정렬
줄 간격 : 180%

표 전체 글꼴 : 굴림, 10pt, 가운데 정렬
셀 배경(그러데이션) : 유형(오른쪽 대각선),
시작색(하양), 끝색(노랑)

♠ **소방시설업 종류 및 등록기준** ◀ 글꼴 : 돋움, 18pt, 밑줄, 강조점

시설업		영업범위	기술인력
감리업	전문	모든 특정소방대상물	소방기술사 1명, 특급/고급/중급/초급감리원 각 1명
	일반	연면적 1만 제곱미터 미만	소방기술사 또는 소방설비기사(해당분야) 1명, 보조인력 1명
공사업	전문	모든 특정소방대상물	소방기술사 또는 소방설비기사(기계/전기) 1명, 보조인력 1명
	일반	연면적 3만 제곱미터 미만	소방기술사 또는 소방설비기사 1명, 보조인력 1명
설계업	전문	모든 특정소방대상물	소방기술사 1명, 보조인력 1명

글꼴 : 궁서, 24pt, 진하게
장평 : 95%, 오른쪽 정렬 ▶ **대한민국 소방청**

각주 구분선 : 5cm

ⓐ 국민의 보호를 직무로 하여 화재의 예방, 경계, 진압에 종사하는 공무원

쪽 번호 매기기
6으로 시작 ▶ 바

글꼴 : 돋움, 18pt, 진하게, 가운데 정렬
책갈피 이름 : 농촌
덧말 넣기

머리말 기능
궁서, 10pt, 오른쪽 정렬 → **힐링 팜스테이**

농촌 체험
즐거운 농촌! 건강한 농촌!

그림위치(내 PC₩문서₩ITQ₩Picture₩
그림5.jpg, 문서에 포함)
자르기 기능 이용, 크기(35mm×40mm),
바깥 여백 왼쪽 : 2mm

문단 첫 글자 장식 기능
글꼴 : 굴림, 면색 : 노랑

도시 대부분 길은 우레탄과 아스팔트 등으로 포장되어 있다. 도시에서 사는 사람들은 편리함을 얻은 대신 흙을 밟을 수 있는 일이 좀처럼 없다. 과거에는 유명 관광지에서 복잡하고 경비 지출이 많은 관광 유람을 선호했으나, 최근의 관광 문화는 가족 단위의 체험 관광 및 놀이에 참여하는 복합적인 관광으로 변화하고 있다. 농협에서는 이러한 변화에 부응하여 도시민에게 건전하고 알뜰한 휴가 및 휴양 자원 제공과 더불어 농촌의 이해를 도모하고자 팜스테이 사업을 추진하고 있다. 팜스테이는 농협의 도농ⓐ 교류 사업의 일환(一環)으로 농가에서 숙식하면서 농사, 생활, 문화를 체험하고 마을 축제에 참여할 수 있는 '농촌, 문화, 관광'이 결합된 일거양득형 농촌 체험 관광상품이다. ← 각주

　도시에서는 주 5일 근무에 따른 여가 수요 증가, 농업과 농촌의 다원적(多元的) 기능에 대한 인식 확산과 더불어 안전한 먹거리에 대한 관심이 증대되어 농촌을 이해하고 찾아가는 사회적 붐이 조성되고 있으며, 농촌에서는 전통문화와 자연 경관 등이 도시민의 여가에 대한 욕구를 충족하고 체험, 휴양, 관광의 기능을 확대하기 위해 팜스테이 마을을 활성화하고 있다.

♥ **추천 팜스테이** ← 글꼴 : 궁서, 18pt, 하양
음영색 : 빨강

　가. 양평 여물리마을

　　ⓐ 추천 체험거리 : 딸기 따기, 닭장에서 알서리, 송어 잡기 등

　　ⓑ 인근 볼거리 : 잡곡 공원, 용문산 관광지, 민물고기생태학습관

　나. 담양 달빛무월마을

　　ⓐ 추천 체험거리 : 천연염색, 토우, 한과 체험, 소망등 띄우기

　　ⓑ 인근 볼거리 : 소쇄원, 죽녹원, 메타세콰이어길, 관방제림

문단 번호 기능 사용
1수준 : 20pt, 오른쪽정렬,
2수준 : 30pt, 오른쪽정렬
줄 간격 : 180%

표 전체 글꼴 : 굴림, 10pt, 가운데 정렬
셀 배경(그러데이션) : 유형(세로)【수직】,
시작색(하양), 끝색(노랑)

♥ **팜스테이 마을 이용 방법** ← 글꼴 : 궁서, 18pt, 밑줄, 강조점

구분	방법	팜스테이 1박 2일 주요 체험 코스	
마을 선택	홈페이지 또는 농촌 체험 여행책자	둘러보기	마을 소개, 인사
마을 예약	홈페이지 또는 전화	체험1	전통 및 문화 체험
찾아가기	내비게이션, 인터넷 등	체험2	농사
체험하기	계절별 다양한 체험 프로그램	체험3	모닥불, 다과회
계산은 농촌사랑상품권 또는 무통장입금		체험4	전통 놀이

글꼴 : 궁서, 24pt, 진하게
장평 : 105%, 오른쪽 정렬 → **농촌팜스테이**

각주 구분선 : 5cm

ⓐ 도시와 농촌을 아울러 이르는 말

쪽 번호 매기기
7로 시작 → G

04 문제지의 지시사항 및 세부조건을 참고하여 출력형태에 알맞게 작업하시오.

• 소스파일 : [출제유형07]-정복07_문제04.hwp   • 정답파일 : [출제유형07]-정복07_완성04.hwp

글꼴 : 궁서, 18pt, 진하게, 가운데 정렬
책갈피 이름 : 복지
덧말 넣기

머리말 기능
굴림, 10pt, 오른쪽 정렬 → 사회복지 증진

사랑과 배려
함께 하는 행복한 나눔

문단 첫 글자 장식 기능
글꼴 : 궁서, 면색 : 노랑

그림위치(내 PC₩문서₩ITQ₩Picture₩
그림4.jpg, 문서에 포함)
자르기 기능 이용, 크기(35mm×40mm),
바깥 여백 왼쪽 : 2mm

우리나라는 예로부터 어려운 사람에게 도움을 주는 뿌리 깊은 문화가 있었다. 눈부신 경제 발전에 힘입어 1인당 국민소득이 2만 달러를 넘어섰지만, 경제적 풍요를 누리고 있음에도 불구하고 여전히 어두운 그늘에서 소외된 삶을 이어 가는 이웃이 존재하고 있다. 힘겨운 환경에 처한 이웃에 대한 나눔 문화를 활성화해야 한다는 공감대가 형성되고 있지만, 아직도 도움의 손길이 부족한 것이 현실이다. 힘든 상황에서도 서로 도와 평온한 미래를 개척(開拓)해 나갈 수 있도록 모두의 사랑과 배려가 필요한 시점이라 하겠다.

각주

이에 국민의 사회복지㉮에 대한 이해를 고취(鼓吹)하고 사회복지사업 종사자의 활동을 장려하기 위하여 매년 9월 7일이 사회복지의 날로 정해지고 그날부터 한 주간이 사회복지주간으로 제정되었다. 이 기간에 다채로운 행사를 개최하여 복지 증진의 계기를 마련하고 관련 유공자를 포상함으로써 사회복지인들의 사기를 북돋고 복지 활동의 전국적 확산을 도모하고 있다. 그 목적으로 실시되고 있는 사랑 나눔 실천 운동은 사회적 도움이 절실한 소외 계층의 아동, 청소년, 노인, 장애인 등에게 생계비, 자립, 재활, 치료비 등의 후원 프로그램을 제공하여 민관 협력의 범국민적 나눔 문화 실천 운동의 본보기가 되고 있다.

◆ **나눔 활동의 의의**
글꼴 : 돋움, 18pt, 하양
음영색 : 파랑

(1) 나눔의 정의

　(가) 자선이나 기부를 포괄하는 용어로 적극성, 체계성, 계획성을 함축

　(나) 대가를 바라지 않고 금품, 용역(자원봉사활동), 부동산을 제공

문단 번호 기능 사용
1수준 : 20pt, 오른쪽정렬,
2수준 : 30pt, 오른쪽정렬
줄 간격 : 180%

(2) 나눔 활동의 기대 효과

　(가) 참여자의 심리적 행복감과 신체 건강에 긍정적 영향

　(나) 나눔을 통해 연대의식, 신뢰와 상호 호혜라는 사회적 자본이 축적

◆ *사회복지 증진 전략 과제*
글꼴 : 돋움, 18pt, 기울임, 강조점

표 전체 글꼴 : 굴림, 10pt, 가운데 정렬
셀 배경(그러데이션) : 유형(왼쪽 대각선),
시작색(하양), 끝색(노랑)

구분	전략 과제	추진 의도
나눔공동체 구축	나눔 정보 허브 구축과 나눔 문화 확산	인간 존중의 네트워크 구축 및 변화와 혁신 선도
나눔공동체 구축	기업의 사회 공헌 활성화를 위한 지원 강화	인간 존중의 네트워크 구축 및 변화와 혁신 선도
변화와 혁신 선도	사회복지 홍보 확대와 국민 인식 개선	인간 존중의 네트워크 구축 및 변화와 혁신 선도
변화와 혁신 선도	사회복지시설과 기관 및 단체의 연대 협력 강화	인간 존중의 네트워크 구축 및 변화와 혁신 선도
사회 서비스 선진화 기여	사회복지 전달체계 정립과 효율성 제고	인간 존중의 네트워크 구축 및 변화와 혁신 선도
사회 서비스 선진화 기여	사회복지시설 개선과 관리 시스템의 현대화	인간 존중의 네트워크 구축 및 변화와 혁신 선도

글꼴 : 궁서, 24pt, 진하게
장평 : 95%, 오른쪽 정렬
한국사회복지관협회

각주 구분선 : 5cm

㉮ 국민의 생활 안정 및 교육, 직업, 의료 등의 보장을 포함하는 복지를 추구하기 위한 사회적 노력

쪽 번호 매기기
5로 시작 → ⅴ

• 소스파일 : [출제유형07]－정복07_문제05.hwp   • 정답파일 : [출제유형07]－정복07_완성05.hwp

---

글꼴 : 궁서, 18pt, 진하게, 가운데 정렬
책갈피 이름 : 진도군
덧말 넣기

머리말 기능
궁서, 10pt, 오른쪽 정렬 ▶ 보배섬 진도

꿈과 낭만이 있는 바닷길 축제
신비의 바닷길

그림위치(내 PC\문서\ITQ\Picture\
그림4.jpg, 문서에 포함)
자르기 기능 이용, 크기(40mm×40mm),
바깥 여백 왼쪽 : 2mm

문단 첫 글자 장식 기능
글꼴 : 돋움, 면색 : 노랑

세 계적으로 널리 알려진 진도에서는 해마다 3월, 5월, 7월에 조수 간만의 차이로 수심 (水深)이 낮아질 때 회동리와 모도리 사이 약 2.8킬로미터의 바다 밑이 드러나는 진 기한 광경이 펼쳐진다. 진도의 바닷길은 약 40미터의 일정한 폭으로 이어지면서 그 신비로 움이 더한다. 매년 이 현상을 보기 위해 국내외 관광객 100여만 명이 몰려와 바닷길이 완 전히 드러나 있는 약 한 시간의 기적을 감상한다.

현대판 모세의 기적으로 불리는 이곳 진도 신비의 바닷길은 1975년 주한 프랑스 대사인 피에르 랑디가 진도로 관광을 왔다가 이 모습을 목격하고 프랑스 신문에 소개하면서 세계 적으로 알려지게 되었으며 1996년에는 일본의 인기 가수 텐도 요시미가 진도 신비의 바닷 길을 주제로 한 진도 이야기라는 노래를 불러 히트를 하면서 일본 관광객이 급증(急增)하고 있다. 진도군에서는 바닷 길 축제를 개최하여 강강술래, 씻김굿, 들노래, 다시래기 등 국가 지정 중요무형문화재와 만가, 북놀이 등 전라남도 지정 무형문화재◯를 선보이고 다양한 이벤트로 관광객을 유치하기 위한 노력을 지속 하고 있다. 헤어진 가족을 만나 게 해달라는 뽕할머니의 간절한 기원을 듣고 용왕이 바다에 길을 내었다는 전설 속의 진도를 만나보기 바란다.

각주

★ **축제 주요 행사**
글꼴 : 궁서, 18pt, 하양
음영색 : 빨강

　A. 메인 행사

　　1. 국제 학술 세미나 : 신비의 바닷길 축제 세미나

　　2. 바닷길 체험 : 영등살놀이, 바닷길놀이 한마당

　B. 문화 공연 행사

　　1. 바닷길 축하 공연 : 국악 산수화(국립남도국악원)

　　2. 진도 전통 민요 민속 공연

문단 번호 기능 사용
1수준 : 20pt, 오른쪽정렬,
2수준 : 30pt, 오른쪽정렬
줄 간격 : 180%

★ 축제 주요 일정
글꼴 : 궁서, 18pt, 밑줄, 강조점

표 전체 글꼴 : 굴림, 10pt, 가운데 정렬
셀 배경(그러데이션) : 유형(가운데에서),
시작색(하양), 끝색(노랑)

구분	제목	내용	장소
1일차	조개 및 조개잡이 체험	개막이 체험	죽림마을
	신비의 풍악을 울려라	동악놀이	뽕할머니 동상
2일차	신비의 바닷길 체험	바닷길 체험	회동-모도 바닷길
	신비의 7080 음악회	야간 공연	철마공원
3일차	진도 북놀이 퍼레이드	퍼레이드	해안도로
	무형문화재 공연	진도 민속 공연	뽕할머니 무대

글꼴 : 돋움, 24pt, 진하게
장평 : 110%, 오른쪽 정렬 ▶ # 진도군청 관광문화과

각주 구분선 : 5cm

◯ 보이지 않는 문화재로 민족의 역사와 개념, 사상을 알 수 있는 노래와 춤, 연극, 무용 등이 있다.

쪽 번호 매기기
4로 시작 ▶ 정

MEMO

PART 03

출제예상
모의고사

과목	코드	문제유형	시험시간	수험번호	성명
아래한글	1111	A	60분		

한컴 오피스

·수험자 유의사항·

● 수험자는 문제지를 받는 즉시 문제지와 **수험표상의 시험과목(프로그램)이 동일한지 반드시 확인**하여야 합니다.
● 파일명은 본인의 "수험번호-성명"으로 입력하여 답안폴더(내 PC₩문서₩ITQ)에 하나의 파일로 저장해야 하며, 답안 문서 파일명이 "수험번호-성명"과 일치하지 않거나, 답안파일을 전송하지 않아 미제출로 처리될 경우 실격 처리합니다 (예: 12345678-홍길동.hwp).
● 답안 작성을 마치면 파일을 저장하고, '답안 전송' 버튼을 선택하여 감독위원 PC로 답안을 전송하십시오. 수험생 정보와 저장한 파일명이 다를 경우 전송되지 않으므로 주의하시기 바랍니다.
● 답안 작성 중에도 **주기적으로 저장하고, '답안 전송'**하여야 문제 발생을 줄일 수 있습니다. 작업한 내용을 저장하지 않고 전송할 경우 이전에 저장된 내용이 전송되오니 이점 유의하시기 바랍니다.
● 답안문서는 지정된 경로 외의 다른 보조기억장치에 저장하는 경우, 지정된 시험 시간 외에 작성된 파일을 활용할 경우, 기타 통신수단(이메일, 메신저, 네트워크 등)을 이용하여 타인에게 전달 또는 외부 반출하는 경우는 부정 처리합니다.
● 시험 중 부주의 또는 고의로 시스템을 파손한 경우는 수험자가 변상해야 하며, 〈수험자 유의사항〉에 기재된 방법대로 이행하지 않아 생기는 불이익은 수험생 당사자의 책임임을 알려 드립니다.
● 문제의 조건은 한컴오피스 2020 버전으로 설정되어 있으며 한컴오피스 NEO는 【 】에 표기되어 있습니다. 이와 관련하여 작성한 답안의 출력형태가 문제지와 다를 수 있습니다.
● 시험을 완료한 수험자는 답안파일이 전송되었는지 확인한 후 감독위원의 지시에 따라 문제지를 제출하고 퇴실합니다.

· 답안 작성요령 ·

● 온라인 답안 작성 절차
  수험자 등록 ⇒ 시험 시작 ⇒ 답안파일 저장 ⇒ 답안 전송 ⇒ 시험 종료
● 공통 부문
  • 글꼴에 대한 기본설정은 함초롬바탕, 10포인트, 검정, 줄간격 160%, 양쪽정렬로 합니다.
  • 색상은 조건의 색을 적용하고 색의 구분이 안 될 경우에는 RGB 값을 적용하십시오.
    (빨강 255, 0, 0 / 파랑 0, 0, 255 / 노랑 255, 255, 0).
  • 각 문항에 주어진 ≪조건≫에 따라 작성하고 언급하지 않은 조건은 ≪출력형태≫와 같이 작성합니다.
  • 용지여백은 왼쪽 · 오른쪽 11㎜, 위쪽 · 아래쪽 · 머리말 · 꼬리말 10㎜, 제본 0㎜로 합니다.
  • 그림 삽입 문제의 경우 「내 PC₩문서₩ITQ₩Picture」 폴더에서 지정된 파일을 선택하여 삽입하십시오.
  • 삽입한 그림은 반드시 문서에 포함하여 저장해야 합니다(미포함 시 감점 처리).
  • 각 항목은 지정된 페이지에 출력형태와 같이 정확히 작성하시기 바라며, 그렇지 않을 경우에 해당 항목은 0점 처리됩니다.
    ※ 페이지구분 : 1페이지 – 기능평가 I (문제번호 표시 : 1. 2.),
                    2페이지 – 기능평가 II (문제번호 표시 : 3. 4.),
                    3페이지 – 문서작성 능력평가
● 기능평가
  • 문제와 ≪조건≫은 입력하지 않으며 문제번호와 답(≪출력형태≫)만 작성합니다.
  • 4번 문제는 묶기를 했을 경우 0점 처리됩니다.
● 문서작성 능력평가
  • A4용지(210㎜×297㎜) 1매 크기, 세로 서식 문서로 작성합니다.
  • ⌐ ̄ ̄ ̄ ̄ ̄ ̄ ̄ ̄ ⌐ 표시는 문서작성에 대한 지시사항이므로 작성하지 않습니다.

kpc 한국생산성본부

1. 다음의 ≪조건≫에 따라 스타일 기능을 적용하여 ≪출력형태≫와 같이 작성하시오. (50점)

≪조건≫ (1) 스타일 이름 – incheon

(2) 문단 모양 – 첫 줄 들여쓰기 : 10pt, 문단 아래 간격 : 10pt

(3) 글자 모양 – 글꼴 : 한글(궁서)/영문(돋움), 크기 : 10pt, 장평 : 110%, 자간 : 5%

≪출력형태≫

The Incheon area has a relatively dry climate, and is affected greatly by seasonal winds. Northwesterly winds hit the region in winter.

　인천의 국내 GNP(국민 총생산지수)는 25조 5,177억 원으로 나타났다. 이는 국내 총 GNP의 4.7%에 해당하는 수치이다.

2. 다음의 ≪조건≫에 따라 ≪출력형태≫와 같이 표와 차트를 작성하시오. (100점)

≪표 조건≫ (1) 표 전체(표, 캡션) – 굴림, 10pt

(2) 정렬 – 문자 : 가운데 정렬, 숫자 : 오른쪽 정렬

(3) 셀 배경(면색) : 노랑

(4) 한글의 계산 기능을 이용하여 빈칸에 평균(소수점 두 자리)을 구하고, 캡션 기능 사용할 것

(5) 선 모양은 ≪출력형태≫와 동일하게 처리할 것

≪출력형태≫　　　　　　　　　　　　　　　　　　　　경제자유구역별 투자 현황(단위 : 억 달러)

연도	2016년	2017년	2018년	평균
인천	102.9	141.3	136.1	
부산/진해	96.5	116.8	124.7	
대구/경북	83.4	99.1	108.2	
광양만권	69.2	76.4	101.2	

≪차트 조건≫ (1) 차트 데이터는 표 내용에서 연도별 인천, 부산/진해, 대구/경북의 값만 이용할 것

(2) 종류 – ⟨묶은 가로 막대형⟩으로 작업할 것

(3) 제목 – 돋움, 진하게, 12pt, 속성 – 채우기(하양), 테두리, 그림자(대각선 오른쪽 아래)

　　　　【돋움, 진하게, 12pt, 배경 – 선 모양(한 줄로), 그림자(2pt)】

(4) 제목 이외의 전체 글꼴 – 돋움, 보통, 10pt

(5) 축제목과 범례는 ≪출력형태≫와 동일하게 처리할 것

≪출력형태≫

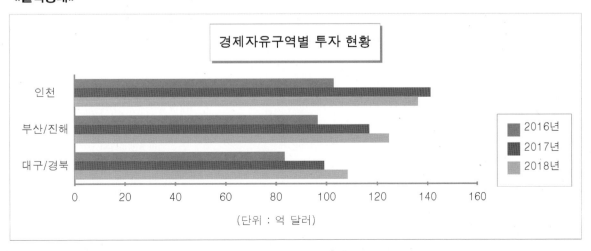

3. 다음 (1), (2)의 수식을 수식 편집기로 각각 입력하시오. (40점)

≪출력형태≫

(1) $a^2 + b^2 + c^2 - 2ba = \cos A \leftrightarrow \cos A = \dfrac{b^2 + c^2 - a^2}{2bc}$

(2) $\overline{AB} = \sqrt{(x_2 - x_1)^2 + (y_2 - y_1)^2}$

4. 다음의 ≪조건≫에 따라 ≪출력형태≫와 같이 문서를 작성하시오. (110점)

≪조건≫

(1) 그리기 도구를 이용하여 작성하고, 모든 도형(글맵시, 지정된 그림 포함)을 ≪출력형태≫와 같이 작성하시오.

(2) 도형의 면색은 지시사항이 없으면 색 없음을 제외하고 서로 다르게 임의로 지정하시오.

≪출력형태≫

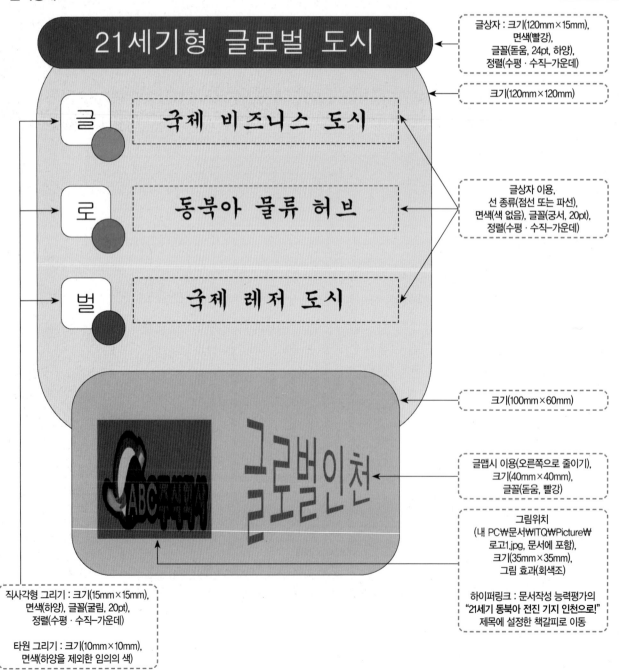

글상자 : 크기(120mm×15mm),
면색(빨강),
글꼴(돋움, 24pt, 하양),
정렬(수평·수직-가운데)

크기(120mm×120mm)

글상자 이용,
선 종류(점선 또는 파선),
면색(색 없음), 글꼴(궁서, 20pt),
정렬(수평·수직-가운데)

크기(100mm×60mm)

글맵시 이용(오른쪽으로 줄이기),
크기(40mm×40mm),
글꼴(돋움, 빨강)

그림위치
(내 PC₩문서₩ITQ₩Picture₩
로고1.jpg, 문서에 포함),
크기(35mm×35mm),
그림 효과(회색조)

하이퍼링크 : 문서작성 능력평가의
"21세기 동북아 전진 기지 인천으로!"
제목에 설정한 책갈피로 이동

직사각형 그리기 : 크기(15mm×15mm),
면색(하양), 글꼴(굴림, 20pt),
정렬(수평·수직-가운데)

타원 그리기 : 크기(10mm×10mm),
면색(하양을 제외한 임의의 색)

글꼴 : 궁서, 20pt, 진하게, 가운데 정렬
책갈피 이름 : 인천
덧말 넣기

글로벌도시인천
21세기 동북아 전진 기지 인천으로!

문단 첫 글자 장식 기능
글꼴 : 굴림, 면색 : 노랑

그림위치(내 PC₩문서₩ITQ₩Picture₩그림4.jpg, 문서에 포함)
자르기 기능 이용, 크기(40mm×35mm), 바깥 여백 왼쪽 : 2mm

F EZ(Free Economic Zones), 즉 경제자유구역이란 세계화의 진전에 따라 증대되고 있는 기업의 국제 경영 활동에 최적의 환경을 제공하기 위한 특별 경제 구역이다. 글로벌 기준을 선도(先導)하는 경제 및 사회 제도의 정착과 각종 인센티브의 제공을 통하여 글로벌 기업을 집적하고 최첨단의 공항, 항만, 오피스 시설과 쾌적한 학교, 병원, 관광 시설을 복합적으로 개발하여 세계 최고 수준의 도시를 건설하는 데 그 목적이 있다.

국내 최초로 경제자유구역으로 지정된 인천은 동북아 비즈니스의 핵심 도시로서 공항, 항만, 레저가 함께하는 지정학적 위치에 최적의 첨단 인프라 및 외국인 친화적 생활 여건을 갖추어 경제자유구역의 취지에 가장 부합하는 지역이다. 인천경제자유구역(IFEZ)은 이러한 인천을 국제 비즈니스의 전진 기지로 선정하여 국제도시로서 최적(最適)의 경제 활동이 보장되도록 지원하는 장소를 말한다. 송도, 영종, 청라 등 3개 지구에 글로벌 기업들이 자유롭게 투자하고 활동할 수 있도록 가장 매력적인 비즈니스 및 생활 환경을 만들고, 나아가 세계 최첨단 시설을 갖춘 인천국제공항①을 중심으로 한 물류 허브 기반을 활용하여 국제 비즈니스, IT 및 BT, 관광 레저 허브 등 지식 창조형 복합 모델로 육성한다는 전략을 담고 있다.

각주

※ IFEZ의 비전과 사명

글꼴 : 돋움, 18pt, 하양
음영색 : 파랑

A 비전

    가) 사람, 기업, 자연이 함께하는 국제 비즈니스 도시

    나) 물류와 지식 기반 산업이 역동하는 동북아 최고의 비즈니스 도시

B 사명

    가) 최첨단 국제 비즈니스 도시의 새로운 모델 제시

    나) 한국 경제의 새로운 시대 개막

문단 번호 기능 사용
1수준 : 20pt, 오른쪽 정렬,
2수준 : 30pt, 오른쪽 정렬
줄 간격 : 180%

표 전체 글꼴 : 굴림, 10pt, 가운데 정렬
셀 배경(그러데이션) : 유형(가운데에서),
시작색(하양), 끝색(노랑)

※ 주요 개발 현황
글꼴 : 돋움, 18pt, 밑줄, 강조점

사업지구명	구분	개발 방향	주요 특징
송도지구	국제업무단지	복합형 자족도시	광역교통체계, 친환경도시, 동북아 경제적 허브
	바이오단지	바이오산업도시	바이오 연구체계, 생물연구단지
영종지구	운북 복합레저단지	복합레저도시	차별화되고 경쟁력 있는 자립형 복합 레저 도시
	용유, 무의 관광단지	해양경제도시	해양위락시설 구축, 해양경제 전초 기지

글꼴 : 궁서, 24pt, 진하게
장평 110%, 오른쪽 정렬 → # 인천경제자유구역청

각주 구분선 : 5cm

① 동북아시아의 허브 공항 역할을 담당하기 위한 시설로 2001년 3월에 개항하였다.

쪽 번호 매기기
5로 시작 → E

제 02 회 정보기술자격(ITQ) 출제예상 모의고사

과목	코드	문제유형	시험시간	수험번호	성명
아래한글	1111	A	60분		

한컴 오피스

·수험자 유의사항·

- 수험자는 문제지를 받는 즉시 문제지와 **수험표상의 시험과목(프로그램)이 동일한지 반드시 확인**하여야 합니다.
- 파일명은 본인의 "수험번호–성명"으로 입력하여 답안폴더(내 PC₩문서₩ITQ)에 하나의 파일로 저장해야 하며, 답안 문서 파일명이 "수험번호–성명"과 일치하지 않거나, 답안파일을 전송하지 않아 미제출로 처리될 경우 실격 처리합니다 (예: 12345678–홍길동.hwp).
- 답안 작성을 마치면 파일을 저장하고, '답안 전송' 버튼을 선택하여 감독위원 PC로 답안을 전송하십시오. 수험생 정보와 저장한 파일명이 다를 경우 전송되지 않으므로 주의하시기 바랍니다.
- 답안 작성 중에도 **주기적으로 저장하고, '답안 전송'**하여야 문제 발생을 줄일 수 있습니다. 작업한 내용을 저장하지 않고 전송할 경우 이전에 저장된 내용이 전송되오니 이점 유의하시기 바랍니다.
- 답안문서는 지정된 경로 외의 다른 보조기억장치에 저장하는 경우, 지정된 시험 시간 외에 작성된 파일을 활용할 경우, 기타 통신수단(이메일, 메신저, 네트워크 등)을 이용하여 타인에게 전달 또는 외부 반출하는 경우는 부정 처리합니다.
- 시험 중 부주의 또는 고의로 시스템을 파손한 경우는 수험자가 변상해야 하며, 〈수험자 유의사항〉에 기재된 방법대로 이행하지 않아 생기는 불이익은 수험생 당사자의 책임임을 알려 드립니다.
- 문제의 조건은 한컴오피스 2020 버전으로 설정되어 있으며 한컴오피스 NEO는 【 】에 표기되어 있습니다. 이와 관련하여 작성한 답안의 출력형태가 문제지와 다를 수 있습니다.
- 시험을 완료한 수험자는 답안파일이 전송되었는지 확인한 후 감독위원의 지시에 따라 문제지를 제출하고 퇴실합니다.

· 답안 작성요령 ·

- 온라인 답안 작성 절차
  수험자 등록 ⇒ 시험 시작 ⇒ 답안파일 저장 ⇒ 답안 전송 ⇒ 시험 종료
- 공통 부문
  - 글꼴에 대한 기본설정은 함초롬바탕, 10포인트, 검정, 줄간격 160%, 양쪽정렬로 합니다.
  - 색상은 조건의 색을 적용하고 색의 구분이 안 될 경우에는 RGB 값을 적용하십시오.
    (빨강 255, 0, 0 / 파랑 0, 0, 255 / 노랑 255, 255, 0).
  - 각 문항에 주어진 《조건》에 따라 작성하고 언급하지 않은 조건은 《출력형태》와 같이 작성합니다.
  - 용지여백은 왼쪽·오른쪽 11mm, 위쪽·아래쪽·머리말·꼬리말 10mm, 제본 0mm로 합니다.
  - 그림 삽입 문제의 경우 「내 PC₩문서₩ITQ₩Picture」 폴더에서 지정된 파일을 선택하여 삽입하십시오.
  - 삽입한 그림은 반드시 문서에 포함하여 저장해야 합니다(미포함 시 감점 처리).
  - 각 항목은 지정된 페이지에 출력형태와 같이 정확히 작성하시기 바라며, 그렇지 않을 경우에 해당 항목은 0점 처리됩니다.
    ※ 페이지구분 : 1페이지 – 기능평가 I (문제번호 표시 : 1. 2.),
    　　　　　　　 2페이지 – 기능평가 II (문제번호 표시 : 3. 4.),
    　　　　　　　 3페이지 – 문서작성 능력평가
- 기능평가
  - 문제와 《조건》은 입력하지 않으며 문제번호와 답(《출력형태》)만 작성합니다.
  - 4번 문제는 묶기를 했을 경우 0점 처리됩니다.
- 문서작성 능력평가
  - A4용지(210mm×297mm) 1매 크기, 세로 서식 문서로 작성합니다.
  - 〔　　　　　〕 표시는 문서작성에 대한 지시사항이므로 작성하지 않습니다.

kpc 한국생산성본부

1. 다음의 ≪조건≫에 따라 스타일 기능을 적용하여 ≪출력형태≫와 같이 작성하시오. (50점)

≪조건≫ (1) 스타일 이름 – leisure

　　　　(2) 문단 모양 – 왼쪽 여백 : 15pt, 문단 아래 간격 : 10pt

　　　　(3) 글자 모양 – 글꼴 : 한글(굴림)/영문(궁서), 크기 : 10pt, 장평 : 95%, 자간 : 5%

≪출력형태≫

Low-impact physical activities include walking and yoga, which expend little energy and have little contact or competition.

여가 시간에 레저 활동을 하는 것은 신체와 마음을 건강하게 해준다. 레저 활동을 통해 많은 에너지를 소모하려면 요가나 걷기 같은 움직임이 적은 운동이 아닌 복싱과 풋볼 같은 움직임이 많은 운동을 해야 한다.

2. 다음의 ≪조건≫에 따라 ≪출력형태≫와 같이 표와 차트를 작성하시오. (100점)

≪표 조건≫ (1) 표 전체(표, 캡션) – 돋움, 10pt

　　　　　(2) 정렬 – 문자 : 가운데 정렬, 숫자 : 오른쪽 정렬

　　　　　(3) 셀 배경(면색) : 노랑

　　　　　(4) 한글의 계산 기능을 이용하여 빈칸에 평균(소수점 두 자리)을 구하고, 캡션 기능 사용할 것

　　　　　(5) 선 모양은 ≪출력형태≫와 동일하게 처리할 것

≪출력형태≫　　　　　　　　　　　　　　　　　　　연령별 여가 레저 활동별 경험률(단위 : %)

활동 범주	20대	30대	40대	50대	평균
등산 활동	36.8	33.1	40.9	28.1	
스포츠 활동	45.2	38.4	22.6	17.3	
수상 레저 활동	31.2	24.7	13.6	5.9	
기타	16.4	15.9	15.1	13.8	

≪차트 조건≫ (1) 차트 데이터는 표 내용에서 연령별 등산 활동, 스포츠 활동, 수상 레저 활동의 값만 이용할 것

　　　　　　(2) 종류 – 〈묶은 세로 막대형〉으로 작업할 것

　　　　　　(3) 제목 – 궁서, 진하게, 12pt, 속성 – 채우기(하양), 테두리, 그림자(대각선 오른쪽 아래)

　　　　　　　　【궁서, 진하게, 12pt, 배경 – 선 모양(한 줄로), 그림자(2pt)】

　　　　　　(4) 제목 이외의 전체 글꼴 – 굴림, 보통, 10pt

　　　　　　(5) 축제목과 범례는 ≪출력형태≫와 동일하게 처리할 것

≪출력형태≫

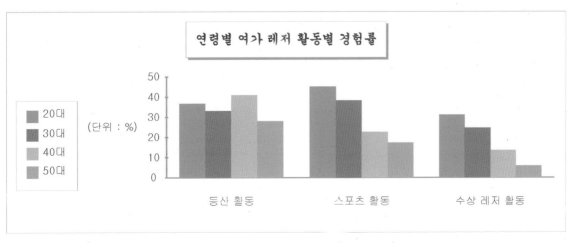

3. 다음 (1), (2)의 수식을 수식 편집기로 각각 입력하시오. (40점)

≪출력형태≫

(1) $\dfrac{c}{\sqrt{a}\pm\sqrt{b}}=\dfrac{c(\sqrt{a}\mp\sqrt{b})}{a-b}$

(2) $\tan A=\dfrac{1}{\tan(90°-A)}=\dfrac{1}{\tan B}$

4. 다음의 ≪조건≫에 따라 ≪출력형태≫와 같이 문서를 작성하시오. (110점)

≪조건≫

(1) 그리기 도구를 이용하여 작성하고, 모든 도형(글맵시, 지정된 그림 포함)을 ≪출력형태≫와 같이 작성하시오.

(2) 도형의 면색은 지시사항이 없으면 색 없음을 제외하고 서로 다르게 임의로 지정하시오.

≪출력형태≫

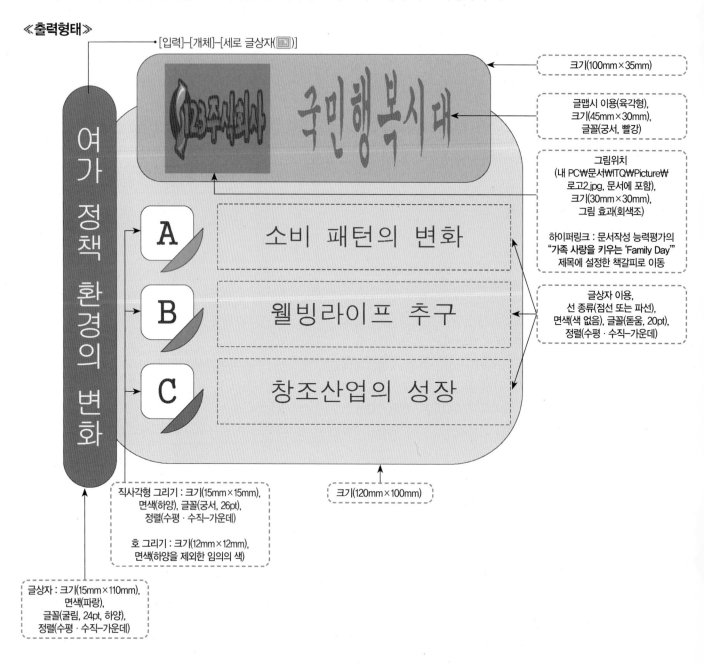

글꼴 : 돋움, 22pt, 진하게, 가운데 정렬
책갈피 이름 : 가족친화
덧말 넣기

머리말 기능
바탕, 10pt, 오른쪽 정렬 → 국민행복시대

^{행복한 투자}
가족 사랑을 키우는 'Family Day'

문단 첫 글자 장식 기능
글꼴 : 궁서, 면색 : 노랑

그림위치(내 PC\문서\ITQ\Picture\그림5.jpg, 문서에 포함)
자르기 기능 이용, 크기(45mm×40mm), 바깥 여백 왼쪽 : 2mm

최근 세계 각국은 단순한 성장 논리에서 벗어나 국민 행복에 관심을 가지고 있으며 '행복'은 미래 경제를 이끌어 갈 핵심 키워드로 부각되고 있다. 어려운 경제에도 불구하고 정부는 시민들의 정책 체감도를 파악하고 생활의 불편과 어려움을 완화하여 국민의 행복지수를 제고하고자 개인의 행복을 국가 경영의 중심에 두는 작지만 가치 있는 생활공감정책을 범부처적으로 추진하고 있다. 생활공감정책은 국민 개개인의 자아실현을 지원하고 양극화 경향에 대처하는 민생지원 및 삶의 활력을 높이는 능동적 복지(福祉) 구현을 목표로 하고 있다.

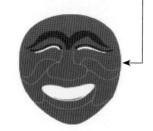

각주

생활공감정책의 일환으로 정부는 직장, 학업 위주의 사회에서 가족을 위한 시간을 마련하기 위하여 매월 셋째 주 수요일을 'Family Day'ⓐ로 지정하여 관공서와 기업 정시 퇴근, 학교 야간 자율학습 당일 중지 등을 실시함으로써 가족이 함께 활동할 수 있는 환경을 조성하고 있다. 이로써 가족과 함께하는 문화 활성화를 통해 장기간의 근로시간, 학업 등으로 인한 가족 관계의 단절을 해결하고 가족의 소중함을 일깨우는 계기를 마련하며, 일과 가정의 양립(兩立) 위에 직장 문화를 활성화하여 저출산 문제 해결 및 기업의 생산성 향상에 기여하고자 한다.

◉ 필요성 및 실천 내용

글꼴 : 굴림, 18pt, 하양
음영색 : 빨강

1. 'Family Day'의 필요성
   가) 가족 관계 회복 및 가족의 중요성에 대한 인식 개선
   나) 가족 친화적 사회 환경을 통한 지속 가능 발전
2. 'Family Day'에 가족과 함께 할 수 있는 활동
   가) 함께 요리하기, 함께 외식하기
   나) 함께 영화 또는 공연 보기, 가족여가문화 프로그램 참여하기

문단 번호 기능 사용
1수준 : 20pt, 오른쪽 정렬,
2수준 : 30pt, 오른쪽 정렬
줄 간격 : 180%

◉ *가족친화 프로그램 안내*

글꼴 : 굴림, 18pt, 기울임, 강조점

표 전체 글꼴 : 굴림, 10pt, 가운데 정렬
셀 배경(그러데이션) : 유형(가로)【수평】,
시작색(하양), 끝색(노랑)

일자	프로그램	일자	프로그램	비고
03.03	우리 가족 브랜드 이름 만들기	04.07	가족과 함께 풍물을 배워보아요.	
03.10	가족과 함께 영화 속으로 고고!	04.14	아빠와 함께 케익 만들기	전국
03.17	요리 쿡, 조리 쿡	04.21	가족달력 및 가족앨범 만들기	다문화가족지원센터
03.24	러브러브 쑥쑥	04.28	가족이 함께 하는 목재 공방 체험	에서 운영
03.31	우리 가족 에코 디자이너	05.05	가정헌법 만들기	

여성가족부

글꼴 : 돋움, 24pt, 진하게
장평 105%, 왼쪽 정렬

각주 구분선 : 5cm

ⓐ 여성가족부는 매주 셋째 주 수요일 6시 정시에 퇴근하는 '가정의 날'을 실시하고 있음

쪽 번호 매기기
5로 시작 ➜ ㅁ

과목	코드	문제유형	시험시간	수험번호	성명
아래한글	1111	A	60분		

한컴 오피스

·수험자 유의사항·

- 수험자는 문제지를 받는 즉시 문제지와 **수험표상의 시험과목(프로그램)이 동일한지 반드시 확인**하여야 합니다.
- 파일명은 본인의 "수험번호-성명"으로 입력하여 답안폴더(내 PC\문서\ITQ)에 하나의 파일로 저장해야 하며, 답안 문서 파일명이 "수험번호-성명"과 일치하지 않거나, 답안파일을 전송하지 않아 미제출로 처리될 경우 실격 처리합니다 (예: 12345678-홍길동.hwp).
- 답안 작성을 마치면 파일을 저장하고, '답안 전송' 버튼을 선택하여 감독위원 PC로 답안을 전송하십시오. 수험생 정보와 저장한 파일명이 다를 경우 전송되지 않으므로 주의하시기 바랍니다.
- 답안 작성 중에도 **주기적으로 저장하고, '답안 전송'**하여야 문제 발생을 줄일 수 있습니다. 작업한 내용을 저장하지 않고 전송할 경우 이전에 저장된 내용이 전송되오니 이점 유의하시기 바랍니다.
- 답안문서는 지정된 경로 외의 다른 보조기억장치에 저장하는 경우, 지정된 시험 시간 외에 작성된 파일을 활용할 경우, 기타 통신수단(이메일, 메신저, 네트워크 등)을 이용하여 타인에게 전달 또는 외부 반출하는 경우는 부정 처리합니다.
- 시험 중 부주의 또는 고의로 시스템을 파손한 경우는 수험자가 변상해야 하며, 〈수험자 유의사항〉에 기재된 방법대로 이행하지 않아 생기는 불이익은 수험생 당사자의 책임임을 알려 드립니다.
- 문제의 조건은 한컴오피스 2020 버전으로 설정되어 있으며 한컴오피스 NEO는【 】에 표기되어 있습니다. 이와 관련하여 작성한 답안의 출력형태가 문제지와 다를 수 있습니다.
- 시험을 완료한 수험자는 답안파일이 전송되었는지 확인한 후 감독위원의 지시에 따라 문제지를 제출하고 퇴실합니다.

·답안 작성요령·

- 온라인 답안 작성 절차
  수험자 등록 ⇒ 시험 시작 ⇒ 답안파일 저장 ⇒ 답안 전송 ⇒ 시험 종료
- 공통 부문
  - 글꼴에 대한 기본설정은 함초롬바탕, 10포인트, 검정, 줄간격 160%, 양쪽정렬로 합니다.
  - 색상은 조건의 색을 적용하고 색의 구분이 안 될 경우에는 RGB 값을 적용하십시오.
    (빨강 255, 0, 0 / 파랑 0, 0, 255 / 노랑 255, 255, 0).
  - 각 문항에 주어진 《조건》에 따라 작성하고 언급하지 않은 조건은 《출력형태》와 같이 작성합니다.
  - 용지여백은 왼쪽·오른쪽 11㎜, 위쪽·아래쪽·머리말·꼬리말 10㎜, 제본 0㎜로 합니다.
  - 그림 삽입 문제의 경우 「내 PC\문서\ITQ\Picture」 폴더에서 지정된 파일을 선택하여 삽입하십시오.
  - 삽입한 그림은 반드시 문서에 포함하여 저장해야 합니다(미포함 시 감점 처리).
  - 각 항목은 지정된 페이지에 출력형태와 같이 정확히 작성하시기 바라며, 그렇지 않을 경우에 해당 항목은 0점 처리됩니다.
    ※ 페이지구분 : 1페이지 – 기능평가 I (문제번호 표시 : 1. 2.),
    　　　　　　　 2페이지 – 기능평가 II (문제번호 표시 : 3. 4.),
    　　　　　　　 3페이지 – 문서작성 능력평가
- 기능평가
  - 문제와 《조건》은 입력하지 않으며 문제번호와 답(《출력형태》)만 작성합니다.
  - 4번 문제는 묶기를 했을 경우 0점 처리됩니다.
- 문서작성 능력평가
  - A4용지(210㎜×297㎜) 1매 크기, 세로 서식 문서로 작성합니다.
  - ⌐　　　　　　⌐ 표시는 문서작성에 대한 지시사항이므로 작성하지 않습니다.

kpc 한국생산성본부

1. 다음의 ≪조건≫에 따라 스타일 기능을 적용하여 ≪출력형태≫와 같이 작성하시오. (50점)

≪조건≫ (1) 스타일 이름 – internet

(2) 문단 모양 – 첫 줄 들여쓰기 : 15pt, 문단 아래 간격 : 10pt

(3) 글자 모양 – 글꼴 : 한글(돋움)/영문(굴림), 크기 : 10pt, 장평 : 105%, 자간 : −5%

≪출력형태≫

Computer users connected to a high-speed internet are not aware that they are being attacked over the internet by the minute.

초고속 인터넷에 연결된 컴퓨터 사용자들은 그들이 인터넷을 통해 시시각각 공격당하고 있다는 것을 알지 못한다. 이에 대한 대응책으로 KISA는 118개 콜센터를 운영하고 있으며, DDoS 같은 해킹에 전념하고 있다.

2. 다음의 ≪조건≫에 따라 ≪출력형태≫와 같이 표와 차트를 작성하시오. (100점)

≪표 조건≫ (1) 표 전체(표, 캡션) – 궁서, 10pt

(2) 정렬 – 문자 : 가운데 정렬, 숫자 : 오른쪽 정렬

(3) 셀 배경(면색) : 노랑

(4) 한글의 계산 기능을 이용하여 빈칸에 평균(소수점 두 자리)을 구하고, 캡션 기능 사용할 것

(5) 선 모양은 ≪출력형태≫와 동일하게 처리할 것

≪출력형태≫

연령별 정보보호 관련 정보수집 방법(단위 : %)

구분	인터넷	주변 사람	정보보호 기관	도서	평균
20대	46.5	35.5	20.5	6.8	
30대	41.6	34.7	22.1	8.6	
40대	43.9	30.2	19.1	9.5	
50대	39.8	27.1	18.7	10.4	

≪차트 조건≫ (1) 차트 데이터는 표 내용에서 구분별 20대, 30대, 40대의 값만 이용할 것

(2) 종류 – 〈묶은 가로 막대형〉으로 작업할 것

(3) 제목 – 돋움, 진하게, 12pt, 속성 – 채우기(하늘색 80%), 테두리, 그림자(대각선 오른쪽 아래)

【돋움, 진하게, 12pt, 배경 – 선 모양(한 줄로), 그림자(2pt)】

(4) 제목 이외의 전체 글꼴 – 돋움, 보통, 10pt

(5) 축제목과 범례는 ≪출력형태≫와 동일하게 처리할 것

≪출력형태≫

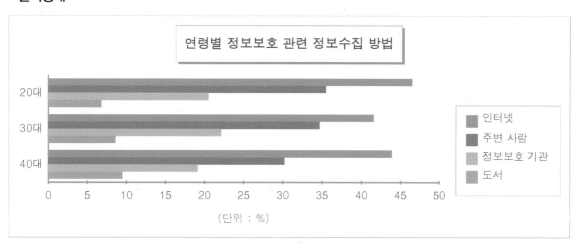

3. 다음 (1), (2)의 수식을 수식 편집기로 각각 입력하시오. (40점)

≪출력형태≫

(1) $f(x) = \dfrac{\dfrac{x}{2} - \sqrt{5} + 2}{\sqrt{1-x^2}}$

(2) $f'(x) = \lim\limits_{\triangle x \to 0} \dfrac{f(x+\triangle x) + f(x)}{\triangle x}$

4. 다음의 ≪조건≫에 따라 ≪출력형태≫와 같이 문서를 작성하시오. (110점)

≪조건≫

(1) 그리기 도구를 이용하여 작성하고, 모든 도형(글맵시, 지정된 그림 포함)을 ≪출력형태≫와 같이 작성하시오.

(2) 도형의 면색은 지시사항이 없으면 색 없음을 제외하고 서로 다르게 임의로 지정하시오.

≪출력형태≫

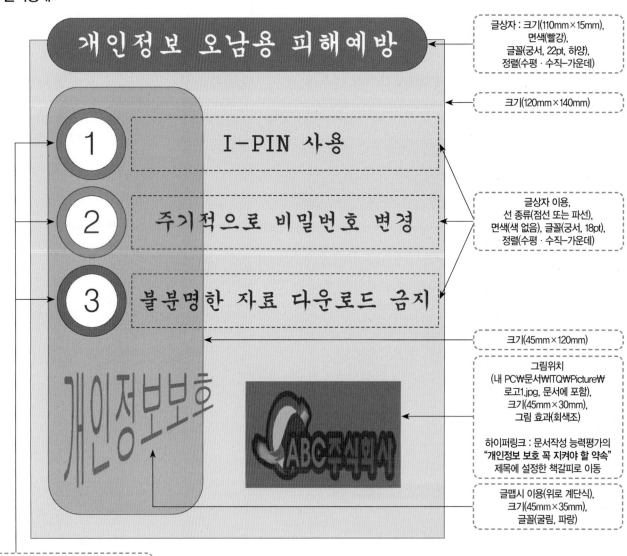

글꼴 : 궁서, 20pt, 진하게, 가운데 정렬
책갈피 이름 : 정보보호
덧말 넣기

머리말 기능
굴림, 10pt, 오른쪽 정렬 → 개인정보 침해예방

개인정보침해
개인정보 보호 꼭 지켜야 할 약속

문단 첫 글자 장식 기능
글꼴 : 돋움, 면색 : 노랑

그림위치(내 PC\문서\ITQ\Picture\그림4.jpg, 문서에 포함)
자르기 기능 이용, 크기(35mm×35mm), 바깥 여백 왼쪽 : 2mm

정보통신 기술의 눈부신 발전으로 정보의 수집과 유통이 쉬워지고 누구나 인터넷 등의 통신망에 접속하여 교육, 쇼핑, 행정 등의 다양한 서비스를 이용할 수 있게 되었다. 가까운 미래에는 시간과 공간의 제약 없이 언제 어디서나 정보통신 서비스를 이용할 수 있을 것으로 전망된다. 그러나 이와 같은 급격한 발전은 무분별한 광고성 정보 전송, 사이버 범죄, 정보 격차 문제 등 새로운 정보화 역기능(逆機能)을 초래하게 되었다.

각주

특히 개인정보ⓐ의 수집, 저장, 유통이 간편해짐에 따라 집적된 개인정보의 양이 급격히 증가하였음에도 불구하고 이에 대한 보호조치가 미흡하여 인터넷을 통해 주민등록번호가 노출되기도 하고 브로커에 의해 다량의 개인정보가 거래되기도 하는 등 개인정보 및 사생활 침해(侵害) 문제가 심각해지고 있다. 정보화 사회에서는 비대면의 상태에서 개인정보를 매개로 서로를 확인한 후 사회 경제적인 활동이 이루어지므로 개인정보의 도용 및 사생활 침해 시 그 피해가 더욱 증가하게 된다. 개인정보 유출은 당사자에게 정신적, 경제적 피해를 주며 정보사회 자체에 대한 신뢰가 붕괴되어 사회적 혼란을 야기할 수 있기에 개인정보가 노출되지 않도록 지속적으로 확인하고 관리해야 한다.

♣ **개인정보 보호정책 방향**

글꼴 : 궁서, 18pt, 하양
음영색 : 파랑

(ㄱ) 법제 인식 제고 및 자율 역량 강화

　(1) 개인정보보호법 인식 확산을 위한 대국민 캠페인

　(2) 개인정보 보호교육 강화 및 자율규제 시행

(ㄴ) 법 수행체계 기반 구축

　(1) 개인정보보호법 기본계획 수립 및 처리 실태 파악

　(2) 개인정보 보호 시행계획 및 표준 지침 마련

문단 번호 기능 사용
1수준 : 20pt, 오른쪽 정렬,
2수준 : 30pt, 오른쪽 정렬
줄 간격 : 180%

표 전체 글꼴 : 돋움, 10pt, 가운데 정렬
셀 배경(그러데이션) : 유형(오른쪽 대각선),
시작색(하양), 끝색(노랑)

♣ **개인정보 유출 통지 및 신고 방법**

글꼴 : 궁서, 18pt, 밑줄, 강조점

개인정보 유출 통지 방법		개인정보 유출 신고 방법	
통지 대상	1건이라도 정보가 유출된 경우	신고 대상	1천명 이상의 정보가 유출된 경우
통지 시기	5일 이내	신고 시기	5일 이내
통지 방법	개별 통지 – 서면, 전화, 팩스 등	신고 방법	전화, 전자우편, 팩스
통지 내용	유출된 개인정보의 항목, 사업자의 대응조치 및 피해구제 절차 등	신고 내용	통지 내용, 유출 피해 최소화 대책 및 조치 결과
통지 기관	정보주체	신고 기관	행정안전부, 전문기관(한국인터넷진흥원)

글꼴 : 굴림, 24pt, 진하게
장평 110%, 오른쪽 정렬 → # 행정안전부

각주 구분선 : 5cm

ⓐ 성명, 주민등록번호 등 개인을 식별할 수 있는 부호, 문자 등의 정보

쪽 번호 매기기
7로 시작 → Ⅶ

제 04 회 정보기술자격(ITQ) 출제예상 모의고사

과목	코드	문제유형	시험시간	수험번호	성명
아래한글	1111	A	60분		

한컴 오피스

·수험자 유의사항·

- 수험자는 문제지를 받는 즉시 문제지와 **수험표상의 시험과목(프로그램)이 동일한지 반드시 확인**하여야 합니다.
- 파일명은 본인의 "수험번호−성명"으로 입력하여 답안폴더(내 PC\문서\ITQ)에 하나의 파일로 저장해야 하며, 답안 문서 파일명이 "수험번호−성명"과 일치하지 않거나, 답안파일을 전송하지 않아 미제출로 처리될 경우 실격 처리합니다 (예: 12345678−홍길동.hwp).
- 답안 작성을 마치면 파일을 저장하고, '답안 전송' 버튼을 선택하여 감독위원 PC로 답안을 전송하십시오. 수험생 정보와 저장 한 파일명이 다를 경우 전송되지 않으므로 주의하시기 바랍니다.
- 답안 작성 중에도 **주기적으로 저장하고, '답안 전송'**하여야 문제 발생을 줄일 수 있습니다. 작업한 내용을 저장하지 않고 전송할 경우 이전에 저장된 내용이 전송되오니 이점 유의하시기 바랍니다.
- 답안문서는 지정된 경로 외의 다른 보조기억장치에 저장하는 경우, 지정된 시험 시간 외에 작성된 파일을 활용할 경우, 기타 통신수단(이메일, 메신저, 네트워크 등)을 이용하여 타인에게 전달 또는 외부 반출하는 경우는 부정 처리합니다.
- 시험 중 부주의 또는 고의로 시스템을 파손한 경우는 수험자가 변상해야 하며, 〈수험자 유의사항〉에 기재된 방법대로 이행하 지 않아 생기는 불이익은 수험생 당사자의 책임임을 알려 드립니다.
- 문제의 조건은 한컴오피스 2020 버전으로 설정되어 있으며 한컴오피스 NEO는 【 】에 표기되어 있습니다. 이와 관련하여 작 성한 답안의 출력형태가 문제지와 다를 수 있습니다.
- 시험을 완료한 수험자는 답안파일이 전송되었는지 확인한 후 감독위원의 지시에 따라 문제지를 제출하고 퇴실합니다.

· 답안 작성요령 ·

- 온라인 답안 작성 절차
  수험자 등록 ⇒ 시험 시작 ⇒ 답안파일 저장 ⇒ 답안 전송 ⇒ 시험 종료
- 공통 부문
  - 글꼴에 대한 기본설정은 함초롬바탕, 10포인트, 검정, 줄간격 160%, 양쪽정렬로 합니다.
  - 색상은 조건의 색을 적용하고 색의 구분이 안 될 경우에는 RGB 값을 적용하십시오.
    (빨강 255, 0, 0 / 파랑 0, 0, 255 / 노랑 255, 255, 0).
  - 각 문항에 주어진 ≪조건≫에 따라 작성하고 언급하지 않은 조건은 ≪출력형태≫와 같이 작성합니다.
  - 용지여백은 왼쪽 · 오른쪽 11㎜, 위쪽 · 아래쪽 · 머리말 · 꼬리말 10㎜, 제본 0㎜로 합니다.
  - 그림 삽입 문제의 경우 「내 PC\문서\ITQ\Picture」 폴더에서 지정된 파일을 선택하여 삽입하십시오.
  - 삽입한 그림은 반드시 문서에 포함하여 저장해야 합니다(미포함 시 감점 처리).
  - 각 항목은 지정된 페이지에 출력형태와 같이 정확히 작성하시기 바라며, 그렇지 않을 경우에 해당 항목은 0점 처리됩니다.
    ※ 페이지구분 : 1페이지 − 기능평가 I (문제번호 표시 : 1. 2.),
    　　　　　　　2페이지 − 기능평가 II (문제번호 표시 : 3. 4.),
    　　　　　　　3페이지 − 문서작성 능력평가
- 기능평가
  - 문제와 ≪조건≫은 입력하지 않으며 문제번호와 답(≪출력형태≫)만 작성합니다.
  - 4번 문제는 묶기를 했을 경우 0점 처리됩니다.
- 문서작성 능력평가
  - A4용지(210㎜×297㎜) 1매 크기, 세로 서식 문서로 작성합니다.
  - ◌◌◌◌◌◌◌ 표시는 문서작성에 대한 지시사항이므로 작성하지 않습니다.

kpc 한국생산성본부

1. 다음의 ≪조건≫에 따라 스타일 기능을 적용하여 ≪출력형태≫와 같이 작성하시오. (50점)

≪조건≫ (1) 스타일 이름 – census

        (2) 문단 모양 – 왼쪽 여백 : 10pt, 문단 아래 간격 : 10pt

        (3) 글자 모양 – 글꼴 : 한글(궁서)/영문(굴림), 크기 : 10pt, 장평 : 105%, 자간 : 5%

≪출력형태≫

A census is the procedure of systematically acquiring and recording information about the members of a given population.

인구 조사는 주어진 인구의 구성원에 대한 정보를 체계적으로 수집하고 기록하는 절차이며, 특정 인구에 대해 정기적으로 조사하여 나타내는 공식적인 통계입니다.

2. 다음의 ≪조건≫에 따라 ≪출력형태≫와 같이 표와 차트를 작성하시오. (100점)

≪표 조건≫ (1) 표 전체(표, 캡션) – 굴림, 10pt

        (2) 정렬 – 문자 : 가운데 정렬, 숫자 : 오른쪽 정렬

        (3) 셀 배경(면색) : 노랑

        (4) 한글의 계산 기능을 이용하여 빈칸에 평균(소수점 두 자리)을 구하고, 캡션 기능 사용할 것

        (5) 선 모양은 ≪출력형태≫와 동일하게 처리할 것

≪출력형태≫

우리나라 인구 추이(단위 : 만 명)

구분	서울	경기	부산	기타 지역	총인구
2014년	990	1,247	348	2,490	5,075
2016년	980	1,267	344	2,534	5,125
2018년	974	1,285	341	2,564	5,164
평균					

≪차트 조건≫ (1) 차트 데이터는 표 내용에서 연도별 서울, 경기, 부산, 기타 지역의 값만 이용할 것

        (2) 종류 – 〈묶은 세로 막대형〉으로 작업할 것

        (3) 제목 – 궁서, 진하게, 12pt, 속성 – 채우기(하양), 테두리, 그림자(대각선 오른쪽 아래)

           【궁서, 진하게, 12pt, 배경 – 선 모양(한 줄로), 그림자(2pt)】

        (4) 제목 이외의 전체 글꼴 – 궁서, 보통, 10pt

        (5) 축제목과 범례는 ≪출력형태≫와 동일하게 처리할 것

≪출력형태≫

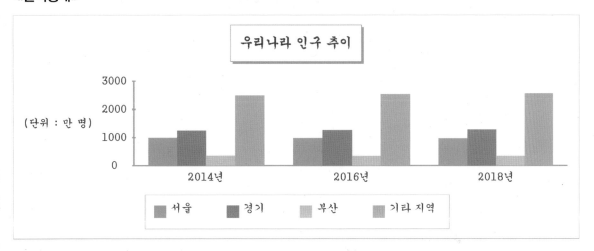

3. 다음 (1), (2)의 수식을 수식 편집기로 각각 입력하시오. (40점)

≪출력형태≫

(1) $(a\ b\ c)\begin{pmatrix} p \\ q \\ r \end{pmatrix} = (ap + bq + cr)$

(2) $\sqrt{a^2} = a = \begin{cases} a(a \geq 0) \\ -a(a < 0) \end{cases}$

4. 다음의 ≪조건≫에 따라 ≪출력형태≫와 같이 문서를 작성하시오. (110점)

≪조건≫

(1) 그리기 도구를 이용하여 작성하고, 모든 도형(글맵시, 지정된 그림 포함)을 ≪출력형태≫와 같이 작성하시오.

(2) 도형의 면색은 지시사항이 없으면 색 없음을 제외하고 서로 다르게 임의로 지정하시오.

≪출력형태≫

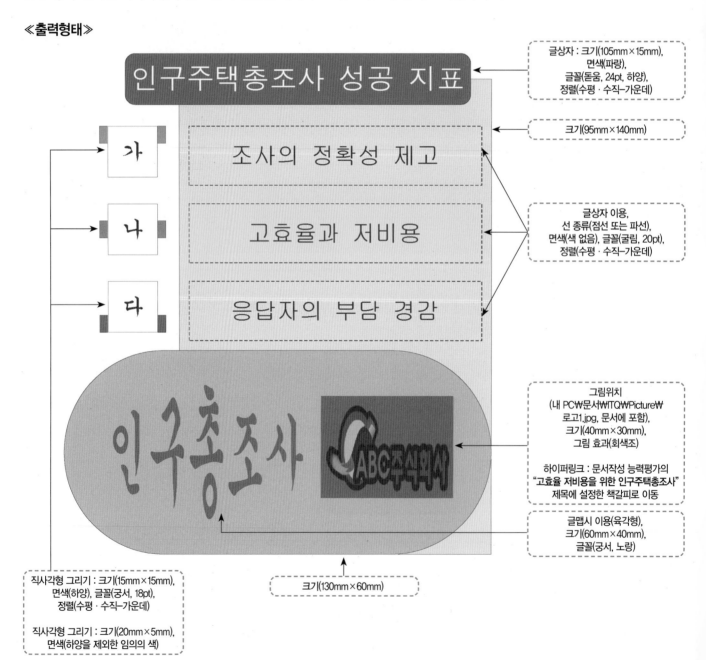

글상자 : 크기(105mm×15mm), 면색(파랑), 글꼴(돋움, 24pt, 하양), 정렬(수평·수직-가운데)

크기(95mm×140mm)

글상자 이용, 선 종류(점선 또는 파선), 면색(색 없음), 글꼴(굴림, 20pt), 정렬(수평·수직-가운데)

그림위치 (내 PC₩문서₩ITQ₩Picture₩ 로고1.jpg, 문서에 포함), 크기(40mm×30mm), 그림 효과(회색조)

하이퍼링크 : 문서작성 능력평가의 "고효율 저비용을 위한 인구주택총조사" 제목에 설정한 책갈피로 이동

글맵시 이용(육각형), 크기(60mm×40mm), 글꼴(궁서, 노랑)

직사각형 그리기 : 크기(15mm×15mm), 면색(하양), 글꼴(궁서, 18pt), 정렬(수평·수직-가운데)

직사각형 그리기 : 크기(20mm×5mm), 면색(하양을 제외한 임의의 색)

크기(130mm×60mm)

인구주택총조사

고효율 저비용을 위한 인구주택총조사

　국가가 주관이 되어 통일된 기준에 따라 조사 대상의 총수와 그 개별적 특성을 일일이 조사하는 전국적 규모의 통계조사를 총조사라고 합니다. 국내 인구주택총조사는 우리나라의 모든 인구와 주택의 총수는 물론 개별 특성까지 파악하여 각종 경제, 사회 발전 계획의 수립 및 평가와 학술 연구, 민간 부문의 경영 계획 수립에 활용하기 위해 실시하는 매우 중요한 전국적 규모의 통계조사입니다. 이 조사는 지정통계 제1호(인구총조사)와 제2호(주택총조사)로 지정되어 있는 나라 살림의 바탕이 되는 국가의 기본 통계조사입니다.　　각주

　인구주택총조사는 인구총조사와 주택총조사를 합친 고유 명칭으로, 일본과 대만에서는 인구조사에 해당하는 통계조사를 각각 국세조사(國勢調査)와 인구조사(人口調査)라고 칭합니다. 우리나라는 1925년 국세조사라는 명칭 이후에 총인구조사, 인구센서스 등으로 다양하게 사용해 오다가 1990년부터 센서스에 해당하는 통계조사는 총조사로, 기타 통계조사는 조사(survey)로 구별하도록 통일하였습니다. 인구주택총조사는 고효율과 저비용 그리고 정확성이 중요한 만큼 이를 위한 설명회를 개최하고자 합니다.

♠ 인구주택총조사 설명회 개요

① 일시 및 장소
　(ㄱ) 일시 : 2019. 11. 17.(일) 13:00-19:00
　(ㄴ) 장소 : 정부대전청사 강당
② 주최 및 후원
　(ㄱ) 주최 : 통계청
　(ㄴ) 후원 : 대전광역시청

♠ CENSUS 설명회 주요 일정

시간	주제	장소	내용	강연자
13:00-13:30	개회식	대전청사 강당	개회 환영사	통계청장
13:30-14:50	사업 중요성	대전청사 강당	정의 및 목적과 결과의 활용	조사총본부장
15:00-15:50	추진 전략	1 세미나실	추진 목표 및 전략	주택산업연구원장
16:00-16:50	추진 개요	2 세미나실	조사 대상, 항목, 방법, 일정	통계청 사무관
17:00-19:00	만찬	대전청사 3동 1층 식당		

⊖ 전국 인구와 주택의 총수와 기본적 특징을 파악하기 위해 정기적으로 실시하는 총조사

제05회 정보기술자격(ITQ) 출제예상 모의고사

과목	코드	문제유형	시험시간	수험번호	성명
아래한글	1111	A	60분		

한컴 오피스

·수험자 유의사항·

- 수험자는 문제지를 받는 즉시 문제지와 **수험표상의 시험과목(프로그램)이 동일한지 반드시 확인**하여야 합니다.
- 파일명은 본인의 "수험번호−성명"으로 입력하여 답안폴더(내 PC₩문서₩ITQ)에 하나의 파일로 저장해야 하며, 답안 문서 파일명이 "수험번호−성명"과 일치하지 않거나, 답안파일을 전송하지 않아 미제출로 처리될 경우 실격 처리합니다 (예: 12345678−홍길동.hwp).
- 답안 작성을 마치면 파일을 저장하고, '답안 전송' 버튼을 선택하여 감독위원 PC로 답안을 전송하십시오. 수험생 정보와 저장한 파일명이 다를 경우 전송되지 않으므로 주의하시기 바랍니다.
- 답안 작성 중에도 **주기적으로 저장하고, '답안 전송'**하여야 문제 발생을 줄일 수 있습니다. 작업한 내용을 저장하지 않고 전송할 경우 이전에 저장된 내용이 전송되오니 이점 유의하시기 바랍니다.
- 답안문서는 지정된 경로 외의 다른 보조기억장치에 저장하는 경우, 지정된 시험 시간 외에 작성된 파일을 활용할 경우, 기타 통신수단(이메일, 메신저, 네트워크 등)을 이용하여 타인에게 전달 또는 외부 반출하는 경우는 부정 처리합니다.
- 시험 중 부주의 또는 고의로 시스템을 파손한 경우는 수험자가 변상해야 하며, 〈수험자 유의사항〉에 기재된 방법대로 이행하지 않아 생기는 불이익은 수험생 당사자의 책임임을 알려 드립니다.
- 문제의 조건은 한컴오피스 2020 버전으로 설정되어 있으며 한컴오피스 NEO는 【 】에 표기되어 있습니다. 이와 관련하여 작성한 답안의 출력형태가 문제지와 다를 수 있습니다.
- 시험을 완료한 수험자는 답안파일이 전송되었는지 확인한 후 감독위원의 지시에 따라 문제지를 제출하고 퇴실합니다.

· 답안 작성요령 ·

- 온라인 답안 작성 절차
  수험자 등록 ⇒ 시험 시작 ⇒ 답안파일 저장 ⇒ 답안 전송 ⇒ 시험 종료
- 공통 부문
  - 글꼴에 대한 기본설정은 함초롬바탕, 10포인트, 검정, 줄간격 160%, 양쪽정렬로 합니다.
  - 색상은 조건의 색을 적용하고 색의 구분이 안 될 경우에는 RGB 값을 적용하십시오. (빨강 255, 0, 0 / 파랑 0, 0, 255 / 노랑 255, 255, 0).
  - 각 문항에 주어진 ≪조건≫에 따라 작성하고 언급하지 않은 조건은 ≪출력형태≫와 같이 작성합니다.
  - 용지여백은 왼쪽 · 오른쪽 11mm, 위쪽 · 아래쪽 · 머리말 · 꼬리말 10mm, 제본 0mm로 합니다.
  - 그림 삽입 문제의 경우 「내 PC₩문서₩ITQ₩Picture」 폴더에서 지정된 파일을 선택하여 삽입하십시오.
  - 삽입한 그림은 반드시 문서에 포함하여 저장해야 합니다(미포함 시 감점 처리).
  - 각 항목은 지정된 페이지에 출력형태와 같이 정확히 작성하시기 바라며, 그렇지 않을 경우에 해당 항목은 0점 처리됩니다.
    ※ 페이지구분: 1페이지 − 기능평가 I (문제번호 표시: 1. 2.),
    　　　　　　 2페이지 − 기능평가 II (문제번호 표시: 3. 4.),
    　　　　　　 3페이지 − 문서작성 능력평가
- 기능평가
  - 문제와 ≪조건≫은 입력하지 않으며 문제번호와 답(≪출력형태≫)만 작성합니다.
  - 4번 문제는 묶기를 했을 경우 0점 처리됩니다.
- 문서작성 능력평가
  - A4용지(210mm×297mm) 1매 크기, 세로 서식 문서로 작성합니다.
  - ⌐‥‥‥‥‥‥‥⌐ 표시는 문서작성에 대한 지시사항이므로 작성하지 않습니다.

1. 다음의 ≪조건≫에 따라 스타일 기능을 적용하여 ≪출력형태≫와 같이 작성하시오. (50점)

≪조건≫ (1) 스타일 이름 – oss

(2) 문단 모양 – 왼쪽 여백 : 10pt, 문단 아래 간격 : 10pt

(3) 글자 모양 – 글꼴 : 한글(돋움)/영문(궁서), 크기 : 10pt, 장평 : 110%, 자간 : −5%

≪출력형태≫

OSS can be defined as computer software for which the human-readable source code is made available under a copyright license that meets the Open Source Definition.

OSS란 일반 사용자의 공동 연구를 통해 개발, 시험, 개선 작업과 공동 연구를 보장하기 위해 소프트웨어의 소스코드가 공개되는 소프트웨어를 말한다.

2. 다음의 ≪조건≫에 따라 ≪출력형태≫와 같이 표와 차트를 작성하시오. (100점)

≪표 조건≫ (1) 표 전체(표, 캡션) – 돋움, 10pt

(2) 정렬 – 문자 : 가운데 정렬, 숫자 : 오른쪽 정렬

(3) 셀 배경(면색) : 노랑

(4) 한글의 계산 기능을 이용하여 빈칸에 합계를 구하고, 캡션 기능 사용할 것

(5) 선 모양은 ≪출력형태≫와 동일하게 처리할 것

≪출력형태≫

OSS 아시아 매출 현황(단위 : 백만 달러)

구분	2015년	2016년	2017년	2018년	합계
한국	370	391	410	468	
중국	466	483	509	531	
일본	481	427	442	506	
대만	298	334	317	399	

≪차트 조건≫ (1) 차트 데이터는 표 내용에서 연도별 한국, 중국, 일본의 값만 이용할 것

(2) 종류 – 〈꺾은선형〉으로 작업할 것

(3) 제목 – 굴림, 진하게, 12pt, 속성 – 채우기(하양), 테두리, 그림자(대각선 오른쪽 아래)

【굴림, 진하게, 12pt, 배경 – 선 모양(한 줄로), 그림자(2pt)】

(4) 제목 이외의 전체 글꼴 – 굴림, 보통, 10pt

(5) 축제목과 범례는 ≪출력형태≫와 동일하게 처리할 것

≪출력형태≫

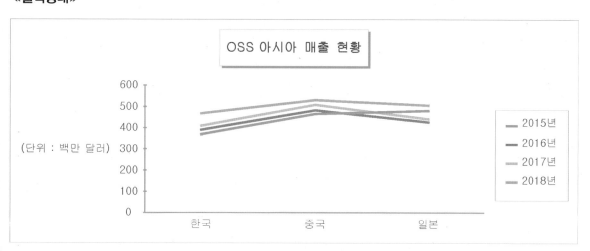

3. 다음 (1), (2)의 수식을 수식 편집기로 각각 입력하시오. (40점)

≪출력형태≫

(1) $f'(x) = \lim_{\triangle x \to 0} \dfrac{f(x + \triangle x) + f(x)}{\triangle x}$

(2) $\dfrac{c}{\sqrt{a} \pm \sqrt{b}} = \dfrac{c(\sqrt{a} \mp \sqrt{b})}{a - b}$

4. 다음의 ≪조건≫에 따라 ≪출력형태≫와 같이 문서를 작성하시오. (110점)

≪조건≫

(1) 그리기 도구를 이용하여 작성하고, 모든 도형(글맵시, 지정된 그림 포함)을 ≪출력형태≫와 같이 작성하시오.
(2) 도형의 면색은 지시사항이 없으면 색 없음을 제외하고 서로 다르게 임의로 지정하시오.

≪출력형태≫

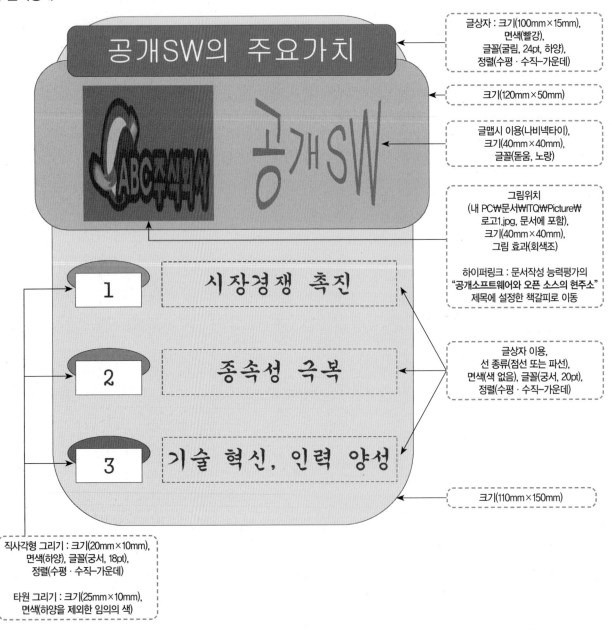

글꼴 : 돋움, 20pt, 진하게, 왼쪽 정렬
책갈피 이름 : 오픈 소스
덧말 넣기

공개소프트웨어와 오픈 소스의 현주소
OSS

문단 첫 글자 장식 기능
글꼴 : 굴림, 면색 : 노랑

그림위치(내 PC₩문서₩ITQ₩Picture₩그림5.jpg, 문서에 포함)
자르기 기능 이용, 크기(45mm×35mm), 바깥 여백 왼쪽 : 2mm

소 프트웨어의 역사는 컴퓨터의 등장과 함께 시작되었으나 오픈 소스라는 말이 등장한 것은 1980년대 초이다. 1970년대까지는 대부분의 소프트웨어가 소스 코드와 함께 무료로 배포되었으나, 소프트웨어 자체가 중요 산업으로 발전하고 기업 간의 경쟁이 심해지면서 소스 코드 역시 중요한 기밀이 되었다. 이러한 추세에 의해 소스 코드는 철저한 비공개로 전환하기에 이르렀다.

각주

소스 코드의 비공개와 상업화에 대한 반발로 1983년 프리소프트웨어 운동이 일어나게 된다. 공개소프트웨어는 공개라는 용어로 인하여 셰어웨어Ⓐ 등과 혼동되기 쉽지만 조금은 다른 의미이다. 즉 공개소프트웨어의 상반된 개념은 상용(商用)소프트웨어가 아닌 비공개소프트웨어인 것이다. 공개소프트웨어는 저작권이 존재하지만 저작권자가 소스 코드를 공개하여 누구나 수정하고 재배포할 수 있는 자유로운 소프트웨어를 말한다. 여기서 저작권은 공개소프트웨어를 만든 개인이나 단체의 소유권을 뜻하며, 소스 코드의 공개라 함은 누구든지 그 내용을 읽을 수 있고 사용자가 능력이 있다면 각종 버그의 수정은 물론 개작(改作)과 기능 추가도 할 수 있으며, 누구나 소프트웨어 개발에 참여할 수 있음을 의미한다.

★ 공개소프트웨어 개발자 대회

글꼴 : 궁서, 18pt, 하양
음영색 : 빨강

가) 개최 일자 및 장소

　a) 일자 : 2019년 10월 14일(월요일)

　b) 장소 : 판교 스타트업 캠퍼스

문단 번호 기능 사용
1수준 : 20pt, 오른쪽 정렬,
2수준 : 30pt, 오른쪽 정렬
줄 간격 : 180%

나) 대회 주요 내용

　a) 공개소프트웨어의 어제와 오늘

　b) 오픈 소스와 오픈 API의 활용 방안

표 전체 글꼴 : 굴림, 10pt, 가운데 정렬
셀 배경(그러데이션) : 유형(세로)[수직],
시작색(하양), 끝색(노랑)

★ 공개SW 지원사업 발표 내용

글꼴 : 궁서, 18pt, 기울임, 강조점

구분	주요 내용	비고
발표 1	표준 프레임워크 오픈 커뮤니티 활성화	한국정보화진흥원
	웹기반 통합/개발 환경 구축기술 개발 및 연구	성균관대학교
발표 2	리눅스 방화벽 관리 프로그램 개발	(주)슈퍼우즈
	오픈 소스 기반의 실시간 범용 협업도구 개발	(주)지노테크
발표 3	데스크톱 사용자 커뮤니티 활동 과제	(주)테라텍
	웹탑 기반의 스마트폰 플랫폼 개발	(주)아펙스씨앤에스

정보통신산업진흥원

글꼴 : 궁서, 24pt, 진하게
장평 105%, 가운데 정렬

각주 구분선 : 5cm

Ⓐ 비용을 지불하지 않고 사용할 수 있는 소프트웨어를 말함

쪽 번호 매기기
6으로 시작
바

제 06 회 정보기술자격(ITQ) 출제예상 모의고사

과목	코드	문제유형	시험시간	수험번호	성명
아래한글	1111	A	60분		

x

한컴 오피스

·수험자 유의사항·

● 수험자는 문제지를 받는 즉시 문제지와 **수험표상의 시험과목(프로그램)이 동일한지 반드시 확인**하여야 합니다.
● 파일명은 본인의 "수험번호-성명"으로 입력하여 답안폴더(내 PC₩문서₩ITQ)에 하나의 파일로 저장해야 하며, 답안 문서 파일명이 "수험번호-성명"과 일치하지 않거나, 답안파일을 전송하지 않아 미제출로 처리될 경우 실격 처리합니다 (예: 12345678-홍길동.hwp).
● 답안 작성을 마치면 파일을 저장하고, '답안 전송' 버튼을 선택하여 감독위원 PC로 답안을 전송하십시오. 수험생 정보와 저장 한 파일명이 다를 경우 전송되지 않으므로 주의하시기 바랍니다.
● 답안 작성 중에도 **주기적으로 저장하고, '답안 전송'**하여야 문제 발생을 줄일 수 있습니다. 작업한 내용을 저장하지 않고 전송할 경우 이전에 저장된 내용이 전송되오니 이점 유의하시기 바랍니다.
● 답안문서는 지정된 경로 외의 다른 보조기억장치에 저장하는 경우, 지정된 시험 시간 외에 작성된 파일을 활용할 경우, 기타 통신수단(이메일, 메신저, 네트워크 등)을 이용하여 타인에게 전달 또는 외부 반출하는 경우는 부정 처리합니다.
● 시험 중 부주의 또는 고의로 시스템을 파손한 경우는 수험자가 변상해야 하며, 〈수험자 유의사항〉에 기재된 방법대로 이행하 지 않아 생기는 불이익은 수험생 당사자의 책임임을 알려 드립니다.
● 문제의 조건은 한컴오피스 2020 버전으로 설정되어 있으며 한컴오피스 NEO는 【 】에 표기되어 있습니다. 이와 관련하여 작 성한 답안의 출력형태가 문제지와 다를 수 있습니다.
● 시험을 완료한 수험자는 답안파일이 전송되었는지 확인한 후 감독위원의 지시에 따라 문제지를 제출하고 퇴실합니다.

· 답안 작성요령 ·

● 온라인 답안 작성 절차
  수험자 등록 ⇒ 시험 시작 ⇒ 답안파일 저장 ⇒ 답안 전송 ⇒ 시험 종료
● 공통 부문
  • 글꼴에 대한 기본설정은 함초롬바탕, 10포인트, 검정, 줄간격 160%, 양쪽정렬로 합니다.
  • 색상은 조건의 색을 적용하고 색의 구분이 안 될 경우에는 RGB 값을 적용하십시오.
   (빨강 255, 0, 0 / 파랑 0, 0, 255 / 노랑 255, 255, 0).
  • 각 문항에 주어진 ≪조건≫에 따라 작성하고 언급하지 않은 조건은 ≪출력형태≫와 같이 작성합니다.
  • 용지여백은 왼쪽 · 오른쪽 11㎜, 위쪽 · 아래쪽 · 머리말 · 꼬리말 10㎜, 제본 0㎜로 합니다.
  • 그림 삽입 문제의 경우 「내 PC₩문서₩ITQ₩Picture」 폴더에서 지정된 파일을 선택하여 삽입하십시오.
  • 삽입한 그림은 반드시 문서에 포함하여 저장해야 합니다(미포함 시 감점 처리).
  • 각 항목은 지정된 페이지에 출력형태와 같이 정확히 작성하시기 바라며, 그렇지 않을 경우에 해당 항목은 0점 처리됩니다.
   ※ 페이지구분 : 1페이지 – 기능평가Ⅰ(문제번호 표시 : 1. 2.),
              2페이지 – 기능평가Ⅱ(문제번호 표시 : 3. 4.),
              3페이지 – 문서작성 능력평가
● 기능평가
  • 문제와 ≪조건≫은 입력하지 않으며 문제번호와 답(≪출력형태≫)만 작성합니다.
  • 4번 문제는 묶기를 했을 경우 0점 처리됩니다.
● 문서작성 능력평가
  • A4용지(210㎜×297㎜) 1매 크기, 세로 서식 문서로 작성합니다.
  • [   ] 표시는 문서작성에 대한 지시사항이므로 작성하지 않습니다.

x

kpc 한국생산성본부

1. 다음의 ≪조건≫에 따라 스타일 기능을 적용하여 ≪출력형태≫와 같이 작성하시오. (50점)

≪조건≫ (1) 스타일 이름 – flower

(2) 문단 모양 – 첫 줄 들여쓰기 : 15pt, 문단 아래 간격 : 10pt

(3) 글자 모양 – 글꼴 : 한글(굴림)/영문(돋움), 크기 : 10pt, 장평 : 95%, 자간 : −5%

≪출력형태≫

Goyang International Flower Foundation is here for you at all times with the beauty and fragrance valuable opinion will of flowers.

2018 고양국제꽃박람회는 '꽃과 평화'라는 주제 아래 36개국 332개 기관 업체가 참가하며 20개의 팀이 공연을 준비하여 역대 최다 관람객을 유치하는데 성공하였다.

2. 다음의 ≪조건≫에 따라 ≪출력형태≫와 같이 표와 차트를 작성하시오. (100점)

≪표 조건≫ (1) 표 전체(표, 캡션) – 궁서, 10pt

(2) 정렬 – 문자 : 가운데 정렬, 숫자 : 오른쪽 정렬

(3) 셀 배경(면색) : 노랑

(4) 한글의 계산 기능을 이용하여 빈칸에 평균(소수점 두 자리)을 구하고, 캡션 기능 사용할 것

(5) 선 모양은 ≪출력형태≫와 동일하게 처리할 것

≪출력형태≫

전국 꽃축제 관람객 현황(단위 : 천 명)

구분	2015년	2016년	2017년	2018년	평균
고양꽃박람회	350	520	480	500	
진해군항제	270	290	330	310	
태종사수국축제	110	125	115	140	
구리유채꽃축제	70	85	90	105	

≪차트 조건≫ (1) 차트 데이터는 표 내용에서 연도별 고양꽃박람회, 진해군항제, 태종사수국축제의 값만 이용할 것

(2) 종류 – ⟨묶은 가로 막대형⟩으로 작업할 것

(3) 제목 – 돋움, 진하게, 12pt, 속성 – 채우기(하양), 테두리, 그림자(대각선 오른쪽 아래)

【돋움, 진하게, 12pt, 배경 – 선 모양(한 줄로), 그림자(2pt)】

(4) 제목 이외의 전체 글꼴 – 돋움, 보통, 10pt

(5) 축제목과 범례는 ≪출력형태≫와 동일하게 처리할 것

≪출력형태≫

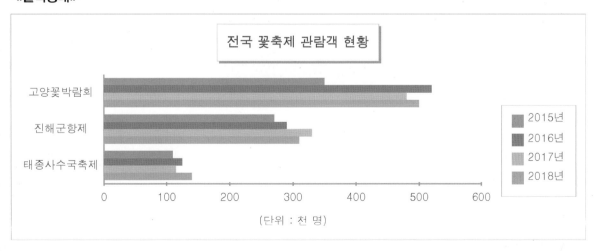

3. 다음 (1), (2)의 수식을 수식 편집기로 각각 입력하시오. (40점)

≪출력형태≫

(1) $\dfrac{A}{B} \div \dfrac{C}{D} = \dfrac{A}{B} \times \dfrac{D}{C} = \dfrac{AD}{BC}$

(2) $\lim\limits_{n \to \infty}(a_1 + a_2 + a_3 + \cdots + a_n) = \lim\limits_{n \to \infty}\sum\limits_{k=1}^{n} a$

4. 다음의 ≪조건≫에 따라 ≪출력형태≫와 같이 문서를 작성하시오. (110점)

≪조건≫

(1) 그리기 도구를 이용하여 작성하고, 모든 도형(글맵시, 지정된 그림 포함)을 ≪출력형태≫와 같이 작성하시오.

(2) 도형의 면색은 지시사항이 없으면 색 없음을 제외하고 서로 다르게 임의로 지정하시오.

≪출력형태≫

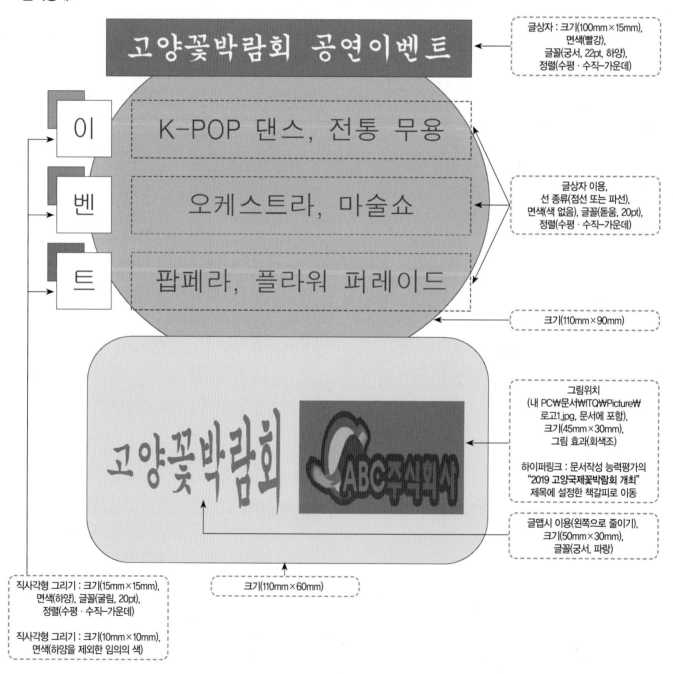

글꼴 : 굴림, 18pt, 진하게, 가운데 정렬
책갈피 이름 : 꽃박람회
덧말 넣기

머리말 기능
궁서, 10pt, 오른쪽 정렬 → 꽃의 도시 고양

World Flower Festival
2019 고양국제꽃박람회 개최

문단 첫 글자 장식 기능
글꼴 : 돋움, 면색 : 노랑

각주

그림위치(내 PC\문서\ITQ\Picture\그림4.jpg, 문서에 포함)
자르기 기능 이용, 크기(40mm×40mm), 바깥 여백 왼쪽 : 2mm

고양국제꽃박람회가 1997년 첫 개최부터 2019년 13회 꽃박람회에 이르기 까지 850만 명이 넘는 관람객이 방문하여 대한민국을 대표하는 국제적인 화훼ⓐ 박람회로 성장 해 오고 있다. 지난해에 개최된 2018 고양국제꽃박람회는 <세상을 바꿀 새로운 꽃 세상>이 라는 주제로 36개국 320여개의 화훼 관련 기관 및 단체가 참가하여 세계 화훼의 최신 트렌 드를 제시하였다. 또한 쉽게 볼 수 없는 희귀 식물 전시, 화훼 조형 예술로 꾸며지는 실내 정원, 다채로운 야외 테마 정원, 화훼 문화 체험 프로그램을 통하여 방문한 관람객들을 매 료(魅了)시켰다. 총 17일간의 개최 기간 동안 관람객은 약 50만 명이 관람하였으며, 1,402 억 원 가량 경제적 효과를 누렸다.

성공리에 개최된 2018 고양국제꽃박람회에 힘입어 올해 개최되는 2019 고양국제꽃박람회에선 40개국 360여개의 기관 및 단체, 업체가 참가하기로 하였으며 넓은 공간에서 나오는 분위기와 연출이 더욱 관람객들의 호평을 이끌어 낼 수 있을 것이라 관측되고 있다. 재단법인 고양국제꽃박람회는 '올해 행사의 성공적 개최를 위해 자원봉사자, 교통 봉사대 등 많은 운영인력과 기관 관계자 모든 분들이 작년에 이어 올해에도 많은 도움을 주시고자 함께하셨다. 올해 에는 작년 행사의 부족한 부분과 잘된 부분을 명확히 분석하여 더욱 발전된 모습을 보여드리도록 노력하겠다.'고 말 했다. 또한 호수공원 이용과 교통 불편을 감내(堪耐)해준 고양시민에게도 깊은 감사의 마음을 전했다.

◑ 2019 고양국제꽃박람회 개요

글꼴 : 돋움, 18pt, 하양
음영색 : 파랑

  1) 일시 및 장소

    가) 일시 : 2019년 4월 26일(금) - 5월 12일(일)

    나) 장소 : 고양시 일산 호수공원

  2) 입장권 안내

    가) 현장 및 특별권 : 성인 12,000원, 야간 6,000원, 특별 8,000원

    나) 제휴/단체권 : 제휴 이벤트 이용객 또는 30인 이상 단체 9,000원

문단 번호 기능 사용
1수준 : 20pt, 오른쪽 정렬,
2수준 : 30pt, 오른쪽 정렬
줄 간격 : 180%

◑ *공연 및 행사 일정*

글꼴 : 돋움, 18pt, 기울임, 강조점

표 전체 글꼴 : 굴림, 10pt, 가운데 정렬
셀 배경(그러데이션) : 유형(왼쪽 대각선),
시작색(하양), 끝색(노랑)

구분	오전		오후	
공연 프로그램	꽃향기 무대 공연	거리 퍼포먼스	플라워 퍼레이드	신한류 무대 공연
체험 프로그램	수상 꽃 자전거 체험	차량용 방향제 제작	궁중한복 체험	캐리커쳐 작품 제작
꽃 문화 행사	꽃 그림 그리기 대회, 플라워 디자인대회, 프리저브드 경진대회			
실내 및 야외 전시	세계화훼교류관, 생명과 평화의 정원, 컬러풀 플라워 랜드, 고양하늘 꽃바람			

글꼴 : 궁서, 24pt, 진하게
장평 110%, 오른쪽 정렬 → **고양국제꽃박람회**

각주 구분선 : 5cm

ⓐ 관상하기 위해 재배되는 모든 식물로 관상식물이라고도 함

쪽 번호 매기기
5로 시작 → ⅴ

제07회 정보기술자격(ITQ) 출제예상 모의고사

과목	코드	문제유형	시험시간	수험번호	성명
아래한글	1111	A	60분		

·수험자 유의사항·

● 수험자는 문제지를 받는 즉시 문제지와 **수험표상의 시험과목(프로그램)이 동일한지 반드시 확인**하여야 합니다.
● 파일명은 본인의 "수험번호-성명"으로 입력하여 답안폴더(내 PC₩문서₩ITQ)에 하나의 파일로 저장해야 하며, 답안 문서 파일명이 "수험번호-성명"과 일치하지 않거나, 답안파일을 전송하지 않아 미제출로 처리될 경우 실격 처리합니다 (예: 12345678-홍길동.hwp).
● 답안 작성을 마치면 파일을 저장하고, '답안 전송' 버튼을 선택하여 감독위원 PC로 답안을 전송하십시오. 수험생 정보와 저장한 파일명이 다를 경우 전송되지 않으므로 주의하시기 바랍니다.
● 답안 작성 중에도 **주기적으로 저장하고, '답안 전송'**하여야 문제 발생을 줄일 수 있습니다. 작업한 내용을 저장하지 않고 전송할 경우 이전에 저장된 내용이 전송되오니 이점 유의하시기 바랍니다.
● 답안문서는 지정된 경로 외의 다른 보조기억장치에 저장하는 경우, 지정된 시험 시간 외에 작성된 파일을 활용할 경우, 기타 통신수단(이메일, 메신저, 네트워크 등)을 이용하여 타인에게 전달 또는 외부 반출하는 경우는 부정 처리합니다.
● 시험 중 부주의 또는 고의로 시스템을 파손한 경우는 수험자가 변상해야 하며, 〈수험자 유의사항〉에 기재된 방법대로 이행하지 않아 생기는 불이익은 수험생 당사자의 책임임을 알려 드립니다.
● 문제의 조건은 한컴오피스 2020 버전으로 설정되어 있으며 한컴오피스 NEO는 【 】에 표기되어 있습니다. 이와 관련하여 작성한 답안의 출력형태가 문제지와 다를 수 있습니다.
● 시험을 완료한 수험자는 답안파일이 전송되었는지 확인한 후 감독위원의 지시에 따라 문제지를 제출하고 퇴실합니다.

· 답안 작성요령 ·

● 온라인 답안 작성 절차
  수험자 등록 ⇒ 시험 시작 ⇒ 답안파일 저장 ⇒ 답안 전송 ⇒ 시험 종료
● 공통 부문
  • 글꼴에 대한 기본설정은 함초롬바탕, 10포인트, 검정, 줄간격 160%, 양쪽정렬로 합니다.
  • 색상은 조건의 색을 적용하고 색의 구분이 안 될 경우에는 RGB 값을 적용하십시오.
   (빨강 255, 0, 0 / 파랑 0, 0, 255 / 노랑 255, 255, 0).
  • 각 문항에 주어진 《조건》에 따라 작성하고 언급하지 않은 조건은 《출력형태》와 같이 작성합니다.
  • 용지여백은 왼쪽 · 오른쪽 11㎜, 위쪽 · 아래쪽 · 머리말 · 꼬리말 10㎜, 제본 0㎜로 합니다.
  • 그림 삽입 문제의 경우 「내 PC₩문서₩ITQ₩Picture」 폴더에서 지정된 파일을 선택하여 삽입하십시오.
  • 삽입한 그림은 반드시 문서에 포함하여 저장해야 합니다(미포함 시 감점 처리).
  • 각 항목은 지정된 페이지에 출력형태와 같이 정확히 작성하시기 바라며, 그렇지 않을 경우에 해당 항목은 0점 처리됩니다.
   ※ 페이지구분 : 1페이지 – 기능평가 I (문제번호 표시 : 1. 2.),
            2페이지 – 기능평가 II (문제번호 표시 : 3. 4.),
            3페이지 – 문서작성 능력평가
● 기능평가
  • 문제와 《조건》은 입력하지 않으며 문제번호와 답(《출력형태》)만 작성합니다.
  • 4번 문제는 묶기를 했을 경우 0점 처리됩니다.
● 문서작성 능력평가
  • A4용지(210㎜×297㎜) 1매 크기, 세로 서식 문서로 작성합니다.
  • ⸻⸻⸻ 표시는 문서작성에 대한 지시사항이므로 작성하지 않습니다.

1. 다음의 ≪조건≫에 따라 스타일 기능을 적용하여 ≪출력형태≫와 같이 작성하시오. (50점)

≪조건≫ (1) 스타일 이름 – statistics

(2) 문단 모양 – 왼쪽 여백 : 15pt, 문단 아래 간격 : 10pt

(3) 글자 모양 – 글꼴 : 한글(궁서)/영문(돋움), 크기 : 10pt, 장평 : 105%, 자간 : 5%

≪출력형태≫

Statistics is the science of making effective use of numerical data relating to groups of individuals or experiments.

통계는 집단현상에 대한 구체적인 양적 기술을 반영하는 숫자, 특히 사회집단 또는 자연집단의 상황을 숫자로 나타낸 것이다.

2. 다음의 ≪조건≫에 따라 ≪출력형태≫와 같이 표와 차트를 작성하시오. (100점)

≪표 조건≫ (1) 표 전체(표, 캡션) – 굴림, 10pt

(2) 정렬 – 문자 : 가운데 정렬, 숫자 : 오른쪽 정렬

(3) 셀 배경(면색) : 노랑

(4) 한글의 계산 기능을 이용하여 빈칸에 평균(소수점 두 자리)을 구하고, 캡션 기능 사용할 것

(5) 선 모양은 ≪출력형태≫와 동일하게 처리할 것

≪출력형태≫

교육통계-연도별 취학률(단위 : %)

구분	2015년	2016년	2017년	2018년	평균
유치원	48.9	49.8	50.7	51.3	
초등학교	97.1	96.7	98.6	97.3	
중학교	96.4	95.3	94.3	94.2	
고등학교	93.2	93.7	95.8	95.7	

≪차트 조건≫ (1) 차트 데이터는 표 내용에서 연도별 유치원, 초등학교의 값만 이용할 것

(2) 종류 – 〈묶은 세로 막대형〉으로 작업할 것

(3) 제목 – 궁서, 진하게, 12pt, 속성 – 채우기(하양), 테두리, 그림자(대각선 오른쪽 아래)

【궁서, 진하게, 12pt, 배경 – 선 모양(한 줄로), 그림자(2pt)】

(4) 제목 이외의 전체 글꼴 – 궁서, 보통, 10pt

(5) 축제목과 범례는 ≪출력형태≫와 동일하게 처리할 것

≪출력형태≫

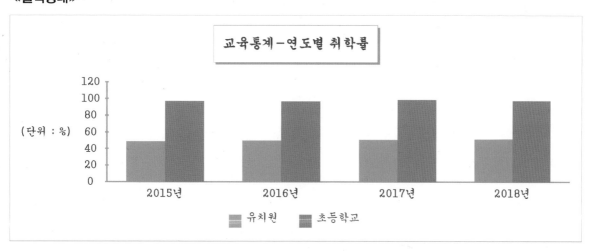

3. 다음 (1), (2)의 수식을 수식 편집기로 각각 입력하시오. (40점)

≪출력형태≫

(1) $l = r\theta,\ S = \dfrac{1}{2}r^2\theta = \dfrac{1}{2}rl$ (2) $\overline{AB} = \sqrt{(x_2 - x_1)^2 + (y_2 - y_1)^2}$

4. 다음의 ≪조건≫에 따라 ≪출력형태≫와 같이 문서를 작성하시오. (110점)

≪조건≫

(1) 그리기 도구를 이용하여 작성하고, 모든 도형(글맵시, 지정된 그림 포함)을 ≪출력형태≫와 같이 작성하시오.

(2) 도형의 면색은 지시사항이 없으면 색 없음을 제외하고 서로 다르게 임의로 지정하시오.

≪출력형태≫

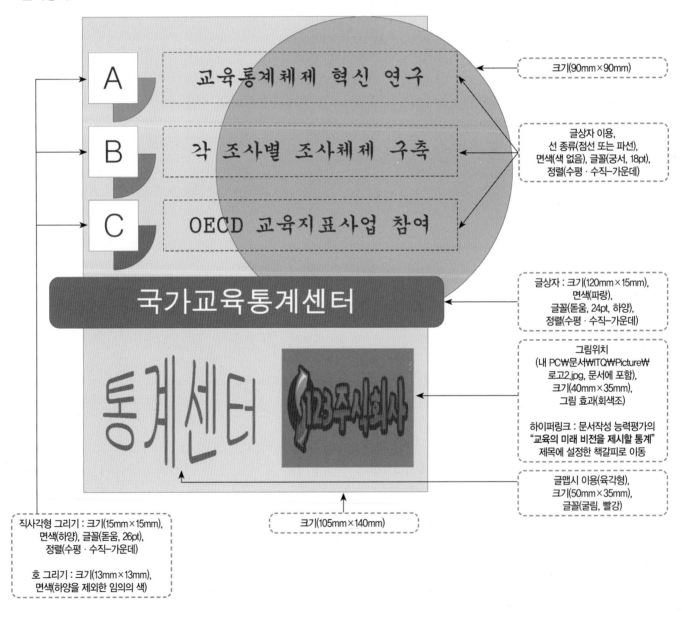

크기(90mm×90mm)

글상자 이용,
선 종류(점선 또는 파선),
면색(색 없음), 글꼴(궁서, 18pt),
정렬(수평·수직-가운데)

글상자 : 크기(120mm×15mm),
면색(파랑),
글꼴(돋움, 24pt, 하양),
정렬(수평·수직-가운데)

그림위치
(내 PC₩문서₩ITQ₩Picture₩
로고2.jpg, 문서에 포함),
크기(40mm×35mm),
그림 효과(회색조)

하이퍼링크 : 문서작성 능력평가의
"교육의 미래 비전을 제시할 통계"
제목에 설정한 책갈피로 이동

글맵시 이용(육각형),
크기(50mm×35mm),
글꼴(굴림, 빨강)

크기(105mm×140mm)

직사각형 그리기 : 크기(15mm×15mm),
면색(하양), 글꼴(돋움, 26pt),
정렬(수평·수직-가운데)

호 그리기 : 크기(13mm×13mm),
면색(하양을 제외한 임의의 색)

글꼴 : 돋움, 22pt, 진하게, 가운데 정렬
책갈피 이름 : 통계
덧말 넣기

머리말 기능
궁서, 10pt, 오른쪽 정렬 → 교육통계연구센터

교육통계서비스
교육의 미래 비전을 제시할 통계

문단 첫 글자 장식 기능
글꼴 : 굴림, 면색 : 노랑

그림위치(내 PC\문서\ITQ\Picture\그림4.jpg, 문서에 포함)
자르기 기능 이용, 크기(45mm×40mm), 바깥 여백 왼쪽 : 2mm

교육통계 조사사업은 전국의 각급 학교와 고등교육 기관, 평생교육 기관을 전수조사하여 우리나라의 교육현황 전반을 포괄하는 통계정보를 산출, 보급하는 국가 정식 통계 사업입니다. 이 사업은 정부의 교육정책 설정을 비롯한 제반 교육의 기획, 실천, 연구에 필요한 공신력(公信力) 있는 교육통계 정보를 개발하여 이를 널리 보급하기 위해 다양한 분야에서 추진(推進)하고 있습니다.

본 센터에서는 유초중등통계, 고등통합통계, 취업통계, 평생통계 및 국제통계에 대한 자료를 제공하고 있습니다. 세부 사항으로는 통계자료 문의에 대한 응답(전화, 홈페이지 게시판 질의응답, 전자메일 등), 교육통계자료 및 자료집 제공, 교육통계 데이터베이스를 통한 요청 자료 추출 및 제공, 홈페이지를 통한 교육통계 정형장표 제공, 교육통계의 One-stop Online 다차원 정보 분석 서비스 등이 있습니다. 교육통계서비스 자료 제공 시 개별 기관에 대한 기관 식별자를 제공할 경우 자료 요청자의 보안각서Ⓐ를 받은 후 자료를 제공하게 됩니다. 또한 교육통계자료 관리 및 제공 지침 제6조에 의거하여 서비스 이용자에게 소정의 수수료를 부가하게 됩니다.

각주

글꼴 : 굴림, 18pt, 하양
음영색 : 빨강

■ 교육통계사업 내용

① 기초연구사업 및 조사사업

  (ㄱ) 각종 위원회 운영(교육통계위원회 등)

  (ㄴ) 교육통계 조사의 신뢰성, 정확성, 시의성 제공에 관한 연구

② 분석, 서비스 사업 및 국제교류사업

  (ㄱ) 교육통계자료집 발간(교육통계연보 등 9종)

  (ㄴ) UNESCO, APEC 등 국제기구 교육통계사업 참여

문단 번호 기능 사용
1수준 : 20pt, 오른쪽 정렬,
2수준 : 30pt, 오른쪽 정렬
줄 간격 : 180%

표 전체 글꼴 : 돋움, 10pt, 가운데 정렬
셀 배경(그러데이션) : 유형(오른쪽 대각선),
시작색(하양), 끝색(노랑)

■ 통계 연보 및 자료 활용도 제고

글꼴 : 굴림, 18pt, 밑줄, 강조점

역할	기관명	주요 임무	교육통계 조사내역	관련 항목 수
사업지원	교육과학기술부	사업 관련 정책 설정	학교 기본 사항	37개
사업주관	한국교육개발원	조사 도구 개발	교육(공유)재산 현황	7개
조사시행	지역교육청	관할 학교 교육통계 담당자 연수	연령별 취업 대상자 수	4개
	시도교육청	시도별 조사 시행 세부 계획 수립	임용고사 실시 현황	21개
	각급 학교	조사 결과 집계 및 검증	단식학급 학생 현황	8개

글꼴 : 굴림, 24pt, 진하게
장평 110%, 가운데 정렬 → # 한국교육개발원

각주 구분선 : 5cm

Ⓐ 사업과 관련한 어떠한 비밀도 누설하지 않겠다는 내용의 서식

쪽 번호 매기기
2로 시작 → II

제 08 회   정보기술자격(ITQ) 출제예상 모의고사

과목	코드	문제유형	시험시간	수험번호	성명
아래한글	1111	A	60분		

한컴 오피스

·수험자 유의사항·

- 수험자는 문제지를 받는 즉시 문제지와 **수험표상의 시험과목(프로그램)이 동일한지 반드시 확인**하여야 합니다.
- 파일명은 본인의 "수험번호-성명"으로 입력하여 답안폴더(내 PC\문서\ITQ)에 하나의 파일로 저장해야 하며, 답안 문서 파일명이 "수험번호-성명"과 일치하지 않거나, 답안파일을 전송하지 않아 미제출로 처리될 경우 실격 처리합니다. (예: 12345678-홍길동.hwp).
- 답안 작성을 마치면 파일을 저장하고, '답안 전송' 버튼을 선택하여 감독위원 PC로 답안을 전송하십시오. 수험생 정보와 저장한 파일명이 다를 경우 전송되지 않으므로 주의하시기 바랍니다.
- 답안 작성 중에도 **주기적으로 저장하고, '답안 전송'**하여야 문제 발생을 줄일 수 있습니다. 작업한 내용을 저장하지 않고 전송할 경우 이전에 저장된 내용이 전송되오니 이점 유의하시기 바랍니다.
- 답안문서는 지정된 경로 외의 다른 보조기억장치에 저장하는 경우, 지정된 시험 시간 외에 작성된 파일을 활용할 경우, 기타 통신수단(이메일, 메신저, 네트워크 등)을 이용하여 타인에게 전달 또는 외부 반출하는 경우는 부정 처리합니다.
- 시험 중 부주의 또는 고의로 시스템을 파손한 경우는 수험자가 변상해야 하며, 〈수험자 유의사항〉에 기재된 방법대로 이행하지 않아 생기는 불이익은 수험생 당사자의 책임임을 알려 드립니다.
- 문제의 조건은 한컴오피스 2020 버전으로 설정되어 있으며 한컴오피스 NEO는 【 】에 표기되어 있습니다. 이와 관련하여 작성한 답안의 출력형태가 문제지와 다를 수 있습니다.
- 시험을 완료한 수험자는 답안파일이 전송되었는지 확인한 후 감독위원의 지시에 따라 문제지를 제출하고 퇴실합니다.

· 답안 작성요령 ·

- 온라인 답안 작성 절차
  수험자 등록 ⇒ 시험 시작 ⇒ 답안파일 저장 ⇒ 답안 전송 ⇒ 시험 종료
- 공통 부문
  - 글꼴에 대한 기본설정은 함초롬바탕, 10포인트, 검정, 줄간격 160%, 양쪽정렬로 합니다.
  - 색상은 조건의 색을 적용하고 색의 구분이 안 될 경우에는 RGB 값을 적용하십시오.
    (빨강 255, 0, 0 / 파랑 0, 0, 255 / 노랑 255, 255, 0).
  - 각 문항에 주어진 ≪조건≫에 따라 작성하고 언급하지 않은 조건은 ≪출력형태≫와 같이 작성합니다.
  - 용지여백은 왼쪽 · 오른쪽 11㎜, 위쪽 · 아래쪽 · 머리말 · 꼬리말 10㎜, 제본 0㎜로 합니다.
  - 그림 삽입 문제의 경우 「내 PC\문서\ITQ\Picture」 폴더에서 지정된 파일을 선택하여 삽입하십시오.
  - 삽입한 그림은 반드시 문서에 포함하여 저장해야 합니다(미포함 시 감점 처리).
  - 각 항목은 지정된 페이지에 출력형태와 같이 정확히 작성하시기 바라며, 그렇지 않을 경우에 해당 항목은 0점 처리됩니다.
    ※ 페이지구분 : 1페이지 – 기능평가 I (문제번호 표시 : 1. 2.),
    　　　　　　　 2페이지 – 기능평가 II(문제번호 표시 : 3. 4.),
    　　　　　　　 3페이지 – 문서작성 능력평가
- 기능평가
  - 문제와 ≪조건≫은 입력하지 않으며 문제번호와 답(≪출력형태≫)만 작성합니다.
  - 4번 문제는 묶기를 했을 경우 0점 처리됩니다.
- 문서작성 능력평가
  - A4용지(210㎜×297㎜) 1매 크기, 세로 서식 문서로 작성합니다.
  - [　　　　　　] 표시는 문서작성에 대한 지시사항이므로 작성하지 않습니다.

kpc 한국생산성본부

1. 다음의 ≪조건≫에 따라 스타일 기능을 적용하여 ≪출력형태≫와 같이 작성하시오. (50점)

≪조건≫　(1) 스타일 이름 – nutrition

(2) 문단 모양 – 첫 줄 들여쓰기 : 15pt, 문단 아래 간격 : 10pt

(3) 글자 모양 – 글꼴 : 한글(굴림)/영문(궁서), 크기 : 10pt, 장평 : 90%, 자간 : –5%

≪출력형태≫

According to a 2016 National Health and Nutrition Survey, 13 to 19 year olds consume an average of 1,559 grams food per day, and their calorie intake is 2,026 kcal.

2016년 국민건강영양조사에 따르면 13-19세 아동은 하루 평균 1,559g의 음식을 섭취하며 칼로리 섭취량은 2,026kcal이다. 이는 지난 2010년 국민건강영양조사와 비교하여 1.7% 소폭 증가한 결과이다.

2. 다음의 ≪조건≫에 따라 ≪출력형태≫와 같이 표와 차트를 작성하시오. (100점)

≪표 조건≫　(1) 표 전체(표, 캡션) – 궁서, 10pt

(2) 정렬 – 문자 : 가운데 정렬, 숫자 : 오른쪽 정렬

(3) 셀 배경(면색) : 노랑

(4) 한글의 계산 기능을 이용하여 빈칸에 평균(소수점 두 자리)을 구하고, 캡션 기능 사용할 것

(5) 선 모양은 ≪출력형태≫와 동일하게 처리할 것

≪출력형태≫

청소년 자원봉사 활동 영역(단위 : %)

영역	2015년	2016년	2017년	2018년	평균
공공 기관	41	45	55	52	
지역 사회	30	37	22	31	
위탁 시설	15	13	11	13	
종교 단체	22	18	17	19	

≪차트 조건≫　(1) 차트 데이터는 표 내용에서 연도별 공공 기관, 지역 사회, 위탁 시설의 값만 이용할 것

(2) 종류 – 〈꺾은선형〉으로 작업할 것

(3) 제목 – 굴림, 진하게, 12pt, 속성 – 채우기(하양), 테두리, 그림자(대각선 오른쪽 아래)

【굴림, 진하게, 12pt, 배경 – 선 모양(한 줄로), 그림자(2pt)】

(4) 제목 이외의 전체 글꼴 – 굴림, 보통, 10pt

(5) 축제목과 범례는 ≪출력형태≫와 동일하게 처리할 것

≪출력형태≫

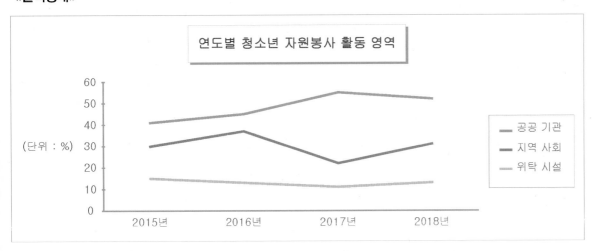

3. 다음 (1), (2)의 수식을 수식 편집기로 각각 입력하시오. (40점)

≪출력형태≫

(1)
$$\frac{c}{\sqrt{a} \pm \sqrt{b}} = \frac{c(\sqrt{a} \mp \sqrt{b})}{a - b}$$

(2)
$$\sum_{k=1}^{n} k^3 = 1^3 + 2^3 + 3^3 + \cdots + n^3 = \left(\frac{1}{2}n(n+1)\right)^2$$

4. 다음의 ≪조건≫에 따라 ≪출력형태≫와 같이 문서를 작성하시오. (110점)

≪조건≫

(1) 그리기 도구를 이용하여 작성하고, 모든 도형(글맵시, 지정된 그림 포함)을 ≪출력형태≫와 같이 작성하시오.

(2) 도형의 면색은 지시사항이 없으면 색 없음을 제외하고 서로 다르게 임의로 지정하시오.

≪출력형태≫

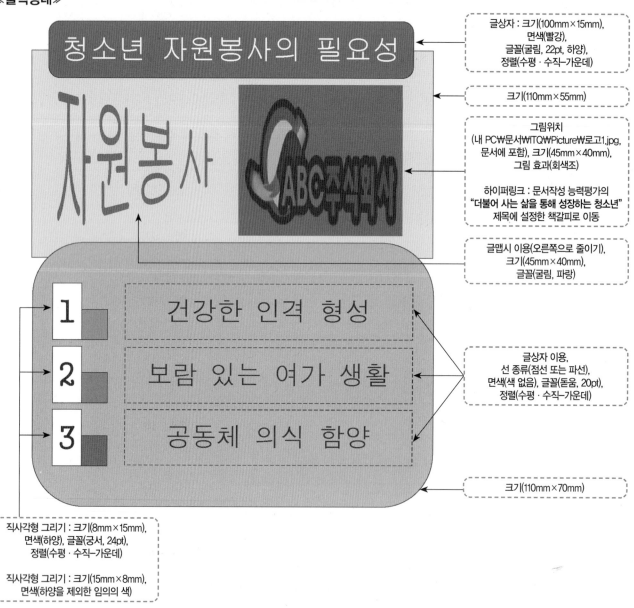

글상자 : 크기(100mm×15mm),
면색(빨강),
글꼴(굴림, 22pt, 하양),
정렬(수평 · 수직-가운데)

크기(110mm×55mm)

그림위치
(내 PC₩문서₩ITQ₩Picture₩로고1.jpg,
문서에 포함), 크기(45mm×40mm),
그림 효과(회색조)

하이퍼링크 : 문서작성 능력평가의
"더불어 사는 삶을 통해 성장하는 청소년"
제목에 설정한 책갈피로 이동

글맵시 이용(오른쪽으로 줄이기),
크기(45mm×40mm),
글꼴(굴림, 파랑)

청소년 자원봉사의 필요성

자원봉사

ABC주식회사

1   건강한 인격 형성

2   보람 있는 여가 생활

3   공동체 의식 함양

글상자 이용,
선 종류(점선 또는 파선),
면색(색 없음), 글꼴(돋움, 20pt),
정렬 (수평 · 수직-가운데)

크기(110mm×70mm)

직사각형 그리기 : 크기(8mm×15mm),
면색(하양), 글꼴(궁서, 24pt),
정렬(수평 · 수직-가운데)

직사각형 그리기 : 크기(15mm×8mm),
면색(하양을 제외한 임의의 색)

글꼴 : 굴림, 22pt, 진하게, 가운데 정렬
책갈피 이름 : 청소년자원봉사
덧말 넣기

머리말 기능
돋움, 10pt, 오른쪽 정렬 → GYSD

Global Youth Service Day

더불어 사는 삶을 통해 성장하는 청소년

문단 첫 글자 장식 기능
글꼴 : 궁서, 면색 : 노랑

그림위치(내 PC₩문서₩ITQ₩Picture₩그림5.jpg, 문서에 포함)
자르기 기능 이용, 크기(40mm×45mm), 바깥 여백 왼쪽 : 2mm

자원봉사란 외부의 강요가 아닌 스스로의 결정으로 타인이나 지역 사회의 복지를 위해 정신적, 육체적 자원을 바탕으로 어떤 일을 대가 없이 지속적으로 돕는 행위를 말한다. 청소년의 자원봉사 역시 그러한 자원을 활용하여 자발적으로 일정한 기간 동안 꾸준히 수행함으로써 보람과 흥미를 느끼고, 재능과 소질을 발견하며, 자신의 공동체적 삶의 영역에 대한 폭넓은 체험을 통해 건강한 인격을 형성(形成)하고 배움을 실천해 가는 수련(修練) 활동의 한 영역이다.

청소년의 자원봉사는 의미와 취지에 있어서는 일반인들의 활동과 같으나 완전히 자발적이라기보다는 교육적인 목적을 고려하여 지도와 평가가 수반된다는 측면에서 차이가 있다. 즉 청소년의 봉사 활동은 결과보다는 과정에서 스스로 배우게 되는 교육적 효과에 보다 큰 의미가 있는 것이다. 따라서 봉사 학습의 개념으로 접근하는 것이 적절하며, 이러한 활동들을 통해 개인적으로나 사회적으로 갖추어야 할 인성ⓐ을 개발하는 데 지대한 영향을 미치고 원만한 인간관계나 진로 선택 등에도 많은 도움이 된다. 자원봉사에 대한 인식도 예전보다 높아져서 단순히 불우한 이웃을 돕는 차원을 넘어 다양한 지역 사회 활동과 국제적인 영역까지 광범위하게 이루어지고 있다.

각주

♣  세계청소년자원봉사의 날 행사 개요

글꼴 : 돋움, 18pt, 하양
음영색 : 파랑

   A 신청 및 활동 기간

     1) 신청 기간 : 2019. 4. 10.(수) ~ 4. 29.(월)

     2) 활동 기간 : 2019. 5. 1.(수) ~ 5. 31.(금)

   B 행사 주제 및 장소

문단 번호 기능 사용
1수준 : 20pt, 오른쪽 정렬,
2수준 : 30pt, 오른쪽 정렬
줄 간격 : 180%

     1) 행사 주제 : 청소년의 자기주도적 봉사활동을 통한 지역사회 현안 해결

     2) 행사 장소 : 전국일원(자원봉사활동이 가능한 곳이면 어디나 가능)

표 전체 글꼴 : 굴림, 10pt, 가운데 정렬
셀 배경(그러데이션) : 유형(가운데에서),
시작색(노랑), 끝색(하양)

♣ *청소년 자원봉사 등록 현황*

글꼴 : 돋움, 18pt, 기울임, 강조점

활동 명칭	활동 장소	활동 일자	시작 시간	모집 인원	남은 인원
쾌적한 한강공원 만들기	한강난지안내센터	5. 3.	13:00	15명	7명
헌혈 캠페인	헌혈의 집 일산센터	5. 12.	10:00	15명	3명
다문화 가정 자녀 과외 교육	고양시 문화의 집	5. 16.	13:30	5명	1명
해변 쓰레기 청소	해운대 해수욕장	5. 22.	15:00	10명	마감
현장체험학습 보조	인천청선학교	5. 30.	11:30	2명	

글꼴 : 궁서, 24pt, 진하게
장평 95%, 오른쪽 정렬 → **한국청소년활동진흥원**

각주 구분선 : 5cm

ⓐ 다른 사람들과 구분되는 지속적이고 일관된 독특한 심리 및 행동 양식

쪽 번호 매기기
7로 시작 → 사

제09회 정보기술자격(ITQ) 출제예상 모의고사

과목	코드	문제유형	시험시간	수험번호	성명
아래한글	1111	A	60분		

·수험자 유의사항·

- 수험자는 문제지를 받는 즉시 문제지와 **수험표상의 시험과목(프로그램)이 동일한지 반드시 확인**하여야 합니다.
- 파일명은 본인의 "수험번호-성명"으로 입력하여 답안폴더(내 PC₩문서₩ITQ)에 하나의 파일로 저장해야 하며, 답안문서 파일명이 "수험번호-성명"과 일치하지 않거나, 답안파일을 전송하지 않아 미제출로 처리될 경우 실격 처리합니다(예: 12345678-홍길동.hwp).
- 답안 작성을 마치면 파일을 저장하고, '답안 전송' 버튼을 선택하여 감독위원 PC로 답안을 전송하십시오. 수험생 정보와 저장한 파일명이 다를 경우 전송되지 않으므로 주의하시기 바랍니다.
- 답안 작성 중에도 **주기적으로 저장하고, '답안 전송'**하여야 문제 발생을 줄일 수 있습니다. 작업한 내용을 저장하지 않고 전송할 경우 이전에 저장된 내용이 전송되오니 이점 유의하시기 바랍니다.
- 답안문서는 지정된 경로 외의 다른 보조기억장치에 저장하는 경우, 지정된 시험 시간 외에 작성된 파일을 활용할 경우, 기타 통신수단(이메일, 메신저, 네트워크 등)을 이용하여 타인에게 전달 또는 외부 반출하는 경우는 부정 처리합니다.
- 시험 중 부주의 또는 고의로 시스템을 파손한 경우는 수험자가 변상해야 하며, 〈수험자 유의사항〉에 기재된 방법대로 이행하지 않아 생기는 불이익은 수험생 당사자의 책임임을 알려 드립니다.
- 문제의 조건은 한컴오피스 2020 버전으로 설정되어 있으며 한컴오피스 NEO는 【 】에 표기되어 있습니다. 이와 관련하여 작성한 답안의 출력형태가 문제지와 다를 수 있습니다.
- 시험을 완료한 수험자는 답안파일이 전송되었는지 확인한 후 감독위원의 지시에 따라 문제지를 제출하고 퇴실합니다.

· 답안 작성요령 ·

- 온라인 답안 작성 절차
  수험자 등록 ⇒ 시험 시작 ⇒ 답안파일 저장 ⇒ 답안 전송 ⇒ 시험 종료
- 공통 부문
  - 글꼴에 대한 기본설정은 함초롬바탕, 10포인트, 검정, 줄간격 160%, 양쪽정렬로 합니다.
  - 색상은 조건의 색을 적용하고 색의 구분이 안 될 경우에는 RGB 값을 적용하십시오.
    (빨강 255, 0, 0 / 파랑 0, 0, 255 / 노랑 255, 255, 0).
  - 각 문항에 주어진 ≪조건≫에 따라 작성하고 언급하지 않은 조건은 ≪출력형태≫와 같이 작성합니다.
  - 용지여백은 왼쪽·오른쪽 11㎜, 위쪽·아래쪽·머리말·꼬리말 10㎜, 제본 0㎜로 합니다.
  - 그림 삽입 문제의 경우 「내 PC₩문서₩ITQ₩Picture」 폴더에서 지정된 파일을 선택하여 삽입하십시오.
  - 삽입한 그림은 반드시 문서에 포함하여 저장해야 합니다(미포함 시 감점 처리).
  - 각 항목은 지정된 페이지에 출력형태와 같이 정확히 작성하시기 바라며, 그렇지 않을 경우에 해당 항목은 0점 처리됩니다.
    ※ 페이지구분 : 1페이지 – 기능평가 I (문제번호 표시 : 1. 2.),
    　　　　　　　 2페이지 – 기능평가 II(문제번호 표시 : 3. 4.),
    　　　　　　　 3페이지 – 문서작성 능력평가
- 기능평가
  - 문제와 ≪조건≫은 입력하지 않으며 문제번호와 답(≪출력형태≫)만 작성합니다.
  - 4번 문제는 묶기를 했을 경우 0점 처리됩니다.
- 문서작성 능력평가
  - A4용지(210㎜×297㎜) 1매 크기, 세로 서식 문서로 작성합니다.
  - ⌐ ‑ ‑ ‑ ¬ 표시는 문서작성에 대한 지시사항이므로 작성하지 않습니다.

kpc 한국생산성본부

1. 다음의 ≪조건≫에 따라 스타일 기능을 적용하여 ≪출력형태≫와 같이 작성하시오. (50점)

≪조건≫ (1) 스타일 이름 – doi

(2) 문단 모양 – 첫 줄 들여쓰기 : 10pt, 문단 아래 간격 : 10pt

(3) 글자 모양 – 글꼴 : 한글(돋움)/영문(굴림), 크기 : 10pt, 장평 : 105%, 자간 : −5%

≪출력형태≫

The Digital Opportunity Index(DOI) is an e-index based on internationally-agreed ICT indicators. This makes it a valuable tool for benchmarking the most important indicators for measuring the information society.

DOI(Digital Opportunity Index)는 인터넷 보급률 같은 인프라 보급과 소득 대비 통신 요금 비율 등 기회 제공, 인터넷 이용률 등을 종합 분석해 해당 국가의 정보 통신 발전 정도를 종합적으로 평가한 지표이다.

2. 다음의 ≪조건≫에 따라 ≪출력형태≫와 같이 표와 차트를 작성하시오. (100점)

≪표 조건≫ (1) 표 전체(표, 캡션) – 돋움, 10pt

(2) 정렬 – 문자 : 가운데 정렬, 숫자 : 오른쪽 정렬

(3) 셀 배경(면색) : 노랑

(4) 한글의 계산 기능을 이용하여 빈칸에 합계를 구하고, 캡션 기능 사용할 것

(5) 선 모양은 ≪출력형태≫와 동일하게 처리할 것

≪출력형태≫

주요 국가별 DOI(단위 : 점)

구분	한국	중국	일본	유럽	합계
인프라	1.07	0.78	0.61	0.55	
활용	0.87	0.63	0.59	0.62	
기회	0.98	0.88	0.98	0.96	
지역 범위	0.78	0.41	0.70	0.54	

≪차트 조건≫ (1) 차트 데이터는 표 내용에서 국가별 인프라, 활용, 기회의 값만 이용할 것

(2) 종류 – 〈묶은 가로 막대형〉으로 작업할 것

(3) 제목 – 궁서, 진하게, 12pt, 속성 – 채우기(하양), 테두리, 그림자(대각선 오른쪽 아래)

【궁서, 진하게, 12pt, 배경 – 선 모양(두 줄로), 그림자(2pt)】

(4) 제목 이외의 전체 글꼴 – 궁서, 보통, 10pt

(5) 축제목과 범례는 ≪출력형태≫와 동일하게 처리할 것

≪출력형태≫

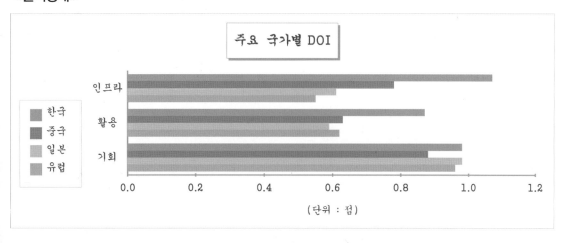

3. 다음 (1), (2)의 수식을 수식 편집기로 각각 입력하시오. (40점)

≪출력형태≫

(1) $\overline{AB} = \sqrt{(a_2 - a_1)^2 + (b_2 - b_1)^2}$

(2) $\begin{pmatrix} a\,b\,c \\ l\,m\,n \end{pmatrix} \begin{pmatrix} x \\ y \\ z \end{pmatrix} = \begin{pmatrix} ax + by + cz \\ lx + my + nz \end{pmatrix}$

4. 다음의 ≪조건≫에 따라 ≪출력형태≫와 같이 문서를 작성하시오. (110점)

≪조건≫

(1) 그리기 도구를 이용하여 작성하고, 모든 도형(글맵시, 지정된 그림 포함)을 ≪출력형태≫와 같이 작성하시오.

(2) 도형의 면색은 지시사항이 없으면 색 없음을 제외하고 서로 다르게 임의로 지정하시오.

≪출력형태≫

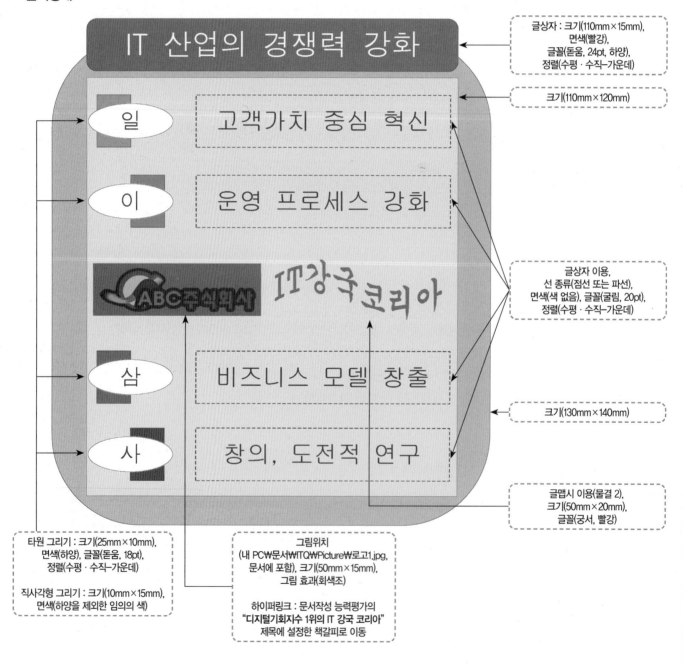

글상자 : 크기(110mm×15mm),
면색(빨강),
글꼴(돋움, 24pt, 하양),
정렬(수평 · 수직-가운데)

크기(110mm×120mm)

글상자 이용,
선 종류(점선 또는 파선),
면색(색 없음), 글꼴(굴림, 20pt),
정렬(수평 · 수직-가운데)

크기(130mm×140mm)

글맵시 이용(물결 2),
크기(50mm×20mm),
글꼴(궁서, 빨강)

타원 그리기 : 크기(25mm×10mm),
면색(하양), 글꼴(돋움, 18pt),
정렬(수평 · 수직-가운데)

직사각형 그리기 : 크기(10mm×15mm),
면색(하양을 제외한 임의의 색)

그림위치
(내 PC₩문서₩ITQ₩Picture₩로고1.jpg,
문서에 포함), 크기(50mm×15mm),
그림 효과(회색조)

하이퍼링크 : 문서작성 능력평가의
"디지털기회지수 1위의 IT 강국 코리아"
제목에 설정한 책갈피로 이동

글꼴 : 궁서, 22pt, 진하게, 가운데 정렬
책갈피 이름 : 디지털기회지수
덧말 넣기

^{정보 통신 인프라}
디지털기회지수 1위의 IT 강국 코리아

문단 첫 글자 장식 기능
글꼴 : 굴림, 면색 : 노랑

그림위치(내 PC₩문서₩ITQ₩Picture₩그림4.jpg, 문서에 포함)
자르기 기능 이용, 크기(45mm×40mm), 바깥 여백 왼쪽 : 2mm

디지털기회지수(DOI)란 인터넷 이용률과 같은 활용 부문과 인터넷 보급률 등의 인프라 부문, 그리고 소득 대비 통신 요금 비율 등의 기회 부문을 총 11가지 지표를 이용해 측정함으로써 한 국가의 정보 통신 발전 정도를 종합적으로 나타내는 척도이다. 정보사회세계정상회의(WSIS)가 채택한 공식 지표로서 경제협력개발기구(OECD)⊙, 국제연합무역개발협의회(UNCTAD), 국제연합교육과학문화기구(UNESCO) 등 11개 국제기구가 검증 합의한 자료로 산출(算出)하기에 그 공신력 또한 매우 높다.

각주

활용 부문의 경우 인터넷 이용자 비율과 고품질 정보 통신 서비스 제공 수준을, 인프라 부문에서는 유무선 네트워크 가입자와 정보 통신 장비의 보급 비율을, 기회 부문에서는 정보 통신 기기 사용 가능성 및 서비스 가능 지역의 범위를 평가한다. 정보 통신 인프라의 구축뿐만 아니라 이용 환경 수준까지 평가하는 것이다. DOI는 2005년 국제전기통신연합(ITU)이 국가 간 정보 사회의 격차를 해소하고 경제 발전을 위한 벤치마킹에 활용하기 위해 제정한 것으로, 세계 190여 개국을 대상으로 평가하여 매년 순위를 발표한다. 우리나라는 지난 2008년까지 4년 연속 세계 1위를 차지하면서 '디지털 강국 코리아'의 위상(位相)을 증명한 바 있다.

♥ ## 정보 격차 해소를 위한 정책

글꼴 : 돋움, 18pt, 하양
음영색 : 빨강

(ㄱ) 교육 및 서비스 지원

　(1) 청각 및 언어 장애인의 의사소통을 위한 통신 중계 서비스 운영

　(2) 장애인 및 고령층을 대상으로 정보화 기초 및 실용 교육 실시

(ㄴ) 기기 지원

　(1) 장애인 및 저소득층에 사랑의 그린 PC 22만여 대 보급

　(2) 장애인을 위한 정보 통신 보조 기기 2만 4천여 대 보급

문단 번호 기능 사용
1수준 : 20pt, 오른쪽 정렬,
2수준 : 30pt, 오른쪽 정렬
줄 간격 : 180%

♥ ## *DOI 지표 및 가중치*

글꼴 : 돋움, 18pt, 기울임, 강조점

표 전체 글꼴 : 돋움, 10pt, 가운데 정렬
셀 배경(그러데이션) : 유형(왼쪽 대각선),
시작색(하양), 끝색(노랑)

구분	지표	가중치	구분	지표	가중치
활용	100명당 인터넷 이용자 수	1/3	인프라	인터넷 이용 가구 비율	1/5
	유선 인터넷 가입자 중 광대역 비율			100명당 무선 인터넷 가입자 수	
	무선 인터넷 가입자 중 광대역 비율		기회	이동 전화 서비스 지역 인구 비율	1/3
인프라	유선 전화 가입자 비율	1/5		소득 대비 이동 전화 요금 비율	
	100명당 이동 전화 가입자 수	1/5		소득 대비 인터넷 요금 비율	

글꼴 : 궁서, 24pt, 진하게
장평 115%, 오른쪽 정렬 ▶ # 과학기술정보통신부

각주 구분선 : 5cm

⊙ 정책조정 및 협력을 통해 경제 공동 발전, 인류의 복지 증진을 도모하는 정부 간 정책연구 협력기구

쪽 번호 매기기
5로 시작 ▶ v

제 10 회   정보기술자격(ITQ) 출제예상 모의고사

과목	코드	문제유형	시험시간	수험번호	성명
아래한글	1111	A	60분		

한컴 오피스

·수험자 유의사항·

● 수험자는 문제지를 받는 즉시 문제지와 **수험표상의 시험과목(프로그램)이 동일한지 반드시 확인**하여야 합니다.
● 파일명은 본인의 "수험번호-성명"으로 입력하여 답안폴더(내 PC₩문서₩ITQ)에 하나의 파일로 저장해야 하며, 답안 문서 파일명이 "수험번호-성명"과 일치하지 않거나, 답안파일을 전송하지 않아 미제출로 처리될 경우 실격 처리합니다 (예: 12345678-홍길동.hwp).
● 답안 작성을 마치면 파일을 저장하고, '답안 전송' 버튼을 선택하여 감독위원 PC로 답안을 전송하십시오. 수험생 정보와 저장한 파일명이 다를 경우 전송되지 않으므로 주의하시기 바랍니다.
● 답안 작성 중에도 **주기적으로 저장하고, '답안 전송'**하여야 문제 발생을 줄일 수 있습니다. 작업한 내용을 저장하지 않고 전송할 경우 이전에 저장된 내용이 전송되오니 이점 유의하시기 바랍니다.
● 답안문서는 지정된 경로 외의 다른 보조기억장치에 저장하는 경우, 지정된 시험 시간 외에 작성된 파일을 활용할 경우, 기타 통신수단(이메일, 메신저, 네트워크 등)을 이용하여 타인에게 전달 또는 외부 반출하는 경우는 부정 처리합니다.
● 시험 중 부주의 또는 고의로 시스템을 파손한 경우는 수험자가 변상해야 하며, 〈수험자 유의사항〉에 기재된 방법대로 이행하지 않아 생기는 불이익은 수험생 당사자의 책임임을 알려 드립니다.
● 문제의 조건은 한컴오피스 2020 버전으로 설정되어 있으며 한컴오피스 NEO는 【 】에 표기되어 있습니다. 이와 관련하여 작성한 답안의 출력형태가 문제지와 다를 수 있습니다.
● 시험을 완료한 수험자는 답안파일이 전송되었는지 확인한 후 감독위원의 지시에 따라 문제지를 제출하고 퇴실합니다.

· 답안 작성요령 ·

● 온라인 답안 작성 절차
  수험자 등록 ⇒ 시험 시작 ⇒ 답안파일 저장 ⇒ 답안 전송 ⇒ 시험 종료
● 공통 부문
  • 글꼴에 대한 기본설정은 함초롬바탕, 10포인트, 검정, 줄간격 160%, 양쪽정렬로 합니다.
  • 색상은 조건의 색을 적용하고 색의 구분이 안 될 경우에는 RGB 값을 적용하십시오.
    (빨강 255, 0, 0 / 파랑 0, 0, 255 / 노랑 255, 255, 0).
  • 각 문항에 주어진 ≪조건≫에 따라 작성하고 언급하지 않은 조건은 ≪출력형태≫와 같이 작성합니다.
  • 용지여백은 왼쪽 · 오른쪽 11㎜, 위쪽 · 아래쪽 · 머리말 · 꼬리말 10㎜, 제본 0㎜로 합니다.
  • 그림 삽입 문제의 경우 「내 PC₩문서₩ITQ₩Picture」 폴더에서 지정된 파일을 선택하여 삽입하십시오.
  • 삽입한 그림은 반드시 문서에 포함하여 저장해야 합니다(미포함 시 감점 처리).
  • 각 항목은 지정된 페이지에 출력형태와 같이 정확히 작성하시기 바라며, 그렇지 않을 경우에 해당 항목은 0점 처리됩니다.
    ※ 페이지구분 : 1페이지 – 기능평가 I (문제번호 표시 : 1. 2.),
            2페이지 – 기능평가 II (문제번호 표시 : 3. 4.),
            3페이지 – 문서작성 능력평가
● 기능평가
  • 문제와 ≪조건≫은 입력하지 않으며 문제번호와 답(≪출력형태≫)만 작성합니다.
  • 4번 문제는 묶기를 했을 경우 0점 처리됩니다.
● 문서작성 능력평가
  • A4용지(210㎜×297㎜) 1매 크기, 세로 서식 문서로 작성합니다.
  • ⎽⎽⎽⎽⎽⎽⎽⎽⎽⎽ 표시는 문서작성에 대한 지시사항이므로 작성하지 않습니다.

kpc 한국생산성본부

1. 다음의 ≪조건≫에 따라 스타일 기능을 적용하여 ≪출력형태≫와 같이 작성하시오. (50점)

≪조건≫ (1) 스타일 이름 – law school

(2) 문단 모양 – 왼쪽 여백 : 10pt, 문단 아래 간격 : 10pt

(3) 글자 모양 – 글꼴 : 한글(궁서)/영문(굴림), 크기 : 10pt, 장평 : 95%, 자간 : 5%

≪출력형태≫

The legal education system in South Korea is similar to that of the UK. In February 2008, the Education Ministry released a final selection of 25 universities approved for the new graduate-level law schools.

2019년 로스쿨 원서접수가 지난 5일 마무리된 결과, 최종 2,000명 모집에 9,424명이 지원하여 평균 4.71 대 1의 경쟁률을 기록했다. 이는 지난해 평균 경쟁률 5.19 대 1보다 0.48 대 1 낮아진 수치이다.

2. 다음의 ≪조건≫에 따라 ≪출력형태≫와 같이 표와 차트를 작성하시오. (100점)

≪표 조건≫ (1) 표 전체(표, 캡션) – 굴림, 10pt

(2) 정렬 – 문자 : 가운데 정렬, 숫자 : 오른쪽 정렬

(3) 셀 배경(면색) : 노랑

(4) 한글의 계산 기능을 이용하여 빈칸에 평균(소수점 두 자리)을 구하고, 캡션 기능 사용할 것

(5) 선 모양은 ≪출력형태≫와 동일하게 처리할 것

≪출력형태≫   연도별 로스쿨 입시 경쟁률 순위(단위 : 대 1)

구분	2016년	2017년	2018년	2019년	평균
서강대	8.71	8.30	7.35	7.38	
원광대	9.60	9.17	10.13	8.87	
동아대	9.20	8.15	8.90	8.73	
영남대	8.41	8.10	7.00	8.83	

≪차트 조건≫ (1) 차트 데이터는 표 내용에서 연도별 서강대, 원광대, 동아대의 값만 이용할 것

(2) 종류 – 〈묶은 세로 막대형〉으로 작업할 것

(3) 제목 – 돋움, 진하게, 12pt, 속성 – 채우기(하양), 테두리, 그림자(대각선 오른쪽 아래)

【돋움, 진하게, 12pt, 배경 – 선 모양(한 줄로), 그림자(2pt)】

(4) 제목 이외의 전체 글꼴 – 돋움, 보통, 10pt

(5) 축제목과 범례는 ≪출력형태≫와 동일하게 처리할 것

≪출력형태≫

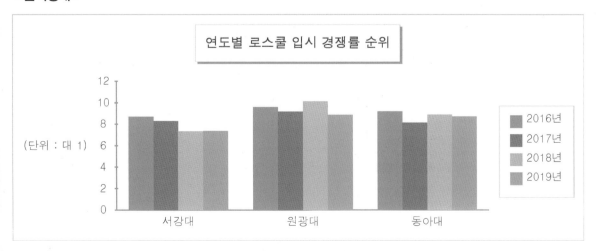

3. 다음 (1), (2)의 수식을 수식 편집기로 각각 입력하시오. (40점)

≪출력형태≫

(1) $f'(x) = \lim_{\triangle x \to 0} \dfrac{f(x + \triangle x) + f(x)}{\triangle x}$

(2) $\sqrt{a^2} = a = \begin{cases} a & (a > 0) \\ -a & (a < 0) \end{cases}$

4. 다음의 ≪조건≫에 따라 ≪출력형태≫와 같이 문서를 작성하시오. (110점)

≪조건≫

(1) 그리기 도구를 이용하여 작성하고, 모든 도형(글맵시, 지정된 그림 포함)을 ≪출력형태≫와 같이 작성하시오.

(2) 도형의 면색은 지시사항이 없으면 색 없음을 제외하고 서로 다르게 임의로 지정하시오.

≪출력형태≫

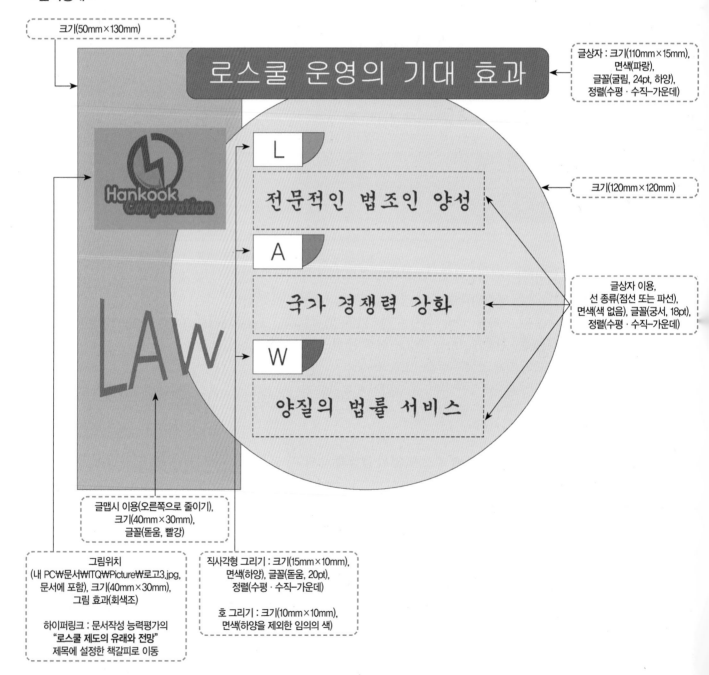

크기(50mm×130mm)

글상자 : 크기(110mm×15mm), 면색(파랑), 글꼴(굴림, 24pt, 하양), 정렬(수평 · 수직-가운데)

크기(120mm×120mm)

글상자 이용, 선 종류(점선 또는 파선), 면색(색 없음), 글꼴(궁서, 18pt), 정렬(수평 · 수직-가운데)

글맵시 이용(오른쪽으로 줄이기), 크기(40mm×30mm), 글꼴(돋움, 빨강)

그림위치
(내 PC₩문서₩ITQ₩Picture₩로고3.jpg, 문서에 포함), 크기(40mm×30mm), 그림 효과(회색조)

하이퍼링크 : 문서작성 능력평가의 **"로스쿨 제도의 유래와 전망"** 제목에 설정한 책갈피로 이동

직사각형 그리기 : 크기(15mm×10mm), 면색(하양), 글꼴(돋움, 20pt), 정렬(수평 · 수직-가운데)

호 그리기 : 크기(10mm×10mm), 면색(하양을 제외한 임의의 색)

글꼴 : 돋움, 22pt, 진하게, 가운데 정렬
책갈피 이름 : 법학전문대학원
덧말 넣기

머리말 기능
궁서, 10pt, 오른쪽 정렬 → 로스쿨 운영

law school
로스쿨 제도의 유래와 전망

문단 첫 글자 장식 기능
글꼴 : 궁서, 면색 : 노랑

그림위치(내 PC₩문서₩ITQ₩Picture₩그림4.jpg, 문서에 포함)
자르기 기능 이용, 크기(40mm×45mm), 바깥 여백 왼쪽 : 2mm

미국에서 유래된 법률가 양성 학교인 로스쿨 제도가 우리나라에서도 2009년 3월부터 시행되고 있다. 미국에서는 대학의 학부 과정에서 법률을 교육하지 않고 법률 외의 과목을 전공한 졸업자를 전형하여 3년제의 로스쿨에서 가르친다. 일부 로스쿨에서는 특별히 우수한 학생이거나 예외적인 경우에 한하여 대학 3학년 수료자의 입학을 인정하는 경우도 있다. 법학전문대학원을 뜻하는 이 로스쿨 제도가 미국에서 최초로 도입(導入)된 것은 1670년이며, 법학 교육의 지배적인 제도로 자리 잡은 것은 1930년대이다.

　하루가 다르게 급변하는 우리 사회는 그 규모가 커지면서 각 분야에서 법률 서비스의 국제화와 다양화의 요구가 높아지고, 질적으로 복잡해지는 법적 분쟁(紛爭)을 효율적으로 해결할 수 있는 전문 영역의 법 지식을 강조하게 되었다. 법률 서비스 시장의 개방에 대비하기 위해 외국어 능력과 국제법 지식을 갖춘 법조인의 양성도 필요한 시점에 이르렀다. 이러한 배경 속에서 본 제도가 도입되었으며 학부 전공 과목과 상관없이 4년제 대학 졸업자는 로스쿨 진학을 위한 법학적성시험㉮을 통과하여 3년제 과정에서 최소 6학기를 이수한 학생에 대해 변호사 자격시험에 응시할 수 있는 기회가 주어진다. 기존의 사법고시는 2009년부터 8년 동안 로스쿨 제도와 병행하여 실시되다가 2017년 12월 31일에 폐지되었다. 〔각주〕

▶ 로스쿨의 개요

글꼴 : 궁서, 18pt, 하양
음영색 : 파랑

　가) 입학 조건
　　a) 자격 : 전공 무관 4년제 학사학위 취득(학점은행제로 동등한 학력 취득 가능)
　　b) 전형요소 : LEET(법학적성시험), 외국어 능력 시험, GPA(전적대 성적 요구), 논술 및 면접
　나) 도입 목적과 운용
　　a) 법학교육의 정상화와 우수한 법조인의 양성
　　b) 국가 우수 인력의 효율적 배분

문단 번호 기능 사용
1수준 : 20pt, 오른쪽 정렬,
2수준 : 30pt, 오른쪽 정렬
줄 간격 : 180%

▶ 로스쿨 과목구성 자료

글꼴 : 궁서, 18pt, 기울임, 강조점

표 전체 글꼴 : 굴림, 10pt, 가운데 정렬
셀 배경(그러데이션) : 유형(왼쪽 대각선),
시작색(노랑), 끝색(하양)

과목	계열	내용
기본 법학과목	공법계	헌법 및 행정법 관련 과목
	형사계	형법 및 형사소송법 관련 과목
	민법계	민법, 상법, 민사소송법 관련 과목
기초 법학과목 및 인접과목	기초 법학과목	법철학, 법사학, 법사회학, 비교법학, 외국법 관련 과목
	인접과목	경제학, 인류학, 정치학, 행정학, 심리학, 통계학, 경영학 등

글꼴 : 궁서, 24pt, 진하게
장평 110%, 오른쪽 정렬
법학전문대학원평가위원회

각주 구분선 : 5cm

㉮ 로스쿨에서의 기본 수학능력과 법조인의 기본적 자질 및 적성을 평가하기 위한 시험

쪽 번호 매기기
2로 시작 → 2

제 11 회 정보기술자격(ITQ) 출제예상 모의고사

과목	코드	문제유형	시험시간	수험번호	성명
아래한글	1111	A	60분		

한컴 오피스

·수험자 유의사항·

- 수험자는 문제지를 받는 즉시 문제지와 **수험표상의 시험과목(프로그램)이 동일한지 반드시 확인**하여야 합니다.
- 파일명은 본인의 "수험번호-성명"으로 입력하여 답안폴더(내 PC\문서\ITQ)에 하나의 파일로 저장해야 하며, 답안 문서 파일명이 "수험번호-성명"과 일치하지 않거나, 답안파일을 전송하지 않아 미제출로 처리될 경우 실격 처리합니다 (예: 12345678-홍길동.hwp).
- 답안 작성을 마치면 파일을 저장하고, '답안 전송' 버튼을 선택하여 감독위원 PC로 답안을 전송하십시오. 수험생 정보와 저장한 파일명이 다를 경우 전송되지 않으므로 주의하시기 바랍니다.
- 답안 작성 중에도 **주기적으로 저장하고, '답안 전송'**하여야 문제 발생을 줄일 수 있습니다. 작업한 내용을 저장하지 않고 전송할 경우 이전에 저장된 내용이 전송되오니 이점 유의하시기 바랍니다.
- 답안문서는 지정된 경로 외의 다른 보조기억장치에 저장하는 경우, 지정된 시험 시간 외에 작성된 파일을 활용할 경우, 기타 통신수단(이메일, 메신저, 네트워크 등)을 이용하여 타인에게 전달 또는 외부 반출하는 경우는 부정 처리합니다.
- 시험 중 부주의 또는 고의로 시스템을 파손한 경우는 수험자가 변상해야 하며, 〈수험자 유의사항〉에 기재된 방법대로 이행하지 않아 생기는 불이익은 수험생 당사자의 책임임을 알려 드립니다.
- 문제의 조건은 한컴오피스 2020 버전으로 설정되어 있으며 한컴오피스 NEO는 【 】에 표기되어 있습니다. 이와 관련하여 작성한 답안의 출력형태가 문제지와 다를 수 있습니다.
- 시험을 완료한 수험자는 답안파일이 전송되었는지 확인한 후 감독위원의 지시에 따라 문제지를 제출하고 퇴실합니다.

· 답안 작성요령 ·

- 온라인 답안 작성 절차
  수험자 등록 ⇒ 시험 시작 ⇒ 답안파일 저장 ⇒ 답안 전송 ⇒ 시험 종료
- 공통 부문
  - 글꼴에 대한 기본설정은 함초롬바탕, 10포인트, 검정, 줄간격 160%, 양쪽정렬로 합니다.
  - 색상은 조건의 색을 적용하고 색의 구분이 안 될 경우에는 RGB 값을 적용하십시오.
    (빨강 255, 0, 0 / 파랑 0, 0, 255 / 노랑 255, 255, 0).
  - 각 문항에 주어진 《조건》에 따라 작성하고 언급하지 않은 조건은 《출력형태》와 같이 작성합니다.
  - 용지여백은 왼쪽·오른쪽 11mm, 위쪽·아래쪽·머리말·꼬리말 10mm, 제본 0mm로 합니다.
  - 그림 삽입 문제의 경우 「내 PC\문서\ITQ\Picture」 폴더에서 지정된 파일을 선택하여 삽입하십시오.
  - 삽입한 그림은 반드시 문서에 포함하여 저장해야 합니다(미포함 시 감점 처리).
  - 각 항목은 지정된 페이지에 출력형태와 같이 정확히 작성하시기 바라며, 그렇지 않을 경우에 해당 항목은 0점 처리됩니다.
    ※ 페이지구분 : 1페이지 – 기능평가 I (문제번호 표시 : 1. 2.),
    　　　　　　　2페이지 – 기능평가 II (문제번호 표시 : 3. 4.),
    　　　　　　　3페이지 – 문서작성 능력평가
- 기능평가
  - 문제와 《조건》은 입력하지 않으며 문제번호와 답(《출력형태》)만 작성합니다.
  - 4번 문제는 묶기를 했을 경우 0점 처리됩니다.
- 문서작성 능력평가
  - A4용지(210mm×297mm) 1매 크기, 세로 서식 문서로 작성합니다.
  - ⎧　　　　　⎫ 표시는 문서작성에 대한 지시사항이므로 작성하지 않습니다.

kpc 한국생산성본부

1. 다음의 ≪조건≫에 따라 스타일 기능을 적용하여 ≪출력형태≫와 같이 작성하시오. (50점)

≪조건≫ (1) 스타일 이름 – mud

(2) 문단 모양 – 첫 줄 들여쓰기 : 15pt, 문단 아래 간격 : 10pt

(3) 글자 모양 – 글꼴 : 한글(돋움)/영문(궁서), 크기 : 10pt, 장평 : 97%, 자간 : –3%

≪출력형태≫

Boryeong city has abundant resources and beautiful scenery with mountains and beaches. Boryeong mud festival has been held at Daecheon beach, there is a unique shell-powered sandy beach only found in eastern countries.

보령머드축제는 동양에서 유일한 패각분 백사장을 자랑하는 대천해수욕장에서 개최하여 해수욕 및 머드체험을 동시에 체험할 수 있으며 머드분말을 이용한 머드마사지가 운영되고 있다.

2. 다음의 ≪조건≫에 따라 ≪출력형태≫와 같이 표와 차트를 작성하시오. (100점)

≪표 조건≫ (1) 표 전체(표, 캡션) – 궁서, 10pt

(2) 정렬 – 문자 : 가운데 정렬, 숫자 : 오른쪽 정렬

(3) 셀 배경(면색) : 노랑

(4) 한글의 계산 기능을 이용하여 빈칸에 합계를 구하고, 캡션 기능 사용할 것

(5) 선 모양은 ≪출력형태≫와 동일하게 처리할 것

≪출력형태≫   국내 관광객 현황(단위 : 천 명)

구분	2015년	2016년	2017년	2018년	합계
충청도	48,900	51,000	49,600	47,440	
강원도	47,200	46,800	48,400	44,800	
제주도	61,000	63,900	59,600	57,300	
부산광역시	52,600	53,100	51,700	50,900	✕

≪차트 조건≫ (1) 차트 데이터는 표 내용에서 연도별 충청도, 강원도, 제주도의 값만 이용할 것

(2) 종류 – 〈묶은 가로 막대형〉으로 작업할 것

(3) 제목 – 굴림, 진하게, 12pt, 속성 – 채우기(하양), 테두리, 그림자(대각선 오른쪽 아래)

【굴림, 진하게, 12pt, 배경 – 선 모양(한 줄로), 그림자(2pt)】

(4) 제목 이외의 전체 글꼴 – 굴림, 보통, 10pt

(5) 축제목과 범례는 ≪출력형태≫와 동일하게 처리할 것

≪출력형태≫

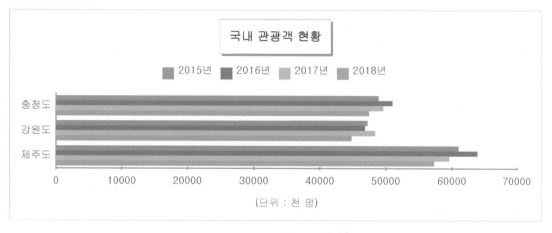

3. 다음 (1), (2)의 수식을 수식 편집기로 각각 입력하시오. (40점)

≪출력형태≫

(1) $\displaystyle\sum_{k=1}^{n}\frac{1}{k(k+a)}=\sum_{k=1}^{n}\frac{1}{a}\left(\frac{1}{k}-\frac{1}{k+a}\right)$

(2) $\displaystyle\frac{x}{\sqrt{a}-\sqrt{b}}=\frac{x(\sqrt{a}+\sqrt{b})}{a-b}$

4. 다음의 ≪조건≫에 따라 ≪출력형태≫와 같이 문서를 작성하시오. (110점)

≪조건≫

(1) 그리기 도구를 이용하여 작성하고, 모든 도형(글맵시, 지정된 그림 포함)을 ≪출력형태≫와 같이 작성하시오.

(2) 도형의 면색은 지시사항이 없으면 색 없음을 제외하고 서로 다르게 임의로 지정하시오.

≪출력형태≫

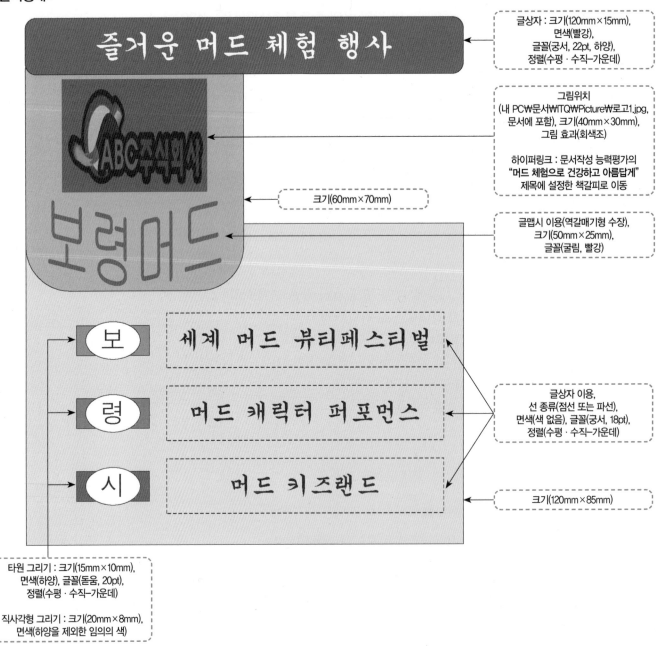

글상자 : 크기(120mm×15mm),
면색(빨강),
글꼴(궁서, 22pt, 하양),
정렬(수평·수직-가운데)

그림위치
(내 PC₩문서₩ITQ₩Picture₩로고1.jpg,
문서에 포함), 크기(40mm×30mm),
그림 효과(회색조)

하이퍼링크 : 문서작성 능력평가의
"머드 체험으로 건강하고 아름답게"
제목에 설정한 책갈피로 이동

크기(60mm×70mm)

글맵시 이용(역갈매기형 수장),
크기(50mm×25mm),
글꼴(굴림, 빨강)

글상자 이용,
선 종류(점선 또는 파선),
면색(색 없음), 글꼴(궁서, 18pt),
정렬(수평·수직-가운데)

크기(120mm×85mm)

타원 그리기 : 크기(15mm×10mm),
면색(하양), 글꼴(돋움, 20pt),
정렬(수평·수직-가운데)

직사각형 그리기 : 크기(20mm×8mm),
면색(하양을 제외한 임의의 색)

글꼴 : 궁서, 20pt, 진하게, 가운데 정렬
책갈피 이름 : 보령머드
덧말 넣기

머리말 기능
굴림, 10pt, 오른쪽 정렬 → 젊고 힘이 넘치는 축제

2019 보령머드축제
머드 체험으로 건강하고 아름답게

문단 첫 글자 장식 기능
글꼴 : 궁서, 면색 : 노랑

그림위치(내 PC₩문서₩ITQ₩Picture₩그림4.jpg, 문서에 포함)
자르기 기능 이용, 크기(45mm×35mm), 바깥 여백 왼쪽 : 2mm

　머 드 축제로 유명한 충남 보령의 대천해수욕장에 위치하고 있는 보령머드체험관은 각종 머드 관련 서비스를 사계절 내내 이용할 수 있는 국내 유일의 시설이다. 최대 총 460명을 동시에 수용할 수 있는 대형 규모로서 2003년부터 3년 동안 총 70억 원의 예산으로 건립되었다. 1층은 남자 전용 시설, 2층은 여자 전용 시설과 머드 전시 홍보관으로 구성되어 있으며, 각 층에 마련된 첨단 마사지실과 체험실에서 머드탕, 해수탕, 머드 마사지, 머드 스킨케어, 머드 사우나, 스파 및 아로마탕을 즐길 수 있다.

각주 　예로부터 풍부한 자원과 절경을 자랑하던 이곳 보령시가 1996년 대천해수욕장 인근의 청정(淸淨) 갯벌에서 양질의 바다 진흙을 채취하여 머드팩 등의 화장품을 개발하게 되었다. 머드는 일반적으로 세포 활동 활성화, 신진대사ⓐ 촉진(促進) 등 인체에 유익한 원적외선이 다량 방출되며, 노화 방지, 탄력 회복 등 피부 미용에 탁월한 광물질이 풍부하다고 알려져 있다. 특히 보령산 머드는 외국산에 비하여 게르마늄과 미네랄의 함량이 높아 화장품의 원료로서 그 뛰어난 효능이 입증되었다. 이 같은 보령 머드의 우수성을 알리고 지역 관광 명소를 홍보하고자 1998년부터 보령머드축제가 개최되어 올해로 22회를 맞으며 세계적인 행사로 발돋움하고 있다.

★ 체험관의 시설 현황과 머드 상품의 종류

글꼴 : 바탕, 18pt, 하양
음영색 : 빨강

　A. 시설 현황

　　1. 첨단 마사지실 : 캡슐 2개, 침상 8개, 머드 사우나, 스파 및 아로마탕

　　2. 체험실 : 머드탕, 해수탕, 민물/머드 사우나, 샤워실 등

　B. 머드 상품의 종류

문단 번호 기능 사용
1수준 : 20pt, 오른쪽 정렬,
2수준 : 30pt, 오른쪽 정렬
줄 간격 : 180%

　　1. 화장품 : 스킨/로션, 비누, 클렌징 제품, 크림, 에센스, 마스크 팩, 오일 등

　　2. 바디 및 헤어 용품 : 바디클렌저, 샴푸/린스

표 전체 글꼴 : 돋움, 10pt, 가운데 정렬
셀 배경(그러데이션) : 유형(가운데에서),
시작색(하양), 끝색(노랑)

★ 체험 행사 내용　글꼴 : 바탕, 18pt, 밑줄, 강조점

구분	시간	장소	행사명
체험 행사	09:30 - 18:00	머드광장	머드셀프마사지 체험 / 일반존 체험시설 (성인)
		갯벌체험장	갯벌 체험 / 갯벌 마라톤 대회 (외국인)
		해변특설무대	머드몹씬 / 해양 어드벤처 체험
연계 행사	11:00 - 14:00	시민탑광장 앞바다	요트체험 / 패밀리존 체험 (가족 및 어린이)
	상시	차 없는 거리	버스킹 공연
야간 행사	18:00 - 21:00	해변특설무대	머드나잇몹씬 / 관광객과 함께하기 이벤트

글꼴 : 궁서, 24pt, 진하게
장평 120%, 오른쪽 정렬 → **보 령 축 제 관 광 재 단**

각주 구분선 : 5cm

ⓐ 섭취한 영양소를 분해하여 에너지를 생성하고 불필요한 물질을 몸 밖으로 내보내는 작용

쪽 번호 매기기
5로 시작 → 五

제 12 회 정보기술자격(ITQ) 출제예상 모의고사

과목	코드	문제유형	시험시간	수험번호	성명
아래한글	1111	A	60분		

한컴 오피스

·수험자 유의사항·

- 수험자는 문제지를 받는 즉시 문제지와 **수험표상의 시험과목(프로그램)이 동일한지 반드시 확인**하여야 합니다.
- 파일명은 본인의 "수험번호-성명"으로 입력하여 답안폴더(내 PC₩문서₩ITQ)에 하나의 파일로 저장해야 하며, 답안문서 파일명이 "수험번호-성명"과 일치하지 않거나, 답안파일을 전송하지 않아 미제출로 처리될 경우 실격 처리합니다(예: 12345678-홍길동.hwp).
- 답안 작성을 마치면 파일을 저장하고, '답안 전송' 버튼을 선택하여 감독위원 PC로 답안을 전송하십시오. 수험생 정보와 저장한 파일명이 다를 경우 전송되지 않으므로 주의하시기 바랍니다.
- 답안 작성 중에도 **주기적으로 저장하고, '답안 전송'**하여야 문제 발생을 줄일 수 있습니다. 작업한 내용을 저장하지 않고 전송할 경우 이전에 저장된 내용이 전송되오니 이점 유의하시기 바랍니다.
- 답안문서는 지정된 경로 외의 다른 보조기억장치에 저장하는 경우, 지정된 시험 시간 외에 작성된 파일을 활용할 경우, 기타 통신수단(이메일, 메신저, 네트워크 등)을 이용하여 타인에게 전달 또는 외부 반출하는 경우는 부정 처리합니다.
- 시험 중 부주의 또는 고의로 시스템을 파손한 경우는 수험자가 변상해야 하며, 〈수험자 유의사항〉에 기재된 방법대로 이행하지 않아 생기는 불이익은 수험생 당사자의 책임임을 알려 드립니다.
- 문제의 조건은 한컴오피스 2020 버전으로 설정되어 있으며 한컴오피스 NEO는 【 】에 표기되어 있습니다. 이와 관련하여 작성한 답안의 출력형태가 문제지와 다를 수 있습니다.
- 시험을 완료한 수험자는 답안파일이 전송되었는지 확인한 후 감독위원의 지시에 따라 문제지를 제출하고 퇴실합니다.

·답안 작성요령·

- 온라인 답안 작성 절차
  수험자 등록 ⇒ 시험 시작 ⇒ 답안파일 저장 ⇒ 답안 전송 ⇒ 시험 종료
- 공통 부문
  - 글꼴에 대한 기본설정은 함초롬바탕, 10포인트, 검정, 줄간격 160%, 양쪽정렬로 합니다.
  - 색상은 조건의 색을 적용하고 색의 구분이 안 될 경우에는 RGB 값을 적용하십시오.
    (빨강 255, 0, 0 / 파랑 0, 0, 255 / 노랑 255, 255, 0).
  - 각 문항에 주어진 ≪조건≫에 따라 작성하고 언급하지 않은 조건은 ≪출력형태≫와 같이 작성합니다.
  - 용지여백은 왼쪽 · 오른쪽 11㎜, 위쪽 · 아래쪽 · 머리말 · 꼬리말 10㎜, 제본 0㎜로 합니다.
  - 그림 삽입 문제의 경우 「내 PC₩문서₩ITQ₩Picture」 폴더에서 지정된 파일을 선택하여 삽입하십시오.
  - 삽입한 그림은 반드시 문서에 포함하여 저장해야 합니다(미포함 시 감점 처리).
  - 각 항목은 지정된 페이지에 출력형태와 같이 정확히 작성하시기 바라며, 그렇지 않을 경우에 해당 항목은 0점 처리됩니다.
    ※ 페이지구분 : 1페이지 – 기능평가 I (문제번호 표시 : 1. 2.),
    2페이지 – 기능평가 II (문제번호 표시 : 3. 4.),
    3페이지 – 문서작성 능력평가
- 기능평가
  - 문제와 ≪조건≫은 입력하지 않으며 문제번호와 답(≪출력형태≫)만 작성합니다.
  - 4번 문제는 묶기를 했을 경우 0점 처리됩니다.
- 문서작성 능력평가
  - A4용지(210㎜×297㎜) 1매 크기, 세로 서식 문서로 작성합니다.
  - ( ) 표시는 문서작성에 대한 지시사항이므로 작성하지 않습니다.

kpc 한국생산성본부

1. 다음의 ≪조건≫에 따라 스타일 기능을 적용하여 ≪출력형태≫와 같이 작성하시오. (50점)

≪조건≫ (1) 스타일 이름 – water

(2) 문단 모양 – 왼쪽 여백 : 15pt, 문단 아래 간격 : 10pt

(3) 글자 모양 – 글꼴 : 한글(굴림)/영문(돋움), 크기 : 10pt, 장평 : 105%, 자간 : –5%

≪출력형태≫

To function properly, the body requires between one and seven liters of water per day to avoid dehydration the precise amount depends on the level of activity, temperature, humidity, and other factors.

체내에 수분이 부족해지면 세포에 노폐물이 쌓이고 에너지 대사도 느려져 온 몸이 무기력해지고 피로감이 몰려 오게 됩니다. 신체의 기능을 원활하게 하려면 하루 평균 2L의 물을 섭취할 필요가 있습니다.

2. 다음의 ≪조건≫에 따라 ≪출력형태≫와 같이 표와 차트를 작성하시오. (100점)

≪표 조건≫ (1) 표 전체(표, 캡션) – 돋움, 10pt

(2) 정렬 – 문자 : 가운데 정렬, 숫자 : 오른쪽 정렬

(3) 셀 배경(면색) : 노랑

(4) 한글의 계산 기능을 이용하여 빈칸에 합계를 구하고, 캡션 기능 사용할 것

(5) 선 모양은 ≪출력형태≫와 동일하게 처리할 것

≪출력형태≫

용수 수요 전망(단위 : 억 톤)

구분	2014년	2016년	2018년	2020년	합계
한강	127.5	128.0	127.7	128.2	
낙동강	96.5	97.3	98.2	97.1	
금강	68.1	71.1	73.7	72.8	
영산강 및 섬진강	53.6	55.8	57.1	58.4	

≪차트 조건≫ (1) 차트 데이터는 표 내용에서 연도별 한강, 낙동강, 금강의 값만 이용할 것

(2) 종류 – 〈묶은 세로 막대형〉으로 작업할 것

(3) 제목 – 바탕, 진하게, 12pt, 속성 – 채우기(하늘색 80%), 테두리, 그림자(대각선 오른쪽 아래)
【바탕, 진하게, 12pt, 배경 – 선 모양(한 줄로), 그림자(2pt)】

(4) 제목 이외의 전체 글꼴 – 궁서, 보통, 10pt

(5) 축제목과 범례는 ≪출력형태≫와 동일하게 처리할 것

≪출력형태≫

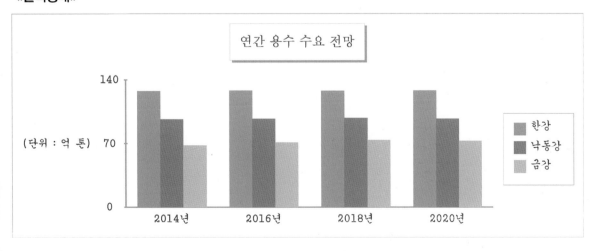

3. 다음 (1), (2)의 수식을 수식 편집기로 각각 입력하시오. (40점)

≪출력형태≫

(1) $\tan A = \dfrac{1}{\tan(90° - A)} = \dfrac{1}{\tan b}$

(2) $y - y_1 = \dfrac{y_2 - y_1}{x_2 - x_1}(x - x_1)$

4. 다음의 ≪조건≫에 따라 ≪출력형태≫와 같이 문서를 작성하시오. (110점)

≪조건≫

(1) 그리기 도구를 이용하여 작성하고, 모든 도형(글맵시, 지정된 그림 포함)을 ≪출력형태≫와 같이 작성하시오.

(2) 도형의 면색은 지시사항이 없으면 색 없음을 제외하고 서로 다르게 임의로 지정하시오.

≪출력형태≫

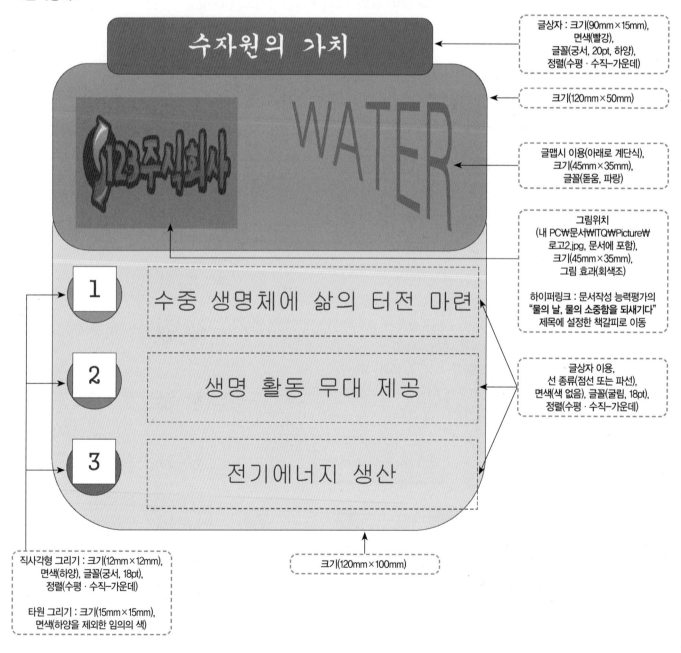

글꼴 : 굴림, 22pt, 진하게, 가운데 정렬
책갈피 이름 : 수자원
덧말 넣기

머리말 기능
궁서, 10pt, 오른쪽 정렬 → 수자원 관리

물 절약 실천
물의 날, 물의 소중함을 되새기다

문단 첫 글자 장식 기능
글꼴 : 돋움, 면색 : 노랑

그림위치(내 PC\문서\ITQ\Picture\그림5.jpg, 문서에 포함)
자르기 기능 이용, 크기(40mm×35mm), 바깥 여백 왼쪽 : 2mm

지구상에 존재하는 물 가운데 약 97.5%가 바닷물이며, 1.7%는 극지방에서 빙상과 빙하로 존재하고, 약 0.8%만이 식수와 관개용수 및 공업용수로 이용할 수 있다. 물은 생명체의 근원이 될 뿐만 아니라 인간의 음용수 및 생활용수를 비롯하여 농업용수와 공업용수로 중요하게 활용되고 있으며, 생태계의 기능을 유지시키는 역할을 한다. 물 소비량이 크게 늘어 1인당 하루 평균 300L 이상을 쓰는 미국에서는 가정생활, 잔디, 스프링클러, 세차 등으로 엄청난 양의 물을 소비(消費)하고 있다. 그러나 케냐의 시골 주민들은 최소 생존량인 80L에서 크게 모자라는 단 5L의 물을 쓰고 있다.

　물은 우리 삶에 없어서는 안 될 필수 요소로 인간뿐 아니라 살아 있는 모든 생물에 있어 중요한 생명의 근원(根源)이다. 지금 세계는 생태계 파괴, 온실 효과 등에 기인한 이상 기후, 인구의 도시 집중화, 경제 성장에 따른 수질 오염 등으로 극심한 물 부족 현상을 겪고 있다. 유엔은 매년 3월 22일을 '세계 물의 날[1]로 정했으며, 우리나라도 1995년부터 공식 기념행사를 하고 있다. 세계 물의 날을 제정한 것은 먹는 물 공급과 수자원 보존의 중요성을 인식시켜 국제 사회가 물 문제 해결에 나서도록 독려하려는 취지이다.

각주

◆ 물 절약 실천법

글꼴 : 돋움, 18pt, 하양
음영색 : 파랑

1) 가정에서의 실천 수칙
　　a) 양치질과 세수를 할 때 물을 받아서 씁니다.
　　b) 세탁은 한 번에 모아서 합니다.
2) 물 다시 쓰기
　　a) 빗물을 모아서 사용합니다.
　　b) 중수도를 사용합니다.

문단 번호 기능 사용
1수준 : 20pt, 오른쪽 정렬,
2수준 : 30pt, 오른쪽 정렬
줄 간격 : 180%

◆ *국가별 1인당 연간 재생 가능 수자원량*

글꼴 : 돋움, 18pt, 기울임, 강조점

표 전체 글꼴 : 굴림, 10pt, 가운데 정렬
셀 배경(그러데이션) : 유형(가로)【수평】,
시작색(하양), 끝색(노랑)

순위	국가명	수자원량	순위	국가명	수자원량
129위	한국	2,091	127위	독일	2,117
106위	일본	3,383	152위	이스라엘	1,885
123위	영국	2,844	168위	이집트	1,469
119위	중국	3,161	202위	레바논	1,262

한국수자원공사

글꼴 : 돋움, 24pt, 진하게
장평 95%, 가운데 정렬

각주 구분선 : 5cm

[1] 인구와 경제활동의 증가로 인해 수질이 오염되고 물이 부족해지자 UN이 경각심을 일깨우기 위해 정한 날

쪽 번호 매기기
4로 시작 → 라

제 13 회 정보기술자격(ITQ) 출제예상 모의고사

과목	코드	문제유형	시험시간	수험번호	성명
아래한글	1111	A	60분		

한컴 오피스

·수험자 유의사항·

- 수험자는 문제지를 받는 즉시 문제지와 **수험표상의 시험과목(프로그램)이 동일한지 반드시 확인**하여야 합니다.
- 파일명은 본인의 "수험번호-성명"으로 입력하여 답안폴더(내 PC₩문서₩ITQ)에 하나의 파일로 저장해야 하며, 답안 문서 파일명이 "수험번호-성명"과 일치하지 않거나, 답안파일을 전송하지 않아 미제출로 처리될 경우 실격 처리합니다 (예: 12345678-홍길동.hwp).
- 답안 작성을 마치면 파일을 저장하고, '답안 전송' 버튼을 선택하여 감독위원 PC로 답안을 전송하십시오. 수험생 정보와 저장한 파일명이 다를 경우 전송되지 않으므로 주의하시기 바랍니다.
- 답안 작성 중에도 **주기적으로 저장하고, '답안 전송'**하여야 문제 발생을 줄일 수 있습니다. 작업한 내용을 저장하지 않고 전송할 경우 이전에 저장된 내용이 전송되오니 이점 유의하시기 바랍니다.
- 답안문서는 지정된 경로 외의 다른 보조기억장치에 저장하는 경우, 지정된 시험 시간 외에 작성된 파일을 활용할 경우, 기타 통신수단(이메일, 메신저, 네트워크 등)을 이용하여 타인에게 전달 또는 외부 반출하는 경우는 부정 처리합니다.
- 시험 중 부주의 또는 고의로 시스템을 파손한 경우는 수험자가 변상해야 하며, 〈수험자 유의사항〉에 기재된 방법대로 이행하지 않아 생기는 불이익은 수험생 당사자의 책임임을 알려 드립니다.
- 문제의 조건은 한컴오피스 2020 버전으로 설정되어 있으며 한컴오피스 NEO는 【 】에 표기되어 있습니다. 이와 관련하여 작성한 답안의 출력형태가 문제지와 다를 수 있습니다.
- 시험을 완료한 수험자는 답안파일이 전송되었는지 확인한 후 감독위원의 지시에 따라 문제지를 제출하고 퇴실합니다.

· 답안 작성요령 ·

- 온라인 답안 작성 절차
  수험자 등록 ⇒ 시험 시작 ⇒ 답안파일 저장 ⇒ 답안 전송 ⇒ 시험 종료
- 공통 부문
  - 글꼴에 대한 기본설정은 함초롬바탕, 10포인트, 검정, 줄간격 160%, 양쪽정렬로 합니다.
  - 색상은 조건의 색을 적용하고 색의 구분이 안 될 경우에는 RGB 값을 적용하십시오. (빨강 255, 0, 0 / 파랑 0, 0, 255 / 노랑 255, 255, 0).
  - 각 문항에 주어진 《조건》에 따라 작성하고 언급하지 않은 조건은 《출력형태》와 같이 작성합니다.
  - 용지여백은 왼쪽·오른쪽 11mm, 위쪽·아래쪽·머리말·꼬리말 10mm, 제본 0mm로 합니다.
  - 그림 삽입 문제의 경우「내 PC₩문서₩ITQ₩Picture」폴더에서 지정된 파일을 선택하여 삽입하십시오.
  - 삽입한 그림은 반드시 문서에 포함하여 저장해야 합니다(미포함 시 감점 처리).
  - 각 항목은 지정된 페이지에 출력형태와 같이 정확히 작성하시기 바라며, 그렇지 않을 경우에 해당 항목은 0점 처리됩니다.
    ※ 페이지구분 : 1페이지 - 기능평가 I (문제번호 표시 : 1. 2.).
    　　　　　　　 2페이지 - 기능평가 II (문제번호 표시 : 3. 4.).
    　　　　　　　 3페이지 - 문서작성 능력평가
- 기능평가
  - 문제와 《조건》은 입력하지 않으며 문제번호와 답(《출력형태》)만 작성합니다.
  - 4번 문제는 묶기를 했을 경우 0점 처리됩니다.
- 문서작성 능력평가
  - A4용지(210mm×297mm) 1매 크기, 세로 서식 문서로 작성합니다.
  - ⌐⎯⎯⎯⎯⎯⎯⎯⎯⌐ 표시는 문서작성에 대한 지시사항이므로 작성하지 않습니다.

kpc 한국생산성본부

1. 다음의 《조건》에 따라 스타일 기능을 적용하여 《출력형태》와 같이 작성하시오. (50점)

《조건》 (1) 스타일 이름 - IP

(2) 문단 모양 - 첫 줄 들여쓰기 : 10pt, 문단 아래 간격 : 10pt

(3) 글자 모양 - 글꼴 : 한글(굴림)/영문(궁서), 크기 : 10pt, 장평 : 95%, 자간 : -7%

《출력형태》

Intellectual Property(IP) investment and its management are a key driver to create corporate value and intangible asset value through corporate's competitiveness.

무형 자산은 형태가 없는 자산으로서 기계, 건물, 현금 등과 같이 형태가 있는 유형 자산에 대비되는 개념이다. 즉 무형 자산은 물리적인 실체는 없으나 자산을 소유함으로써 미래에 경영상 효익을 기대할 수 있는 것이다.

2. 다음의 《조건》에 따라 《출력형태》와 같이 표와 차트를 작성하시오. (100점)

《표 조건》 (1) 표 전체(표, 캡션) - 궁서, 10pt

(2) 정렬 - 문자 : 가운데 정렬, 숫자 : 오른쪽 정렬

(3) 셀 배경(면색) : 노랑

(4) 한글의 계산 기능을 이용하여 빈칸에 평균(소수점 두 자리)을 구하고, 캡션 기능 사용할 것

(5) 선 모양은 《출력형태》와 동일하게 처리할 것

《출력형태》

무형 자산 변동 내역(단위 : 억 원)

구분	기초 잔액	증가액	자체 증가액	기말 잔액
산업재산권	70	65	30	114
개발비	1,067	103	2,171	3,395
소프트웨어	914	468	499	1,782
주파수이용권	692	1,018	-	6,946
평균				

《차트 조건》 (1) 차트 데이터는 표 내용에서 구분별 기초 잔액, 증가액의 값만 이용할 것

(2) 종류 - 〈꺾은선형〉으로 작업할 것

(3) 제목 - 돋움, 진하게, 12pt, 속성 - 채우기(하양), 테두리, 그림자(대각선 오른쪽 아래)

【돋움, 진하게, 12pt, 배경 - 선 모양(한 줄로), 그림자(2pt)】

(4) 제목 이외의 전체 글꼴 - 돋움, 보통, 10pt

(5) 축제목과 범례는 《출력형태》와 동일하게 처리할 것

《출력형태》

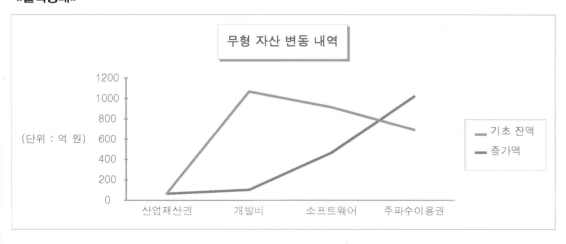

3. 다음 (1), (2)의 수식을 수식 편집기로 각각 입력하시오. (40점)

≪출력형태≫

(1) $a^2 = b^2 + c^2 - 2bc \cos A \Leftrightarrow \cos A = \dfrac{b^2 + c^2 - a^2}{2bc}$ 　　　　(2) $l = r\theta,\ S = \dfrac{1}{2}r^2\theta = \dfrac{1}{2}rl$

4. 다음의 ≪조건≫에 따라 ≪출력형태≫와 같이 문서를 작성하시오. (110점)

≪조건≫

(1) 그리기 도구를 이용하여 작성하고, 모든 도형(글맵시, 지정된 그림 포함)을 ≪출력형태≫와 같이 작성하시오.

(2) 도형의 면색은 지시사항이 없으면 색 없음을 제외하고 서로 다르게 임의로 지정하시오.

≪출력형태≫

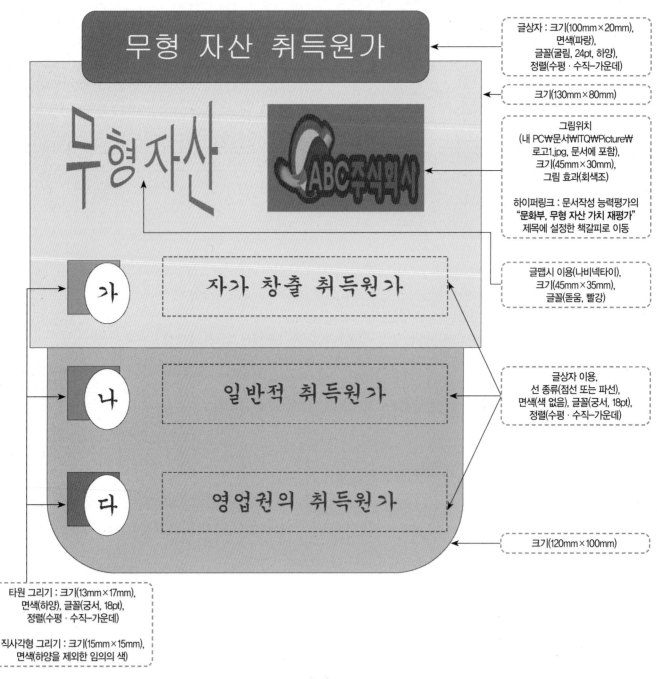

글꼴 : 돋움, 22pt, 진하게, 가운데 정렬
책갈피 이름 : 자산가치
덧말 넣기

머리말 기능
굴림, 10pt, 오른쪽 정렬 → 가치 평가 모형

기업가치창출
문화부, 무형 자산 가치 재평가

문단 첫 글자 장식 기능
글꼴 : 궁서, 면색 : 노랑

그림위치(내 PC\문서\ITQ\Picture\그림4.jpg, 문서에 포함)
자르기 기능 이용, 크기(35mm×35mm), 바깥 여백 왼쪽 : 2mm

문화체육관광부가 '콘텐츠 가치 평가 모형 개발 발표회'를 개최한다. 그간 콘텐츠㉠ 기업
은 영세성과 담보력의 취약성, 고위험의 특성으로 인하여 투자와 융자(融資)에 어려움

각주

이 많았다. 특히 신용도, 재무 구조 등 기존 제조업 중심의 평가 기준은 무형 자산이 주를 이
루는 콘텐츠 기업을 평가하는 데 한계점을 보여 관련 업계를 중심으로 콘텐츠 산업의 특성을
반영한 가치 평가 모형의 필요성이 제기되어 왔다. 콘텐츠 가치 평가 모형은 이런 업계 의견에
정부가 공감한 것으로, 기업의 재무(財務) 상황 등을 배제하고 콘텐츠의 특성과 장르별 속성을
고려하여 콘텐츠 산업에 특화된 평가 모형으로 개발하였다.

올해 개발된 가치 평가 모형은 문화체육관광부에서 실시하고 있는 완성 보증과 연계하여 활용하고, 콘텐츠 산업에
대한 정책 자금 지원과 공모 산업 선정 등으로 점차 확대해 나갈 예정이다. 또한 향후 모바일 게임, 공연, CG 등 새
로운 분야에 대한 가치 평가 모형의 추가 개발과 함께 금융기관, 투자조합 등 민간 영역의 투자, 융자 시에도 동 모
형이 평가 기준으로 활용될 수 있도록 정책적 지원을 펼칠 예정이다. 자산 비율은 2000년 말 0.8배에서 2007년 말
1.2배로 확대되어 현재 2019년에는 1.6배로 무형 자산의 가치가 장부 가치의 약 40%에 달했다.

♠ ## 무형 자산의 의의와 분류

글꼴 : 궁서, 18pt, 하양
음영색 : 빨강

가) 무형 자산의 의의

    a) 영업 활동에 장기간 사용되는 자산으로 물리적 형태가 없음.

    b) 본질적 특징 : 미래 효익에 관한 불확실성이 높음.

문단 번호 기능 사용
1수준 : 20pt, 오른쪽 정렬,
2수준 : 30pt, 오른쪽 정렬
줄 간격 : 180%

나) 특성에 따른 분류

    a) 분리 가능성 : 기업 자체와 분리하여 처분이 가능한지의 여부

    b) 식별 가능성 : 기업 자체와 독립적 식별이 가능한지의 여부

표 전체 글꼴 : 굴림, 10pt, 가운데 정렬
셀 배경(그러데이션) : 유형(오른쪽 대각선),
시작색(하양), 끝색(노랑)

♠ ## 무형 자산의 핵심 요인별 대표 기업

글꼴 : 궁서, 18pt, 밑줄, 강조점

기업명	특징	핵심 요인	
애플	CEO의 탁월한 능력	혁신적이고 기발한 아이디어	훌륭한 리더십
코카콜라	전 세계 동업계 브랜드 1위	이미지	브랜드 이미지
UPS	세계적인 물류 운송업체		기업 이미지
골드만 삭스	금융 부문 일하고 싶은 회사 1위	지식, 정보 교류	인재 역량
인텔	세계 최대의 프로세서 점유율		신기술 역량

글꼴 : 궁서, 24pt, 진하게
장평 90%, 오른쪽 정렬 → **문화체육관광부**

각주 구분선 : 5cm

㉠ 어떤 소재나 내용에 여러 가지의 문화적 공정을 통해 가치를 부여하거나 가치를 드높인 것

쪽 번호 매기기
6으로 시작 → Ⅵ

제14회 정보기술자격(ITQ) 출제예상 모의고사

과목	코드	문제유형	시험시간	수험번호	성명
아래한글	1111	A	60분		

한컴 오피스

·수험자 유의사항·

- 수험자는 문제지를 받는 즉시 문제지와 **수험표상의 시험과목(프로그램)이 동일한지 반드시 확인**하여야 합니다.
- 파일명은 본인의 "수험번호-성명"으로 입력하여 답안폴더(내 PC₩문서₩ITQ)에 하나의 파일로 저장해야 하며, 답안 문서 파일명이 "수험번호-성명"과 일치하지 않거나, 답안파일을 전송하지 않아 미제출로 처리될 경우 실격 처리합니다 (예: 12345678-홍길동.hwp).
- 답안 작성을 마치면 파일을 저장하고, '답안 전송' 버튼을 선택하여 감독위원 PC로 답안을 전송하십시오. 수험생 정보와 저장한 파일명이 다를 경우 전송되지 않으므로 주의하시기 바랍니다.
- 답안 작성 중에도 **주기적으로 저장하고, '답안 전송'**하여야 문제 발생을 줄일 수 있습니다. 작업한 내용을 저장하지 않고 전송할 경우 이전에 저장된 내용이 전송되오니 이점 유의하시기 바랍니다.
- 답안문서는 지정된 경로 외의 다른 보조기억장치에 저장하는 경우, 지정된 시험 시간 외에 작성된 파일을 활용할 경우, 기타 통신수단(이메일, 메신저, 네트워크 등)을 이용하여 타인에게 전달 또는 외부 반출하는 경우는 부정 처리합니다.
- 시험 중 부주의 또는 고의로 시스템을 파손한 경우는 수험자가 변상해야 하며, 〈수험자 유의사항〉에 기재된 방법대로 이행하지 않아 생기는 불이익은 수험생 당사자의 책임임을 알려 드립니다.
- 문제의 조건은 한컴오피스 2020 버전으로 설정되어 있으며 한컴오피스 NEO는 【 】에 표기되어 있습니다. 이와 관련하여 작성한 답안의 출력형태가 문제지와 다를 수 있습니다.
- 시험을 완료한 수험자는 답안파일이 전송되었는지 확인한 후 감독위원의 지시에 따라 문제지를 제출하고 퇴실합니다.

·답안 작성요령·

- 온라인 답안 작성 절차
  수험자 등록 ⇒ 시험 시작 ⇒ 답안파일 저장 ⇒ 답안 전송 ⇒ 시험 종료
- 공통 부문
  - 글꼴에 대한 기본설정은 함초롬바탕, 10포인트, 검정, 줄간격 160%, 양쪽정렬로 합니다.
  - 색상은 조건의 색을 적용하고 색의 구분이 안 될 경우에는 RGB 값을 적용하십시오.
    (빨강 255, 0, 0 / 파랑 0, 0, 255 / 노랑 255, 255, 0).
  - 각 문항에 주어진 ≪조건≫에 따라 작성하고 언급하지 않은 조건은 ≪출력형태≫와 같이 작성합니다.
  - 용지여백은 왼쪽 · 오른쪽 11mm, 위쪽 · 아래쪽 · 머리말 · 꼬리말 10mm, 제본 0mm로 합니다.
  - 그림 삽입 문제의 경우 「내 PC₩문서₩ITQ₩Picture」 폴더에서 지정된 파일을 선택하여 삽입하십시오.
  - 삽입한 그림은 반드시 문서에 포함하여 저장해야 합니다(미포함 시 감점 처리).
  - 각 항목은 지정된 페이지에 출력형태와 같이 정확히 작성하시기 바라며, 그렇지 않을 경우에 해당 항목은 0점 처리됩니다.
    ※ 페이지구분 : 1페이지 – 기능평가 I (문제번호 표시 : 1. 2.),
    　　　　　　　 2페이지 – 기능평가 II (문제번호 표시 : 3. 4.),
    　　　　　　　 3페이지 – 문서작성 능력평가
- 기능평가
  - 문제와 ≪조건≫은 입력하지 않으며 문제번호와 답(≪출력형태≫)만 작성합니다.
  - 4번 문제는 묶기를 했을 경우 0점 처리됩니다.
- 문서작성 능력평가
  - A4용지(210mm×297mm) 1매 크기, 세로 서식 문서로 작성합니다.
  - _____ 표시는 문서작성에 대한 지시사항이므로 작성하지 않습니다.

kpc 한국생산성본부

1. 다음의 ≪조건≫에 따라 스타일 기능을 적용하여 ≪출력형태≫와 같이 작성하시오. (50점)

≪조건≫ (1) 스타일 이름 – agflation

(2) 문단 모양 – 첫 줄 들여쓰기 : 15pt, 문단 아래 간격 : 10pt

(3) 글자 모양 – 글꼴 : 한글(돋움)/영문(굴림), 크기 : 10pt, 장평 : 95%, 자간 : 5%

≪출력형태≫

　　Agflation is a new compound word of agriculture and inflation, which denotes general goods price increase as agricultural products prices are enhanced.

　　애그플레이션(Agflation)이란 농업(agriculture)과 인플레이션(inflation)의 합성어이며 곡물 가격이 상승하는 영향으로 일반 물가가 상승하는 현상을 가리킵니다.

2. 다음의 ≪조건≫에 따라 ≪출력형태≫와 같이 표와 차트를 작성하시오. (100점)

≪표 조건≫ (1) 표 전체(표, 캡션) – 굴림, 10pt

(2) 정렬 – 문자 : 가운데 정렬, 숫자 : 오른쪽 정렬

(3) 셀 배경(면색) : 노랑

(4) 한글의 계산 기능을 이용하여 빈칸에 평균(소수점 두 자리)을 구하고, 캡션 기능 사용할 것

(5) 선 모양은 ≪출력형태≫와 동일하게 처리할 것

≪출력형태≫

수입 곡물 가격 추이(단위 : 원)

구분	2015년	2016년	2017년	2018년	평균
소맥	290	350	430	390	
옥수수	270	340	410	370	
대두	190	290	700	670	
원당	400	430	390	600	

≪차트 조건≫ (1) 차트 데이터는 표 내용에서 연도별 소맥, 옥수수, 대두의 값만 이용할 것

(2) 종류 – 〈묶은 가로 막대형〉으로 작업할 것

(3) 제목 – 궁서, 진하게, 12pt, 속성 – 채우기(하양), 테두리, 그림자(대각선 오른쪽 아래)

　　　【궁서, 진하게, 12pt, 배경 – 선 모양(한 줄로), 그림자(2pt)】

(4) 제목 이외의 전체 글꼴 – 궁서, 보통, 10pt

(5) 축제목과 범례는 ≪출력형태≫와 동일하게 처리할 것

≪출력형태≫

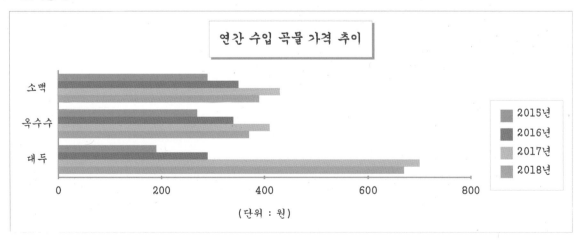

3. 다음 (1), (2)의 수식을 수식 편집기로 각각 입력하시오. (40점)

≪출력형태≫

(1) $\displaystyle\sum_{k=1}^{n} k^2 = \frac{1}{6}n(n+1)(2n+1)$

(2) $(a\,b\,c)\begin{pmatrix} p \\ q \\ r \end{pmatrix} = (ap + bq + cr)$

4. 다음의 ≪조건≫에 따라 ≪출력형태≫와 같이 문서를 작성하시오. (110점)

≪조건≫

(1) 그리기 도구를 이용하여 작성하고, 모든 도형(글맵시, 지정된 그림 포함)을 ≪출력형태≫와 같이 작성하시오.

(2) 도형의 면색은 지시사항이 없으면 색 없음을 제외하고 서로 다르게 임의로 지정하시오.

≪출력형태≫

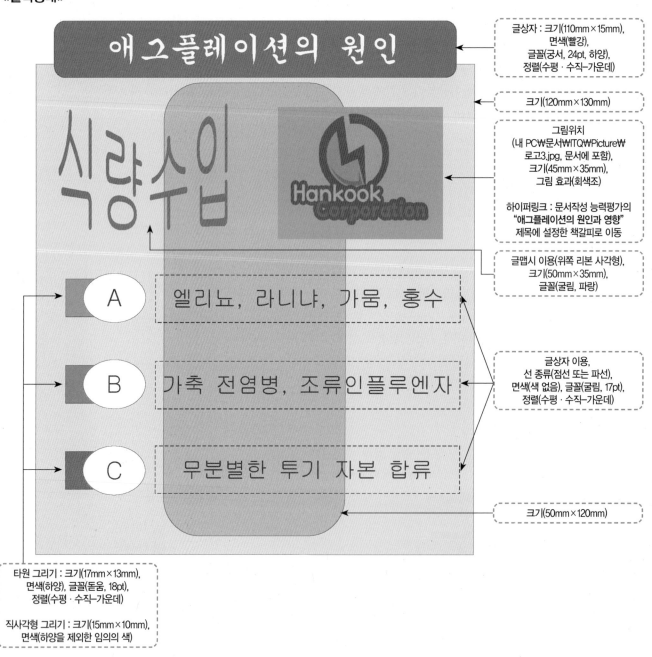

글꼴 : 궁서, 22pt, 진하게, 가운데 정렬
책갈피 이름 : 곡물
덧말 넣기

곡물가의 상승
애그플레이션의 원인과 영향

문단 첫 글자 장식 기능
글꼴 : 굴림, 면색 : 노랑

각주

그림위치(내 PC₩문서₩ITQ₩Picture₩그림4.jpg, 문서에 포함)
자르기 기능 이용, 크기(40mm×35mm), 바깥 여백 왼쪽 : 2mm

01 국의 양적 완화 정책Ⓐ으로 유동성이 넘치면서 금값이 사상 최고가 행진을 이어 가고 있는 가운데 유가와 곡물가 역시 천정부지로 치솟으며 애그플레이션의 우려(憂慮)를 낳고 있다. 옥수수를 비롯해 대두와 밀 등 주요 곡물 가격의 상승세가 지속되면서 세계 곡물 시장이 술렁이고 있는 것이다.

애그플레이션(agflation)이란 농업을 뜻하는 애그리컬쳐(agriculture)와 인플레이션 (inflation)을 합성한 신조어로 곡물가의 상승에 따른 물가 상승 압력이 고조되는 현상을 뜻한다. 곡물 가격이 오르는 요인으로는 지구 온난화 등 기상 이변으로 인한 공급 감소, 육류 소비 증가에 따른 사료용 곡물 수요 증가, 경작지(耕作地) 감소, 유가 급등으로 인한 생산 및 유통 비용 증가, 곡물을 이용한 대체 연료 활성화, 식량의 자원화, 투기 자본의 유입 등을 꼽을 수 있다. 특히 옥수수 가격의 상승은 이를 사료로 하는 가축의 사육비에 영향을 미쳐 육류는 물론 우유, 버터 등 각종 유제품 가격을 상승시키며, 밀 값의 상승은 라면, 빵, 국수와 같은 우리나라의 서민형 식품들의 가격 상승을 부추긴다. 이렇듯 곡물가의 상승이 사회 전반의 물가 상승으로 확산되어 경제 위기를 초래할 수 있으며, 곡물 자급률이 낮은 나라는 그 위험성이 더욱 커진다.

■ 곡물 가격의 상승 요인

글꼴 : 돋움, 18pt, 하양
음영색 : 파랑

1. 수요 측면의 요인
    가) 신흥국들의 육류 소비 증가에 따른 사료용 곡물 수요 증가
    나) 중국, 인도 등 신흥국의 경제 발전에 따른 식품 수요 증가
2. 공급 측면의 요인
    가) 기상 이변으로 인한 공급 감소
    나) 산업화로 인한 경작지 감소

문단 번호 기능 사용
1수준 : 20pt, 오른쪽 정렬,
2수준 : 30pt, 오른쪽 정렬
줄 간격 : 180%

표 전체 글꼴 : 궁서, 10pt, 가운데 정렬
셀 배경(그러데이션) : 유형(세로)【수직】,
시작색(하양), 끝색(노랑)

■ 전 세계 곡물 시장의 현황과 전망

글꼴 : 돋움, 18pt, 기울임, 강조점

국가별	현 황	국가별	전 망
러시아, 우크라이나	가뭄으로 밀과 보리 생산 타격	이탈리아, 독일, 프랑스	가뭄과 홍수로 토마토, 밀, 보리, 옥수수 생산 타격 예상
호주, 아르헨티나	라니냐로 밀, 옥수수, 콩 생산 타격	중국	홍수로 쌀과 면화 재배 타격 예상
베트남, 라오스	물 부족으로 쌀 생산 타격	인도네시아, 콜롬비아	홍수로 커피 생산 타격 예상

글꼴 : 돋움, 22pt, 진하게
장평 95%, 오른쪽 정렬 → 농림축산식품부

각주 구분선 : 5cm

Ⓐ 국채 매입 등의 방법을 통해 시중에 통화를 풀어 경기를 부양하려는 정책

쪽 번호 매기기
6으로 시작 → 기

제 15 회 정보기술자격(ITQ) 출제예상 모의고사

과목	코드	문제유형	시험시간	수험번호	성명
아래한글	1111	A	60분		

·수험자 유의사항·

● 수험자는 문제지를 받는 즉시 문제지와 **수험표상의 시험과목(프로그램)이 동일한지 반드시 확인**하여야 합니다.
● 파일명은 본인의 "수험번호-성명"으로 입력하여 답안폴더(내 PC₩문서₩ITQ)에 하나의 파일로 저장해야 하며, 답안 문서 파일명이 "수험번호-성명"과 일치하지 않거나, 답안파일을 전송하지 않아 미제출로 처리될 경우 실격 처리합니다 (예: 12345678-홍길동.hwp).
● 답안 작성을 마치면 파일을 저장하고, '답안 전송' 버튼을 선택하여 감독위원 PC로 답안을 전송하십시오. 수험생 정보와 저장한 파일명이 다를 경우 전송되지 않으므로 주의하시기 바랍니다.
● 답안 작성 중에도 **주기적으로 저장하고, '답안 전송'**하여야 문제 발생을 줄일 수 있습니다. 작업한 내용을 저장하지 않고 전송할 경우 이전에 저장된 내용이 전송되오니 이점 유의하시기 바랍니다.
● 답안문서는 지정된 경로 외의 다른 보조기억장치에 저장하는 경우, 지정된 시험 시간 외에 작성된 파일을 활용할 경우, 기타 통신수단(이메일, 메신저, 네트워크 등)을 이용하여 타인에게 전달 또는 외부 반출하는 경우는 부정 처리합니다.
● 시험 중 부주의 또는 고의로 시스템을 파손한 경우는 수험자가 변상해야 하며, 〈수험자 유의사항〉에 기재된 방법대로 이행하지 않아 생기는 불이익은 수험생 당사자의 책임임을 알려 드립니다.
● 문제의 조건은 한컴오피스 2020 버전으로 설정되어 있으며 한컴오피스 NEO는 【 】에 표기되어 있습니다. 이와 관련하여 작성한 답안의 출력형태가 문제지와 다를 수 있습니다.
● 시험을 완료한 수험자는 답안파일이 전송되었는지 확인한 후 감독위원의 지시에 따라 문제지를 제출하고 퇴실합니다.

· 답안 작성요령 ·

● 온라인 답안 작성 절차
　수험자 등록 ⇒ 시험 시작 ⇒ 답안파일 저장 ⇒ 답안 전송 ⇒ 시험 종료
● 공통 부문
　• 글꼴에 대한 기본설정은 함초롬바탕, 10포인트, 검정, 줄간격 160%, 양쪽정렬로 합니다.
　• 색상은 조건의 색을 적용하고 색의 구분이 안 될 경우에는 RGB 값을 적용하십시오.
　　(빨강 255, 0, 0 / 파랑 0, 0, 255 / 노랑 255, 255, 0).
　• 각 문항에 주어진 ≪조건≫에 따라 작성하고 언급하지 않은 조건은 ≪출력형태≫와 같이 작성합니다.
　• 용지여백은 왼쪽·오른쪽 11mm, 위쪽·아래쪽·머리말·꼬리말 10mm, 제본 0mm로 합니다.
　• 그림 삽입 문제의 경우 「내 PC₩문서₩ITQ₩Picture」 폴더에서 지정된 파일을 선택하여 삽입하십시오.
　• 삽입한 그림은 반드시 문서에 포함하여 저장해야 합니다(미포함 시 감점 처리).
　• 각 항목은 지정된 페이지에 출력형태와 같이 정확히 작성하시기 바라며, 그렇지 않을 경우에 해당 항목은 0점 처리됩니다.
　　※ 페이지구분 : 1페이지 - 기능평가 I (문제번호 표시 : 1. 2.),
　　　　　　　　　 2페이지 - 기능평가 II (문제번호 표시 : 3. 4.),
　　　　　　　　　 3페이지 - 문서작성 능력평가
● 기능평가
　• 문제와 ≪조건≫은 입력하지 않으며 문제번호와 답(≪출력형태≫)만 작성합니다.
　• 4번 문제는 묶기를 했을 경우 0점 처리됩니다.
● 문서작성 능력평가
　• A4용지(210mm×297mm) 1매 크기, 세로 서식 문서로 작성합니다.
　• (⋯⋯⋯⋯) 표시는 문서작성에 대한 지시사항이므로 작성하지 않습니다.

제 15 회　**198**　출제예상 모의고사

1. 다음의 ≪조건≫에 따라 스타일 기능을 적용하여 ≪출력형태≫와 같이 작성하시오. (50점)

≪조건≫ (1) 스타일 이름 – bullfight

(2) 문단 모양 – 첫 줄 들여쓰기 : 10pt, 문단 아래 간격 : 10pt

(3) 글자 모양 – 글꼴 : 한글(궁서)/영문(돋움), 크기 : 10pt, 장평 : 105%, 자간 : –7%

≪출력형태≫

Although there is no written record on the origin of bullfighting, it is believed that bullfighting started as an impromptu game played by herdsmen to kill time when agriculture was first settled in Korea.

두 마을 또는 여러 마을에서 마을을 대표하는 소를 끌고 나와 연례적으로 벌인 소싸움은 경상남도 일원, 청도 지역 등 가야 문화권에서만 전승되어온 축제이다.

2. 다음의 ≪조건≫에 따라 ≪출력형태≫와 같이 표와 차트를 작성하시오. (100점)

≪표 조건≫ (1) 표 전체(표, 캡션) – 돋움, 10pt

(2) 정렬 – 문자 : 가운데 정렬, 숫자 : 오른쪽 정렬

(3) 셀 배경(면색) : 노랑

(4) 한글의 계산 기능을 이용하여 빈칸에 합계를 구하고, 캡션 기능 사용할 것

(5) 선 모양은 ≪출력형태≫와 동일하게 처리할 것

≪출력형태≫

우승과 준우승 소의 소싸움 기술 사용 횟수(단위 : 회)

구분	머리치기	모둠치기	뿔걸이	울장치기	합계
갑동이	87	48	81	66	
장촌이	46	68	87	50	
막둥이	75	24	67	55	
복슬이	71	37	70	56	

≪차트 조건≫ (1) 차트 데이터는 표 내용에서 기술별 갑동이와 장촌이의 값만 이용할 것

(2) 종류 – 〈원형〉으로 작업할 것

(3) 제목 – 굴림, 진하게, 12pt, 속성 – 채우기(하양), 테두리, 그림자(대각선 오른쪽 아래)
【굴림, 진하게, 12pt, 배경 – 선 모양(한 줄로), 그림자(2pt)】

(4) 제목 이외의 전체 글꼴 – 굴림, 보통, 10pt

(5) 축제목과 범례는 ≪출력형태≫와 동일하게 처리할 것

≪출력형태≫

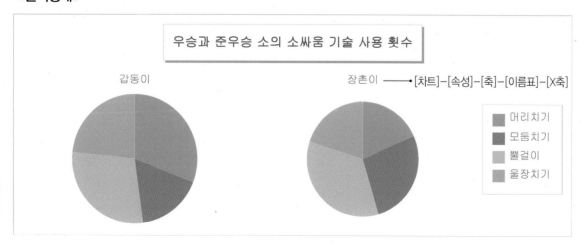

우승과 준우승 소의 소싸움 기술 사용 횟수

갑동이   장촌이 ——— [차트]–[속성]–[축]–[이름표]–[X축]

■ 머리치기
■ 모둠치기
■ 뿔걸이
■ 울장치기

3. 다음 (1), (2)의 수식을 수식 편집기로 각각 입력하시오. (40점)

≪출력형태≫

(1) $\sum_{k=1}^{n} k = \frac{1}{2} n(n+1)$　　　　(2) $\sqrt{a^2} = |a| = \begin{cases} a & (a > 0) \\ -a & (a < 0) \end{cases}$

4. 다음의 ≪조건≫에 따라 ≪출력형태≫와 같이 문서를 작성하시오. (110점)

≪조건≫

(1) 그리기 도구를 이용하여 작성하고, 모든 도형(글맵시, 지정된 그림 포함)을 ≪출력형태≫와 같이 작성하시오.

(2) 도형의 면색은 지시사항이 없으면 색 없음을 제외하고 서로 다르게 임의로 지정하시오.

≪출력형태≫

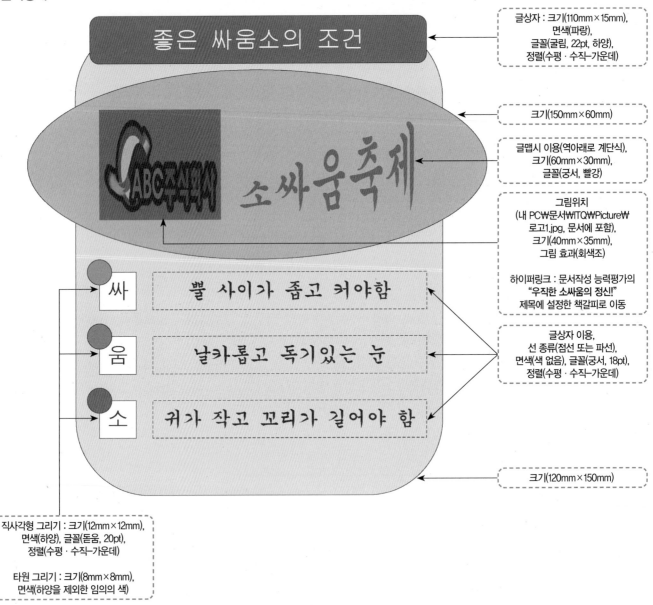

글꼴 : 돋움, 24pt, 진하게, 가운데 정렬
책갈피 이름 : 청도소싸움
덧말 넣기

머리말 기능
궁서, 10pt, 오른쪽 정렬 → 청도소싸움축제

대한민국 대표 축제
우직한 소싸움의 정신!

문단 첫 글자 장식 기능
글꼴 : 궁서, 면색 : 노랑

그림위치(내 PC₩문서₩ITQ₩Picture₩그림4.jpg, 문서에 포함)
자르기 기능 이용, 크기(45mm×40mm), 바깥 여백 왼쪽 : 2mm

천 년 동안 이어온 지역 문화를 문화관광축제로 발전시키면서 2년 연속 대한민국 대표 축제(祝祭)에 선정된 청도소싸움축제는 세계 각국의 관심과 조명 속에 국제적인 대회로 성장하게 되었다. 국내외 관광객의 높은 관심과 기대에 따라 2009년에는 세계 최초 돔 형식의 소싸움 전용 경기장으로 이동하여 더욱더 박진감 넘치고 다양한 문화 프로그램을 추가해 볼거리가 풍성한 축제로 발전하고 있다.

경기 운영 방식도 전국 4강 이상 100두를 초청한 빅 매치 라이벌전과 세계 소들의 잔치인 World Bullfighting 등 소싸움을 이용한 특별한 이벤트는 물론 경기 중간에 코믹 씨름 공연, 승리한 소의 세레모니, 스트리트 퍼포먼스 등의 문화 공연을 도입하였다. 또한 바우 오카리나 만들기, 소달구지㉠ 체험, 포크아트 & 캘리 체험 등의 볼거리와 체험 프로그램을 제공하고, 한국 전통의 놀이 문화를 직접 느낄 수 있는 공간을 마련하여 소싸움 경기와 두루 어우러지는 축제로 진행되고 있다. 이제 세계적인 축제로서 청도를 관광도시로 알리는 데 견인차 역할을 하고 있는 청도소싸움축제는 한국을 대표하는 관광 상품으로서의 면모(面貌)를 굳히면서 명실상부한 국제적인 행사로 탈바꿈하고 있다.

각주

▶ 행사개요

글꼴 : 굴림, 18pt, 하양
음영색 : 빨강

A 행사명 및 슬로건
  가) 행사명 : 2019 청도소싸움축제
  나) 슬로건 : 함께하는 즐거움, 터지는 감동, 청도소싸움이면 충분하다!
B 주최 및 주관
  가) 주최 : 청도군
  나) 주관 : 청도소싸움축제추진위원회

문단 번호 기능 사용
1수준 : 20pt, 오른쪽 정렬,
2수준 : 30pt, 오른쪽 정렬
줄 간격 : 180%

표 전체 글꼴 : 돋움, 10pt, 가운데 정렬
셀 배경(그러데이션) : 유형(왼쪽 대각선),
시작색(하양), 끝색(노랑)

▶ 축제 주요 일정

글꼴 : 굴림, 18pt, 밑줄, 강조점

구분	1일차		2일차		3일차	
	야외광장	경기장	야외광장	경기장	야외광장	경기장
12:00	바우를 이겨라	체급별 소싸움 경기	O/X 퀴즈	체급별 소싸움 경기	청도국악 공연	체급별 소싸움 경기
13:00	마술 공연		바우를 이겨라		태권도 시범	
15:00	평양 예술단		재능 나눔		비보잉 공연	
16:00			가수 공연		토크 콘서트	시상식

글꼴 : 궁서, 24pt, 진하게
장평 105%, 오른쪽 정렬 → # 청도소싸움축제추진위원회

각주 구분선 : 5cm

㉠ 소의 힘을 빌려 끄는 짐수레, 우차(牛車)라고도 함

쪽 번호 매기기
2로 시작 → ②

MEMO

PART 04

최신유형
기출문제

제 01 회 정보기술자격(ITQ) 최신유형 기출문제

과목	코드	문제유형	시험시간	수험번호	성명
아래한글	1111	A	60분		

·수험자 유의사항·

- 수험자는 문제지를 받는 즉시 문제지와 **수험표상의 시험과목(프로그램)이 동일한지 반드시 확인**하여야 합니다.
- 파일명은 본인의 "수험번호-성명"으로 입력하여 답안폴더(내 PC\문서\ITQ)에 하나의 파일로 저장해야 하며, 답안 문서 파일명이 "수험번호-성명"과 일치하지 않거나, 답안파일을 전송하지 않아 미제출로 처리될 경우 실격 처리합니다. (예: 12345678-홍길동.hwp).
- 답안 작성을 마치면 파일을 저장하고, '답안 전송' 버튼을 선택하여 감독위원 PC로 답안을 전송하십시오. 수험생 정보와 저장한 파일명이 다를 경우 전송되지 않으므로 주의하시기 바랍니다.
- 답안 작성 중에도 **주기적으로 저장하고, '답안 전송'**하여야 문제 발생을 줄일 수 있습니다. 작업한 내용을 저장하지 않고 전송할 경우 이전에 저장된 내용이 전송되오니 이점 유의하시기 바랍니다.
- 답안문서는 지정된 경로 외의 다른 보조기억장치에 저장하는 경우, 지정된 시험 시간 외에 작성된 파일을 활용할 경우, 기타 통신수단(이메일, 메신저, 네트워크 등)을 이용하여 타인에게 전달 또는 외부 반출하는 경우는 부정 처리합니다.
- 시험 중 부주의 또는 고의로 시스템을 파손한 경우는 수험자가 변상해야 하며, 〈수험자 유의사항〉에 기재된 방법대로 이행하지 않아 생기는 불이익은 수험생 당사자의 책임임을 알려 드립니다.
- 문제의 조건은 한컴오피스 2020 버전으로 설정되어 있으며 한컴오피스 NEO는 【 】에 표기되어 있습니다. 이와 관련하여 작성한 답안의 출력형태가 문제지와 다를 수 있습니다.
- 시험을 완료한 수험자는 답안파일이 전송되었는지 확인한 후 감독위원의 지시에 따라 문제지를 제출하고 퇴실합니다.

· 답안 작성요령 ·

- 온라인 답안 작성 절차
  수험자 등록 ⇒ 시험 시작 ⇒ 답안파일 저장 ⇒ 답안 전송 ⇒ 시험 종료
- 공통 부문
  - 글꼴에 대한 기본설정은 함초롬바탕, 10포인트, 검정, 줄간격 160%, 양쪽정렬로 합니다.
  - 색상은 조건의 색을 적용하고 색의 구분이 안 될 경우에는 RGB 값을 적용하십시오.
    (빨강 255, 0, 0 / 파랑 0, 0, 255 / 노랑 255, 255, 0).
  - 각 문항에 주어진 《조건》에 따라 작성하고 언급하지 않은 조건은 《출력형태》와 같이 작성합니다.
  - 용지여백은 왼쪽 · 오른쪽 11㎜, 위쪽 · 아래쪽 · 머리말 · 꼬리말 10㎜, 제본 0㎜로 합니다.
  - 그림 삽입 문제의 경우 「내 PC\문서\ITQ\Picture」 폴더에서 지정된 파일을 선택하여 삽입하십시오.
  - 삽입한 그림은 반드시 문서에 포함하여 저장해야 합니다(미포함 시 감점 처리).
  - 각 항목은 지정된 페이지에 출력형태와 같이 정확히 작성하시기 바라며, 그렇지 않을 경우에 해당 항목은 0점 처리됩니다.
    ※ 페이지구분 : 1페이지 - 기능평가 I (문제번호 표시 : 1. 2.),
      2페이지 - 기능평가 II (문제번호 표시 : 3. 4.),
      3페이지 - 문서작성 능력평가
- 기능평가
  - 문제와 《조건》은 입력하지 않으며 문제번호와 답(《출력형태》)만 작성합니다.
  - 4번 문제는 묶기를 했을 경우 0점 처리됩니다.
- 문서작성 능력평가
  - A4용지(210㎜×297㎜) 1매 크기, 세로 서식 문서로 작성합니다.
  - [   ] 표시는 문서작성에 대한 지시사항이므로 작성하지 않습니다.

kpc 한국생산성본부

1. 다음의 ≪조건≫에 따라 스타일 기능을 적용하여 ≪출력형태≫와 같이 작성하시오. (50점)

≪조건≫ (1) 스타일 이름 – accident

(2) 문단 모양 – 왼쪽 여백 : 15pt, 문단 아래 간격 : 10pt

(3) 글자 모양 – 글꼴 : 한글(돋움)/영문(궁서), 크기 : 10pt, 장평 : 95%, 자간 : –5%

≪출력형태≫

Accidental injury is a leading killer of children 14 and under worldwide. Most of these accidental injuries can be prevented by taking simple safety measures.

매년 안전사고에 의해 목숨을 잃거나 장애를 얻는 어린이가 늘고 있어 이에 대한 안전 대책이 체계적, 지속적으로 이루어질 수 있도록 많은 활동이 전개되고 있다.

2. 다음의 ≪조건≫에 따라 ≪출력형태≫와 같이 표와 차트를 작성하시오. (100점)

≪표 조건≫ (1) 표 전체(표, 캡션) – 굴림, 10pt

(2) 정렬 – 문자 : 가운데 정렬, 숫자 : 오른쪽 정렬

(3) 셀 배경(면색) : 노랑

(4) 한글의 계산 기능을 이용하여 빈칸에 합계를 구하고, 캡션 기능 사용할 것

(5) 선 모양은 ≪출력형태≫와 동일하게 처리할 것

≪출력형태≫

어린이 교통사고 건수(단위 : 건)

지역	2017년	2018년	2019년	2020년	합계
안양시	63	85	67	44	
광명시	59	68	61	33	
하남시	45	51	71	60	
이천시	51	45	64	53	

≪차트 조건≫ (1) 차트 데이터는 표 내용에서 연도별 안양시, 광명시, 하남시의 값만 이용할 것

(2) 종류 – 〈묶은 세로 막대형〉으로 작업할 것

(3) 제목 – 돋움, 진하게, 12pt, 속성 – 채우기(하양), 테두리, 그림자(대각선 오른쪽 아래)

【돋움, 진하게, 12pt, 배경 – 선 모양(한 줄로), 그림자(2pt)】

(4) 제목 이외의 전체 글꼴 – 돋움, 보통, 10pt

(5) 축제목과 범례는 ≪출력형태≫와 동일하게 처리할 것

≪출력형태≫

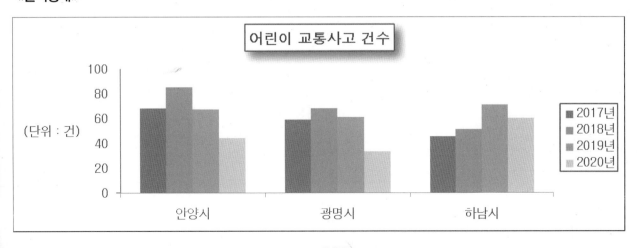

3. 다음 (1), (2)의 수식을 수식 편집기로 각각 입력하시오. (40점)

≪출력형태≫

(1) $U_a - U_b = \dfrac{GmM}{a} - \dfrac{GmM}{b} = \dfrac{GmM}{2R}$

(2) $V = \dfrac{1}{R}\displaystyle\int_0^q qdq = \dfrac{1}{2}\dfrac{q^2}{R}$

4. 다음의 ≪조건≫에 따라 ≪출력형태≫와 같이 문서를 작성하시오. (110점)

≪조건≫

(1) 그리기 도구를 이용하여 작성하고, 모든 도형(글맵시, 지정된 그림 포함)을 ≪출력형태≫와 같이 작성하시오.

(2) 도형의 면색은 지시사항이 없으면 색 없음을 제외하고 서로 다르게 임의로 지정하시오.

≪출력형태≫

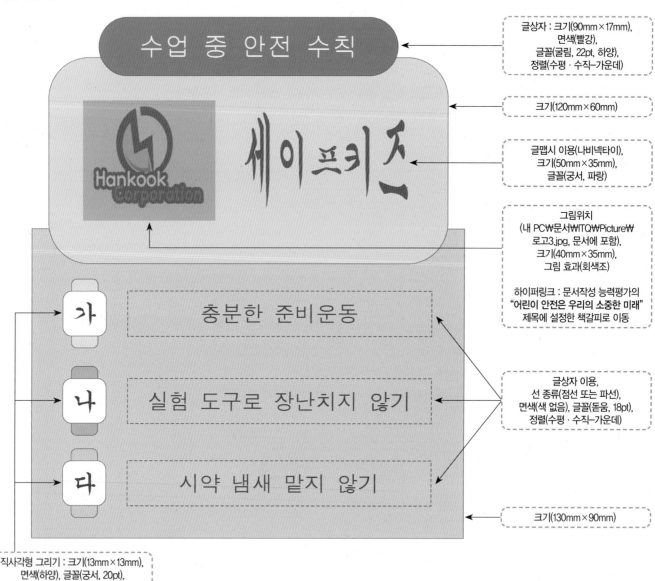

글상자 : 크기(90mm×17mm),
면색(빨강),
글꼴(굴림, 22pt, 하양),
정렬(수평·수직-가운데)

크기(120mm×60mm)

글맵시 이용(나비넥타이),
크기(50mm×35mm),
글꼴(궁서, 파랑)

그림위치
(내 PC₩문서₩ITQ₩Picture₩
로고3.jpg, 문서에 포함),
크기(40mm×35mm),
그림 효과(회색조)

하이퍼링크 : 문서작성 능력평가의
"어린이 안전은 우리의 소중한 미래"
제목에 설정한 책갈피로 이동

글상자 이용,
선 종류(점선 또는 파선),
면색(색 없음), 글꼴(돋움, 18pt),
정렬(수평·수직-가운데)

크기(130mm×90mm)

직사각형 그리기 : 크기(13mm×13mm),
면색(하양), 글꼴(궁서, 20pt),
정렬(수평·수직-가운데)

직사각형 그리기 : 크기(8mm×20mm),
면색(하양을 제외한 임의의 색)

글꼴 : 돋움, 18pt, 진하게, 가운데 정렬
책갈피 이름 : 안전
덧말 넣기

머리말 기능
궁서, 10pt, 오른쪽 정렬 → 어린이 안전

세이프 키즈 코리아
어린이 안전은 우리의 소중한 미래

문단 첫 글자 장식 기능
글꼴 : 굴림, 면색 : 노랑

그림위치(내 PC\문서\ITQ\Picture\그림4.jpg, 문서에 포함)
자르기 기능 이용, 크기(40mm×35mm), 바깥 여백 왼쪽 : 2mm

사고는 연령, 성별, 지역의 구분 없이 언제 어디서나 발생할 수 있지만, 어린이의 경우 안전에 대한 지식이나 사고 대처 능력 또는 지각 능력이 부족하여 사고가 사망으로 이어지는 일이 빈번하다. 우리나라에서도 매년 수많은 아동이 교통사고, 물놀이 사고, 화재 등 각종 안전사고로 목숨을 잃고 있다. 우리나라 1~9세 어린이 사망의 약 12.6%가 안전사고로 인해 발생하며, 전체 사망 원인 중 2위에 해당한다. 또한, 10~19세 어린이와 청소년 사망의 18.1%가 안전사고로 인해 발생하였으며, 전체 사망 원인 중 2위에 해당한다. 따라서 체계적이고 지속적인 안전 대책(對策)이 반드시 마련되어야 한다.

각주   세이프 키즈는 1988년 미국의 국립 어린이 병원을 중심으로 창립(創立)되어 세계 23개국이 함께 어린이의 안전을 위해 활동하는 비영리ⓐ 국제 어린이 안전 기구이다. 세이프 키즈 코리아는 세이프 키즈 월드와이드의 한국 법인으로 2001년 12월에 창립되었다. 국내 유일의 비영리 국제 어린이 안전 기구로서 어린이의 안전사고 유형 분석 및 유형별 예방법 제시, 각종 어린이 안전 캠페인 및 안전 교육 시행, 안전 교육 교재 개발 등을 통하여 어린이의 안전에 힘쓰고 있다.

♠ 자전거 타기 안전 수칙

글꼴 : 궁서, 18pt, 하양
음영색 : 파랑

   A. 자전거의 구조 알아두기

     1. 경음기 : 위험을 알릴 때 사용한다.

     2. 반사경 : 불빛에 반사되어 자전거가 잘 보이도록 한다.

   B. 자전거 타기 안전습관

     1. 항상 자전거 안전모를 쓴다.

     2. 횡단보도를 건널 때에는 자전거에서 내려 걷는다.

문단 번호 기능 사용
1수준 : 20pt, 오른쪽 정렬
2수준 : 30pt, 오른쪽 정렬
줄 간격 : 180%

♠ 세이프 키즈 코리아 활동 모델

글꼴 : 궁서, 18pt, 밑줄, 강조점

표 전체 글꼴 : 돋움, 10pt, 가운데 정렬
셀 배경(그러데이션) : 유형(세로) 【수직】,
시작색(하양), 끝색(노랑)

구분	내용	비고
예방 대책 프로그램	어린이 사고 관련 데이터의 질적 향상	교통, 학교, 놀이, 화재, 전기, 가스, 식품, 약물 등 관련 사항
예방 대책 프로그램	사고 예방 교육 자료 개발 및 교육 활동 전략	교통, 학교, 놀이, 화재, 전기, 가스, 식품, 약물 등 관련 사항
현장 활동	실제 교육장에서의 어린이 안전 교육	교통, 학교, 놀이, 화재, 전기, 가스, 식품, 약물 등 관련 사항
현장 활동	체험 실습 안전 교육 및 각종 교육 캠페인	교통, 학교, 놀이, 화재, 전기, 가스, 식품, 약물 등 관련 사항
행정적 협조	자료수집 및 교육과 캠페인 활동을 수행하기 위한 행정협조	교통, 학교, 놀이, 화재, 전기, 가스, 식품, 약물 등 관련 사항

글꼴 : 굴림, 24pt, 진하게
장평 : 105%, 오른쪽 정렬 → 세이프키즈코리아

각주 구분선 : 5cm

―――――――――――――――――
ⓐ 자본의 이익을 추구하지 않는 대신 그 자본으로 특정 목적을 달성하는 것

쪽 번호 매기기
5로 시작 → 마

제 02 회 　정보기술자격(ITQ) 최신유형 기출문제

과목	코드	문제유형	시험시간	수험번호	성명
아래한글	1111	A	60분		

한컴 오피스

·수험자 유의사항·

- 수험자는 문제지를 받는 즉시 문제지와 **수험표상의 시험과목(프로그램)이 동일한지 반드시 확인**하여야 합니다.
- 파일명은 본인의 "수험번호−성명"으로 입력하여 답안폴더(내 PC₩문서₩ITQ)에 하나의 파일로 저장해야 하며, 답안 문서 파일명이 "수험번호−성명"과 일치하지 않거나, 답안파일을 전송하지 않아 미제출로 처리될 경우 실격 처리합니다(예: 12345678−홍길동.hwp).
- 답안 작성을 마치면 파일을 저장하고, '답안 전송' 버튼을 선택하여 감독위원 PC로 답안을 전송하십시오. 수험생 정보와 저장한 파일명이 다를 경우 전송되지 않으므로 주의하시기 바랍니다.
- 답안 작성 중에도 **주기적으로 저장하고, '답안 전송'**하여야 문제 발생을 줄일 수 있습니다. 작업한 내용을 저장하지 않고 전송할 경우 이전에 저장된 내용이 전송되오니 이점 유의하시기 바랍니다.
- 답안문서는 지정된 경로 외의 다른 보조기억장치에 저장하는 경우, 지정된 시험 시간 외에 작성된 파일을 활용할 경우, 기타 통신수단(이메일, 메신저, 네트워크 등)을 이용하여 타인에게 전달 또는 외부 반출하는 경우는 부정 처리합니다.
- 시험 중 부주의 또는 고의로 시스템을 파손한 경우는 수험자가 변상해야 하며, 〈수험자 유의사항〉에 기재된 방법대로 이행하지 않아 생기는 불이익은 수험생 당사자의 책임임을 알려 드립니다.
- 문제의 조건은 한컴오피스 2020 버전으로 설정되어 있으며 한컴오피스 NEO는【 】에 표기되어 있습니다. 이와 관련하여 작성한 답안의 출력형태가 문제지와 다를 수 있습니다.
- 시험을 완료한 수험자는 답안파일이 전송되었는지 확인한 후 감독위원의 지시에 따라 문제지를 제출하고 퇴실합니다.

· 답안 작성요령 ·

- 온라인 답안 작성 절차
  수험자 등록 ⇒ 시험 시작 ⇒ 답안파일 저장 ⇒ 답안 전송 ⇒ 시험 종료
- 공통 부문
  - 글꼴에 대한 기본설정은 함초롬바탕, 10포인트, 검정, 줄간격 160%, 양쪽정렬로 합니다.
  - 색상은 조건의 색을 적용하고 색의 구분이 안 될 경우에는 RGB 값을 적용하십시오.
    (빨강 255, 0, 0 / 파랑 0, 0, 255 / 노랑 255, 255, 0).
  - 각 문항에 주어진 ≪조건≫에 따라 작성하고 언급하지 않은 조건은 ≪출력형태≫와 같이 작성합니다.
  - 용지여백은 왼쪽 · 오른쪽 11mm, 위쪽 · 아래쪽 · 머리말 · 꼬리말 10mm, 제본 0mm로 합니다.
  - 그림 삽입 문제의 경우 「내 PC₩문서₩ITQ₩Picture」 폴더에서 지정된 파일을 선택하여 삽입하십시오.
  - 삽입한 그림은 반드시 문서에 포함하여 저장해야 합니다(미포함 시 감점 처리).
  - 각 항목은 지정된 페이지에 출력형태와 같이 정확히 작성하시기 바라며, 그렇지 않을 경우에 해당 항목은 0점 처리됩니다.
    ※ 페이지구분 : 1페이지 − 기능평가 I (문제번호 표시 : 1. 2.).
    　　　　　　　2페이지 − 기능평가 II (문제번호 표시 : 3. 4.).
    　　　　　　　3페이지 − 문서작성 능력평가
- 기능평가
  - 문제와 ≪조건≫은 입력하지 않으며 문제번호와 답(≪출력형태≫)만 작성합니다.
  - 4번 문제는 묶기를 했을 경우 0점 처리됩니다.
- 문서작성 능력평가
  - A4용지(210mm×297mm) 1매 크기, 세로 서식 문서로 작성합니다.
  - ┌ ─ ─ ─ ─ ─ ┐ 표시는 문서작성에 대한 지시사항이므로 작성하지 않습니다.

kpc 한국생산성본부

1. 다음의 ≪조건≫에 따라 스타일 기능을 적용하여 ≪출력형태≫와 같이 작성하시오. (50점)

≪조건≫ (1) 스타일 이름 – fire

(2) 문단 모양 – 왼쪽 여백 : 15pt, 문단 아래 간격 : 10pt

(3) 글자 모양 – 글꼴 : 한글(굴림)/영문(돋움), 크기 : 10pt, 장평 : 95%, 자간 : 5%

≪출력형태≫

The Korean National Fire Agency is a state agency dedicated to fire prevention and emergency response to accidents or land disasters.

119 청소년단은 어려서부터 안전에 대한 의식과 습관을 기르고, 이웃을 먼저 생각하며 봉사하는 참사랑을 실천하는 선도조직으로 건강한 어린이 육성을 목표로 하고 있다.

2. 다음의 ≪조건≫에 따라 ≪출력형태≫와 같이 표와 차트를 작성하시오. (100점)

≪표 조건≫ (1) 표 전체(표, 캡션) – 돋움, 10pt

(2) 정렬 – 문자 : 가운데 정렬, 숫자 : 오른쪽 정렬

(3) 셀 배경(면색) : 노랑

(4) 한글의 계산 기능을 이용하여 빈칸에 합계를 구하고, 캡션 기능 사용할 것

(5) 선 모양은 ≪출력형태≫와 동일하게 처리할 것

≪출력형태≫

소방산업 기업인증 현황(단위 : %)

구분	벤처기업	ISO 인증	이노비즈 기업	메인비즈 기업	합계
소방설계업	6.2	9.6	4.2	1.3	
소방공사업	2.7	13.4	2.9	4.3	
소방제조업	13.4	21.7	13.1	5.2	
소방관리업	3.1	9.2	3.9	0.4	

≪차트 조건≫ (1) 차트 데이터는 표 내용에서 구분별 소방설계업, 소방공사업, 소방제조업의 값만 이용할 것

(2) 종류 – 〈묶은 세로 막대형〉으로 작업할 것

(3) 제목 – 굴림, 진하게, 12pt, 속성 – 채우기(하양), 테두리, 그림자(대각선 오른쪽 아래)

【굴림, 진하게, 12pt, 배경 – 선 모양(한 줄로), 그림자(2pt)】

(4) 제목 이외의 전체 글꼴 – 굴림, 보통, 10pt

(5) 축제목과 범례는 ≪출력형태≫와 동일하게 처리할 것

≪출력형태≫

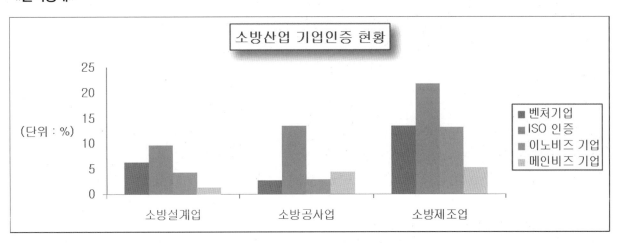

3. 다음 (1), (2)의 수식을 수식 편집기로 각각 입력하시오. (40점)

≪출력형태≫

(1) $E = mr^2 = \dfrac{nc^2}{\sqrt{1 - \dfrac{r^2}{d^2}}}$

(2) $\displaystyle\sum_{k=1}^{n} = \frac{1}{6} n(n+a)(2n+1)$

4. 다음의 ≪조건≫에 따라 ≪출력형태≫와 같이 문서를 작성하시오. (110점)

≪조건≫

(1) 그리기 도구를 이용하여 작성하고, 모든 도형(글맵시, 지정된 그림 포함)을 ≪출력형태≫와 같이 작성하시오.

(2) 도형의 면색은 지시사항이 없으면 색 없음을 제외하고 서로 다르게 임의로 지정하시오.

≪출력형태≫

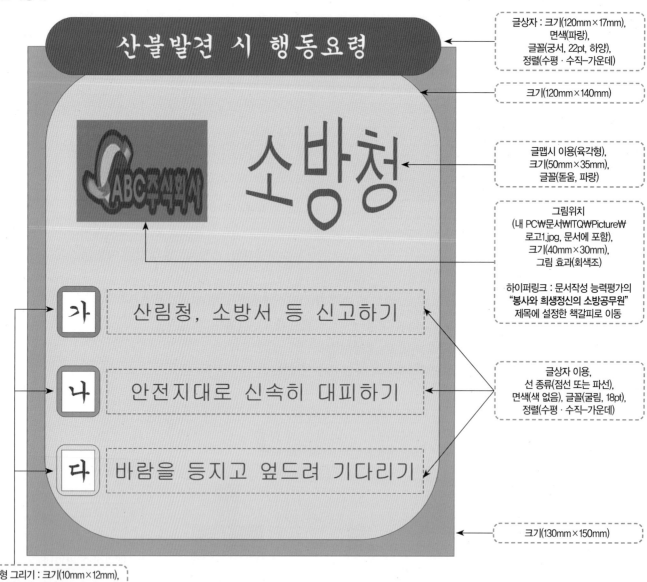

글상자 : 크기(120mm×17mm), 면색(파랑), 글꼴(궁서, 22pt, 하양), 정렬(수평·수직-가운데)

크기(120mm×140mm)

글맵시 이용(육각형), 크기(50mm×35mm), 글꼴(돋움, 파랑)

그림위치
(내 PC\문서\ITQ\Picture\ 로고1.jpg, 문서에 포함), 크기(40mm×30mm), 그림 효과(회색조)

하이퍼링크 : 문서작성 능력평가의 **"봉사와 희생정신의 소방공무원"** 제목에 설정한 책갈피로 이동

글상자 이용, 선 종류(점선 또는 파선), 면색(색 없음), 글꼴(굴림, 18pt), 정렬(수평·수직-가운데)

크기(130mm×150mm)

직사각형 그리기 : 크기(10mm×12mm), 면색(하양), 글꼴(궁서, 20pt), 정렬(수평·수직-가운데)

직사각형 그리기 : 크기(13mm×15mm), 면색(하양을 제외한 임의의 색)

글꼴 : 돋움, 18pt, 진하게, 가운데 정렬
책갈피 이름 : 소방
덧말 넣기

머리말 기능
굴림, 10pt, 오른쪽 정렬 →화재 예방

안전하고 행복한 대한민국
봉사와 희생정신의 소방공무원

문단 첫 글자 장식 기능
글꼴 : 궁서, 면색 : 노랑

그림위치(내 PC₩문서₩ITQ₩Picture₩그림4.jpg, 문서에 포함)
자르기 기능 이용, 크기(40mm×40mm), 바깥 여백 왼쪽 : 2mm

화재 발생 시 출동하여 사고 진압 및 소화(消火) 업무를 담당하고 있는 소방공무원Ⓐ은 화재 외에도 다양한 관련 분야에 걸쳐 임무를 수행하고 있다. 소방공무원의 업무는 소방과, 방호과, 119 소방서, 구조대, 구조구급과로 나뉘며 소방과는 다시 소방 업무와 장비 업무로 분류(分類)된다.

각주

소방 업무에는 소방서 기본 운영 계획에 관한 사항을 비롯하여 직원들의 신분, 상벌, 복무규율 및 교육 훈련, 보건, 복지, 후생에 관한 사항이 포함된다. 장비 업무로는 직원들의 보수 등 예산과 회계에 관한 사항과 소방 차량 및 장비 유지 관리에 관한 사항을 담당한다. 방호과에서는 화재 진압 대책과 각종 소방 현장 활동의 효율적 수행을 위한 안전 대책 등을 수립하며 소방 시설의 작동 상태 및 관리 상황에 대한 점검을 통해 사전 예방 활동을 펼친다. 119 소방서는 현장 활동 업무를 수행하는 부서로 화재 발생 시 신속한 진압 활동에 착수하며 응급 환자에 대한 구급 활동을 맡는다. 구조대는 각종 재난 사고 현장에서 인명을 구조하는 부서로 화재, 교통사고, 산악사고, 수난사고 등에 대응하기 위해 실력 향상 훈련 및 안전사고 예방 교육과 캠페인을 주관한다.

♥ ## 소화기의 종류

글꼴 : 궁서, 18pt, 하양
음영색 : 빨강

1. 물 소화기
　　가. 쉽게 구할 수 있으며 가격이 저렴하며 안전함
　　나. 겨울철에는 동결 방지 조치를 강구해야 함
2. 포말 소화기
　　가. 공기와의 접촉을 차단하는 질식 효과
　　나. 수분의 증발에 의한 냉각 효과

문단 번호 기능 사용
1수준 : 20pt, 오른쪽 정렬,
2수준 : 30pt, 오른쪽 정렬
줄 간격 : 180%

표 전체 글꼴 : 굴림, 10pt, 가운데 정렬
셀 배경(그러데이션) : 유형(가로) 【수평】,
시작색(하양), 끝색(노랑)

♥ ## 소방시설업 종류 및 등록기준

글꼴 : 궁서, 18pt, 밑줄, 강조점

시설업		정의	기술인력
설계업	전문	소방시설 공사계획, 설계도면, 설명서 등 서류 작성	소방기술사 1명, 보조 인력 1명
	일반		소방기술사 또는 소방설비기사 1명, 보조 인력 1명
공사업	일반	소방시설 신설, 증설, 개설, 안전 및 정비	소방기술사 또는 소방설비기사(해당 분야) 1명, 보조 인력 1명
감리업	전문	설계도서와 관계 법령에 따라 적법하게 시공되는지 확인	소방기술사 1명, 특급/고급/중급/초급 감리원 각 1명
	일반		특급 감리원 1명, 중급 이상 감리원 1명, 초급 감리원 1명

글꼴 : 돋움, 24pt, 진하게
장평 : 105%, 오른쪽 정렬 → ## 소방청

각주 구분선 : 5cm

Ⓐ 국민의 보호를 직무로 하여 화재의 예방, 경계, 진압에 종사하는 공무원

쪽 번호 매기기
4로 시작 →④

제 03 회 정보기술자격(ITQ) 최신유형 기출문제

과목	코드	문제유형	시험시간	수험번호	성명
아래한글	1111	A	60분		

한컴 오피스

·수험자 유의사항·

- 수험자는 문제지를 받는 즉시 문제지와 **수험표상의 시험과목(프로그램)이 동일한지 반드시 확인**하여야 합니다.
- 파일명은 본인의 "수험번호-성명"으로 입력하여 답안폴더(내 PC\문서\ITQ)에 하나의 파일로 저장해야 하며, 답안 문서 파일명이 "수험번호-성명"과 일치하지 않거나, 답안파일을 전송하지 않아 미제출로 처리될 경우 실격 처리합니다 (예: 12345678-홍길동.hwp).
- 답안 작성을 마치면 파일을 저장하고, '답안 전송' 버튼을 선택하여 감독위원 PC로 답안을 전송하십시오. 수험생 정보와 저장한 파일명이 다를 경우 전송되지 않으므로 주의하시기 바랍니다.
- 답안 작성 중에도 **주기적으로 저장하고, '답안 전송'**하여야 문제 발생을 줄일 수 있습니다. 작업한 내용을 저장하지 않고 전송할 경우 이전에 저장된 내용이 전송되오니 이점 유의하시기 바랍니다.
- 답안문서는 지정된 경로 외의 다른 보조기억장치에 저장하는 경우, 지정된 시험 시간 외에 작성된 파일을 활용할 경우, 기타 통신수단(이메일, 메신저, 네트워크 등)을 이용하여 타인에게 전달 또는 외부 반출하는 경우는 부정 처리합니다.
- 시험 중 부주의 또는 고의로 시스템을 파손한 경우는 수험자가 변상해야 하며, 〈수험자 유의사항〉에 기재된 방법대로 이행하지 않아 생기는 불이익은 수험생 당사자의 책임임을 알려 드립니다.
- 문제의 조건은 한컴오피스 2020 버전으로 설정되어 있으며 한컴오피스 NEO는 【 】에 표기되어 있습니다. 이와 관련하여 작성한 답안의 출력형태가 문제지와 다를 수 있습니다.
- 시험을 완료한 수험자는 답안파일이 전송되었는지 확인한 후 감독위원의 지시에 따라 문제지를 제출하고 퇴실합니다.

· 답안 작성요령 ·

- 온라인 답안 작성 절차
  수험자 등록 ⇒ 시험 시작 ⇒ 답안파일 저장 ⇒ 답안 전송 ⇒ 시험 종료
- 공통 부문
  - 글꼴에 대한 기본설정은 함초롬바탕, 10포인트, 검정, 줄간격 160%, 양쪽정렬로 합니다.
  - 색상은 조건의 색을 적용하고 색의 구분이 안 될 경우에는 RGB 값을 적용하십시오.
    (빨강 255, 0, 0 / 파랑 0, 0, 255 / 노랑 255, 255, 0).
  - 각 문항에 주어진 《조건》에 따라 작성하고 언급하지 않은 조건은 《출력형태》와 같이 작성합니다.
  - 용지여백은 왼쪽 · 오른쪽 11mm, 위쪽 · 아래쪽 · 머리말 · 꼬리말 10mm, 제본 0mm로 합니다.
  - 그림 삽입 문제의 경우 「내 PC\문서\ITQ\Picture」 폴더에서 지정된 파일을 선택하여 삽입하십시오.
  - 삽입한 그림은 반드시 문서에 포함하여 저장해야 합니다(미포함 시 감점 처리).
  - 각 항목은 지정된 페이지에 출력형태와 같이 정확히 작성하시기 바라며, 그렇지 않을 경우에 해당 항목은 0점 처리됩니다.
    ※ 페이지구분 : 1페이지 - 기능평가 I (문제번호 표시 : 1. 2.),
    　　　　　　　 2페이지 - 기능평가 II(문제번호 표시 : 3. 4.),
    　　　　　　　 3페이지 - 문서작성 능력평가
- 기능평가
  - 문제와 《조건》은 입력하지 않으며 문제번호와 답(《출력형태》)만 작성합니다.
  - 4번 문제는 묶기를 했을 경우 0점 처리됩니다.
- 문서작성 능력평가
  - A4용지(210mm×297mm) 1매 크기, 세로 서식 문서로 작성합니다.
  - ⌜‥‥‥‥‥⌝ 표시는 문서작성에 대한 지시사항이므로 작성하지 않습니다.

kpc 한국생산성본부

1. 다음의 ≪조건≫에 따라 스타일 기능을 적용하여 ≪출력형태≫와 같이 작성하시오. (50점)

≪조건≫ (1) 스타일 이름 – ceramics

(2) 문단 모양 – 왼쪽 여백 : 15pt, 문단 아래 간격 : 10pt

(3) 글자 모양 – 글꼴 : 한글(돋움)/영문(궁서), 크기 : 10pt, 장평 : 95%, 자간 : -5%

≪출력형태≫

KICB 2022 looks at the past of the ceramic biennale and roles and meanings of ceramic art in the post COVID-19 era, and aspires to deliver messages of consolation and hope to those tired.

경기세계도자비엔날레는 도자비엔날레의 과거와 '포스트 코로나' 이후 도자예술의 의미를 짚어보고, 코로나로 지친 이들에게 도자예술을 통한 위로와 희망을 전하고자 한다.

2. 다음의 ≪조건≫에 따라 ≪출력형태≫와 같이 표와 차트를 작성하시오. (100점)

≪표 조건≫ (1) 표 전체(표, 캡션) – 돋움, 10pt

(2) 정렬 – 문자 : 가운데 정렬, 숫자 : 오른쪽 정렬

(3) 셀 배경(면색) : 노랑

(4) 한글의 계산 기능을 이용하여 빈칸에 평균(소수점 두 자리)을 구하고, 캡션 기능 사용할 것

(5) 선 모양은 ≪출력형태≫와 동일하게 처리할 것

≪출력형태≫

도자비엔날레 관람객 현황(단위 : 천 명)

구분	2016년	2017년	2018년	2019년	평균
전시관	56	55	57	63	
체험관	52	50	61	62	
공연	53	56	54	59	
부대행사	49	48	56	51	

≪차트 조건≫ (1) 차트 데이터는 표 내용에서 연도별 전시관, 체험관, 공연의 값만 이용할 것

(2) 종류 – 〈묶은 세로 막대형〉으로 작업할 것

(3) 제목 – 굴림, 진하게, 12pt, 속성 – 채우기(하양), 테두리, 그림자(대각선 오른쪽 아래)

【굴림, 진하게, 12pt, 배경 – 선 모양(한 줄로), 그림자(2pt)】

(4) 제목 이외의 전체 글꼴 – 굴림, 보통, 10pt

(5) 축제목과 범례는 ≪출력형태≫와 동일하게 처리할 것

≪출력형태≫

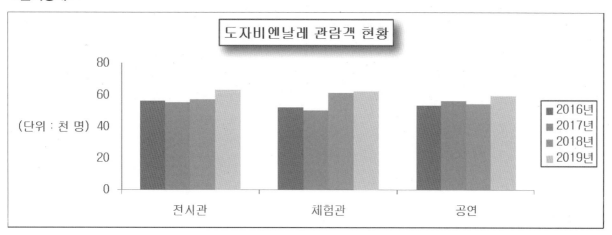

3. 다음 (1), (2)의 수식을 수식 편집기로 각각 입력하시오. (40점)

≪출력형태≫

(1) $R \times 3 = \dfrac{360h}{2\pi(\phi_A - \phi_B)} \times 3$

(2) $\dfrac{a^4}{T^2} - 1 = \dfrac{G}{4\pi^2}(M + m)$

4. 다음의 ≪조건≫에 따라 ≪출력형태≫와 같이 문서를 작성하시오. (110점)

≪조건≫

(1) 그리기 도구를 이용하여 작성하고, 모든 도형(글맵시, 지정된 그림 포함)을 ≪출력형태≫와 같이 작성하시오.

(2) 도형의 면색은 지시사항이 없으면 색 없음을 제외하고 서로 다르게 임의로 지정하시오.

≪출력형태≫

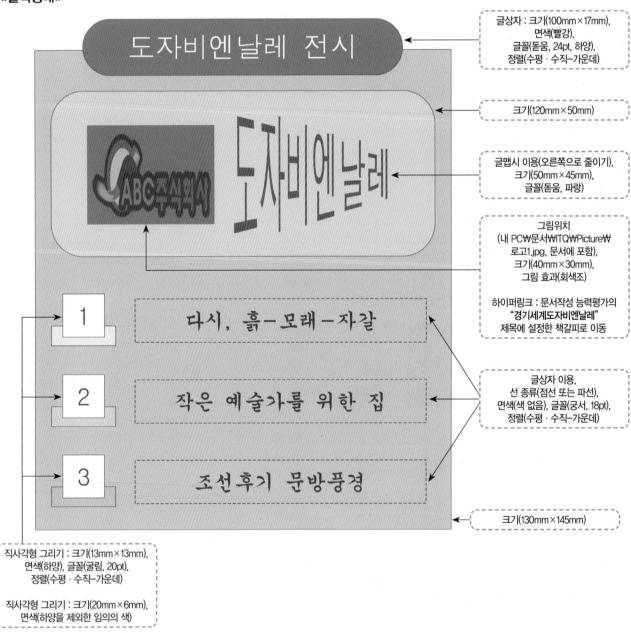

글상자 : 크기(100mm×17mm), 면색(빨강), 글꼴(돋움, 24pt, 하양), 정렬(수평 · 수직-가운데)

크기(120mm×50mm)

글맵시 이용(오른쪽으로 줄이기), 크기(50mm×45mm), 글꼴(돋움, 파랑)

그림위치
(내 PC₩문서₩ITQ₩Picture₩
로고1.jpg, 문서에 포함),
크기(40mm×30mm),
그림 효과(회색조)

하이퍼링크 : 문서작성 능력평가의
"경기세계도자비엔날레"
제목에 설정한 책갈피로 이동

글상자 이용,
선 종류(점선 또는 파선),
면색(색 없음), 글꼴(궁서, 18pt),
정렬(수평 · 수직-가운데)

크기(130mm×145mm)

직사각형 그리기 : 크기(13mm×13mm),
면색(하양), 글꼴(굴림, 20pt),
정렬(수평 · 수직-가운데)

직사각형 그리기 : 크기(20mm×6mm),
면색(하양을 제외한 임의의 색)

글꼴 : 돋움, 18pt, 진하게, 가운데 정렬
책갈피 이름 : 도자
덧말 넣기

머리말 기능
굴림, 10pt, 오른쪽 정렬

도자예술축제
경기세계도자비엔날레

문단 첫 글자 장식 기능
글꼴 : 궁서, 면색 : 노랑

그림위치(내 PC\문서\ITQ\Picture\그림5.jpg, 문서에 포함)
자르기 기능 이용, 크기(40mm×40mm), 바깥 여백 왼쪽 : 2mm

경기세계도자비엔날레는 지난 2001년부터 개최되는 도자 분야의 최고 국제 행사이다. 전 세계 도예인들과 도자 애호가들이 한자리에 모여 도자 문화에 대해 교류하고 지구촌의 도자 흐름을 선도하는 창조의 장으로 자리매김한 본 축제는 한국 도자의 문화적 수준을 제고하여 도자의 대중화와 그 저변 확대에 앞장서고 있으며, 개최 지역인 경기도의 이천, 여주, 광주를 세계 도자의 중심지로 성장 및 발전시키는 원동력이 되고 있다.

이천의 세라피아를 살펴보면 약 13억 원에 달하는 폐도자 등을 활용한 도자 관광테마파크로서 문화시설, 놀이시설, 편의시설 등이 모두 도자 조형물로 꾸며져 있다. 세라믹과 유토피아◯의 합성어로서 도자로 만든 유토피아를 의미하는 이곳은 관람객들과 도예인들에게 도자 체험의 기회(機會)와 창작활동의 장을 제공하는 복합 문화공간을 목표로 하고 있다. 여주의 도자세상은 반달미술관을 포함한 국내 최초의 도자 쇼핑문화관광지로 도자를 보고 사고 즐길 수 있다. 광주의 곤지암도자공원은 경기도자박물관, 스페인조각공원, 도자쇼핑몰, 한국정원 등 주변 단지를 통칭하는 새 이름이며 전통(傳統), 문화, 휴양 기능을 갖춘 복합 관광지이다.

각주

♥ 작품 제작 기법 배워 보기

글꼴 : 궁서, 18pt, 하양
음영색 : 파랑

A. 오픈스튜디오
　1. 기간 : 2022년 5월 20일 – 5월 29일(10일간)
　2. 장소 : 경기생활도자미술관 1층
B. 어린이 예술가 체험
　1. 흙 반죽에 대해 배우고 발로 흙을 밟아보는 감각 체험
　2. 원하는 접시 모양을 선택 후 다양한 장식 기법 도자기 완성

문단 번호 기능 사용
1수준 : 20pt, 오른쪽 정렬,
2수준 : 30pt, 오른쪽 정렬
줄 간격 : 180%

♥ 도자비엔날레 국제공모전

글꼴 : 궁서, 18pt, 기울임, 강조점

표 전체 글꼴 : 돋움, 10pt, 가운데 정렬
셀 배경(그러데이션) : 유형(가로)【수평】,
시작색(하양), 끝색(노랑)

구분	부문	수상자	작품명	상금	전시장소
대상	조형	보딜 만츠	건축적 부피	6,000만 원	이천
금상	생활	이윤아	초자연적인 01	2,000만 원	여주
	조형	클레어 린드너	거대한 바다짐승		이천
은상	생활	안토넬라 치마티	크레스피나	1,000만 원	여주
	조형	미카엘 기어트센	푸른 사물		이천

글꼴 : 굴림, 22pt, 진하게
장평 : 105%, 오른쪽 정렬

한국도자재단

각주 구분선 : 5cm

◯ 인간이 생각할 수 있는 최선의 상태를 갖춘 완전한 사회

쪽 번호 매기기
6으로 시작　→ vi

과목	코드	문제유형	시험시간	수험번호	성명
아래한글	1111	A	60분		

한컴 오피스

·수험자 유의사항·

- 수험자는 문제지를 받는 즉시 문제지와 **수험표상의 시험과목(프로그램)이 동일한지 반드시 확인**하여야 합니다.
- 파일명은 본인의 "수험번호-성명"으로 입력하여 답안폴더(내 PC₩문서₩ITQ)에 하나의 파일로 저장해야 하며, 답안 문서 파일명이 "수험번호-성명"과 일치하지 않거나, 답안파일을 전송하지 않아 미제출로 처리될 경우 실격 처리합니다 (예: 12345678-홍길동.hwp).
- 답안 작성을 마치면 파일을 저장하고, '답안 전송' 버튼을 선택하여 감독위원 PC로 답안을 전송하십시오. 수험생 정보와 저장한 파일명이 다를 경우 전송되지 않으므로 주의하시기 바랍니다.
- 답안 작성 중에도 **주기적으로 저장하고, '답안 전송'**하여야 문제 발생을 줄일 수 있습니다. 작업한 내용을 저장하지 않고 전송할 경우 이전에 저장된 내용이 전송되오니 이점 유의하시기 바랍니다.
- 답안문서는 지정된 경로 외의 다른 보조기억장치에 저장하는 경우, 지정된 시험 시간 외에 작성된 파일을 활용할 경우, 기타 통신수단(이메일, 메신저, 네트워크 등)을 이용하여 타인에게 전달 또는 외부 반출하는 경우는 부정 처리합니다.
- 시험 중 부주의 또는 고의로 시스템을 파손한 경우는 수험자가 변상해야 하며, 〈수험자 유의사항〉에 기재된 방법대로 이행하지 않아 생기는 불이익은 수험생 당사자의 책임임을 알려 드립니다.
- 문제의 조건은 한컴오피스 2020 버전으로 설정되어 있으며 한컴오피스 NEO는 【 】에 표기되어 있습니다. 이와 관련하여 작성한 답안의 출력형태가 문제지와 다를 수 있습니다.
- 시험을 완료한 수험자는 답안파일이 전송되었는지 확인한 후 감독위원의 지시에 따라 문제지를 제출하고 퇴실합니다.

· 답안 작성요령 ·

- 온라인 답안 작성 절차
  수험자 등록 ⇒ 시험 시작 ⇒ 답안파일 저장 ⇒ 답안 전송 ⇒ 시험 종료
- 공통 부문
  - 글꼴에 대한 기본설정은 함초롬바탕, 10포인트, 검정, 줄간격 160%, 양쪽정렬로 합니다.
  - 색상은 조건의 색을 적용하고 색의 구분이 안 될 경우에는 RGB 값을 적용하십시오. (빨강 255, 0, 0 / 파랑 0, 0, 255 / 노랑 255, 255, 0).
  - 각 문항에 주어진 ≪조건≫에 따라 작성하고 언급하지 않은 조건은 ≪출력형태≫와 같이 작성합니다.
  - 용지여백은 왼쪽·오른쪽 11mm, 위쪽·아래쪽·머리말·꼬리말 10mm, 제본 0mm로 합니다.
  - 그림 삽입 문제의 경우「내 PC₩문서₩ITQ₩Picture」폴더에서 지정된 파일을 선택하여 삽입하십시오.
  - 삽입한 그림은 반드시 문서에 포함하여 저장해야 합니다(미포함 시 감점 처리).
  - 각 항목은 지정된 페이지에 출력형태와 같이 정확히 작성하시기 바라며, 그렇지 않을 경우에 해당 항목은 0점 처리됩니다.
  - ※ 페이지구분 : 1페이지 – 기능평가 I (문제번호 표시 : 1. 2.),
    2페이지 – 기능평가 II (문제번호 표시 : 3. 4.),
    3페이지 – 문서작성 능력평가
- 기능평가
  - 문제와 ≪조건≫은 입력하지 않으며 문제번호와 답(≪출력형태≫)만 작성합니다.
  - 4번 문제는 묶기를 했을 경우 0점 처리됩니다.
- 문서작성 능력평가
  - A4용지(210mm×297mm) 1매 크기, 세로 서식 문서로 작성합니다.
  - ┄┄┄┄┄┄┄ 표시는 문서작성에 대한 지시사항이므로 작성하지 않습니다.

kpc 한국생산성본부

1. 다음의 ≪조건≫에 따라 스타일 기능을 적용하여 ≪출력형태≫와 같이 작성하시오. (50점)

≪조건≫ (1) 스타일 이름 – commander

(2) 문단 모양 – 왼쪽 여백 : 15pt, 문단 아래 간격 : 10pt

(3) 글자 모양 – 글꼴 : 한글(돋움)/영문(궁서), 크기 : 10pt, 장평 : 95%, 자간 : –5%

≪출력형태≫

Yi Sun-sin was a Korean naval commander, famed for his victories against the Japanese navy during the Imjin war in the Joseon Dynasty, and is well-respected for his exemplary conduct.

이순신은 한국인들이 존경하는 영웅으로 **23**전 이상의 전투에서 한 번도 패하지 않은 장수였다. 어떤 어려움 속에서도 굴복하지 않고 끝까지 백성과 나라를 사랑한 진정한 리더였다.

2. 다음의 ≪조건≫에 따라 ≪출력형태≫와 같이 표와 차트를 작성하시오. (100점)

≪표 조건≫ (1) 표 전체(표, 캡션) – 돋움, 10pt

(2) 정렬 – 문자 : 가운데 정렬, 숫자 : 오른쪽 정렬

(3) 셀 배경(면색) : 노랑

(4) 한글의 계산 기능을 이용하여 빈칸에 합계를 구하고, 캡션 기능 사용할 것

(5) 선 모양은 ≪출력형태≫와 동일하게 처리할 것

≪출력형태≫

이순신축제 관람객 현황(단위 : 천 명)

구분	주제행사	체험행사	불꽃쇼	부대행사	합계
2016년	105	103	12	99	
2017년	99	98	10	86	
2018년	96	99	94	82	
2019년	98	82	79	79	✕

≪차트 조건≫ (1) 차트 데이터는 표 내용에서 구분별 2016년, 2017년, 2018년의 값만 이용할 것

(2) 종류 – 〈묶은 세로 막대형〉으로 작업할 것

(3) 제목 – 굴림, 진하게, 12pt, 속성 – 채우기(하양), 테두리, 그림자(대각선 오른쪽 아래)

　　　　【굴림, 진하게, 12pt, 배경 – 선 모양(한 줄로), 그림자(2pt)】

(4) 제목 이외의 전체 글꼴 – 굴림, 보통, 10pt

(5) 축제목과 범례는 ≪출력형태≫와 동일하게 처리할 것

≪출력형태≫

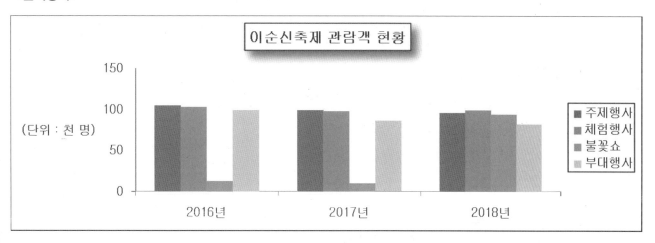

3. 다음 ⑴, ⑵의 수식을 수식 편집기로 각각 입력하시오. (40점)

≪출력형태≫

(1) $m_2 - m_1 = \dfrac{5}{2} log \dfrac{h_1}{h_2}$

(2) $\displaystyle\sum_{k=1}^{n} k^3 = \dfrac{n(n+1)}{2} = \sum_{k=1}^{n} k$

4. 다음의 ≪조건≫에 따라 ≪출력형태≫와 같이 문서를 작성하시오. (110점)

≪조건≫

⑴ 그리기 도구를 이용하여 작성하고, 모든 도형(글맵시, 지정된 그림 포함)을 ≪출력형태≫와 같이 작성하시오.

⑵ 도형의 면색은 지시사항이 없으면 색 없음을 제외하고 서로 다르게 임의로 지정하시오.

≪출력형태≫

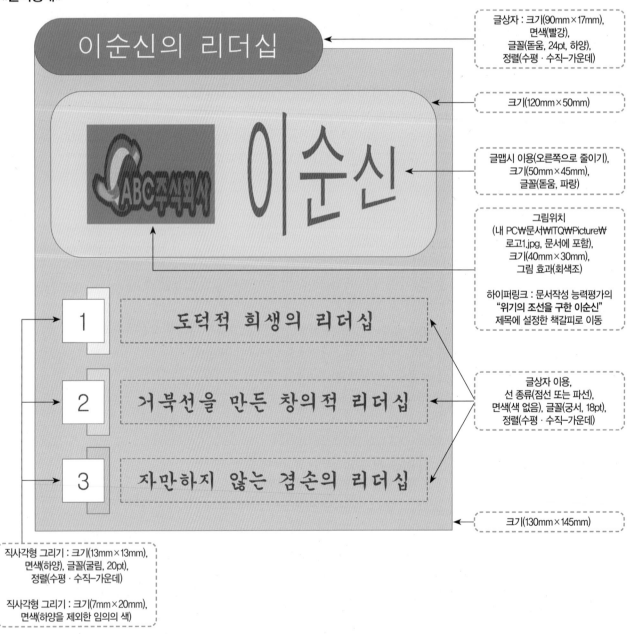

글상자 : 크기(90mm×17mm),
면색(빨강),
글꼴(돋움, 24pt, 하양),
정렬(수평·수직-가운데)

크기(120mm×50mm)

글맵시 이용(오른쪽으로 줄이기),
크기(50mm×45mm),
글꼴(돋움, 파랑)

그림위치
(내 PC₩문서₩ITQ₩Picture₩
로고1.jpg, 문서에 포함),
크기(40mm×30mm),
그림 효과(회색조)

하이퍼링크 : 문서작성 능력평가의
"위기의 조선을 구한 이순신"
제목에 설정한 책갈피로 이동

글상자 이용,
선 종류(점선 또는 파선),
면색(색 없음), 글꼴(궁서, 18pt),
정렬(수평·수직-가운데)

크기(130mm×145mm)

직사각형 그리기 : 크기(13mm×13mm),
면색(하양), 글꼴(굴림, 20pt),
정렬(수평·수직-가운데)

직사각형 그리기 : 크기(7mm×20mm),
면색(하양을 제외한 임의의 색)

글꼴 : 돋움, 18pt, 진하게, 가운데 정렬
책갈피 이름 : 충무공
덧말 넣기

머리말 기능
굴림, 10pt, 오른쪽 정렬 → 성웅 이순신

애국애족정신
위기의 조선을 구한 이순신

문단 첫 글자 장식 기능
글꼴 : 궁서, 면색 : 노랑

그림위치(내 PC₩문서₩ITQ₩Picture₩그림4.jpg, 문서에 포함)
자르기 기능 이용, 크기(40mm×40mm), 바깥 여백 왼쪽 : 2mm

이순신 장군은 조선 선조 때의 무신으로 일평생 정의를 실천(實踐)하면서 조금도 불의와 타협하지 않는 모습을 보여주었다. 옳다고 생각되는 일에는 상관이나 권력자에게도 서슴없이 오류를 지적하는 직언을 하였으며 늘 정의를 삶의 핵심 가치로 삼았다. 32세에 식년 무과의 병과에 급제한 뒤 권지훈련원봉사로 첫 관직에 올랐다. 이후 선전관과 정읍현감 등을 거쳐 절충장군과 진도군수 등을 지냈다. 같은 해 전라좌도수군절도사로 승진한 뒤 좌수영에 부임하여 군비 확충에 힘썼다.

이듬해 임진왜란이 일어나자 옥포에서 일본 수군과 첫 해전을 벌여 30여 척을 격파하였으며, 사천에서는 거북선을 처음 사용하여 적선 13척을 무찔렀다. 이어 1593년 남해안 일대의 일본 수군을 완전히 일소한 뒤 한산도로 진영을 옮겨 최초의 삼도수군통제사가 되었다. 이순신 장군은 시문에도 능하여 난중일기ⓐ와 한시 등 여러 뛰어난 작품을 남겼으며, 그의 삶 자체가 후세에 귀감이 되어 오늘날에도 이순신 장군과 그의 삶은 문학과 영화 등 예술 작품의 소재(素材)가 되고 있다. 또한 장검 등이 포함된 이충무공 유물은 보물문화재로 지정되어 있고 이 밖에도 많은 유적이 사적으로 지정되어 있다.

각주

♣ 거북선의 구조

글꼴 : 궁서, 18pt, 하양
음영색 : 파랑

1) 용머리와 화포

　가) 용머리 : 갑판과 수평으로 입에서 화포 발사

　나) 화포 : 움직이는 배 위에서도 사방을 향해 사격이 가능

2) 돛 지지대와 노

　가) 돛 지지대 : 돛 지지 기둥과 더불어 돛대를 고정하는 장치

　나) 노 : 배를 앞뒤로 움직이거나 제자리에서 회전

문단 번호 기능 사용
1수준 : 20pt, 오른쪽 정렬,
2수준 : 30pt, 오른쪽 정렬
줄 간격 : 180%

표 전체 글꼴 : 돋움, 10pt, 가운데 정렬
셀 배경(그러데이션) : 유형(가로)【수평】,
시작색(하양), 끝색(노랑)

♣ 이순신 포럼 CEO 아카데미

글꼴 : 궁서, 18pt, 기울임, 강조점

일자	주제	과정	강의 방법
5월 13일	해양 안보의 중요성과 대비 방향	개강식 및 지금 왜 이순신인가?	사례 강의 및 토의
	7년 전쟁의 종전 및 처리 과정	이순신의 파워인맥, 7년 전쟁을 승리로	
	시를 통해 본 이순신의 마음 경영	하늘을 감동하게 한 이순신의 진심	
5월 20일	경영의 지혜	이순신을 통해 본 깨어있는 의식경영	
	논어를 통해 본 이순신	수료식 및 임진왜란 전적지 답사	야외 세미나

글꼴 : 굴림, 22pt, 진하게
장평 : 105%, 오른쪽 정렬 → 국사편찬위원회

각주 구분선 : 5cm

ⓐ 임진왜란 때의 일을 간결하고 명료하게 기록한 일기

쪽 번호 매기기
7로 시작 → G

과목	코드	문제유형	시험시간	수험번호	성명
아래한글	1111	A	60분		

한컴 오피스

·수험자 유의사항·

- 수험자는 문제지를 받는 즉시 문제지와 **수험표상의 시험과목(프로그램)이 동일한지 반드시 확인**하여야 합니다.
- 파일명은 본인의 "수험번호-성명"으로 입력하여 답안폴더(내 PC₩문서₩ITQ)에 하나의 파일로 저장해야 하며, 답안 문서 파일명이 "수험번호-성명"과 일치하지 않거나, 답안파일을 전송하지 않아 미제출로 처리될 경우 실격 처리합니다 (예: 12345678-홍길동.hwp).
- 답안 작성을 마치면 파일을 저장하고, '답안 전송' 버튼을 선택하여 감독위원 PC로 답안을 전송하십시오. 수험생 정보와 저장한 파일명이 다를 경우 전송되지 않으므로 주의하시기 바랍니다.
- 답안 작성 중에도 **주기적으로 저장하고, '답안 전송'**하여야 문제 발생을 줄일 수 있습니다. 작업한 내용을 저장하지 않고 전송할 경우 이전에 저장된 내용이 전송되오니 이점 유의하시기 바랍니다.
- 답안문서는 지정된 경로 외의 다른 보조기억장치에 저장하는 경우, 지정된 시험 시간 외에 작성된 파일을 활용할 경우, 기타 통신수단(이메일, 메신저, 네트워크 등)을 이용하여 타인에게 전달 또는 외부 반출하는 경우는 부정 처리합니다.
- 시험 중 부주의 또는 고의로 시스템을 파손한 경우는 수험자가 변상해야 하며, 〈수험자 유의사항〉에 기재된 방법대로 이행하지 않아 생기는 불이익은 수험생 당사자의 책임임을 알려 드립니다.
- 문제의 조건은 한컴오피스 2020 버전으로 설정되어 있으며 한컴오피스 NEO는 【 】에 표기되어 있습니다. 이와 관련하여 작성한 답안의 출력형태가 문제지와 다를 수 있습니다.
- 시험을 완료한 수험자는 답안파일이 전송되었는지 확인한 후 감독위원의 지시에 따라 문제지를 제출하고 퇴실합니다.

· 답안 작성요령 ·

- 온라인 답안 작성 절차
  수험자 등록 ⇒ 시험 시작 ⇒ 답안파일 저장 ⇒ 답안 전송 ⇒ 시험 종료
- 공통 부문
  - 글꼴에 대한 기본설정은 함초롬바탕, 10포인트, 검정, 줄간격 160%, 양쪽정렬로 합니다.
  - 색상은 조건의 색을 적용하고 색의 구분이 안 될 경우에는 RGB 값을 적용하십시오.
    (빨강 255, 0, 0 / 파랑 0, 0, 255 / 노랑 255, 255, 0).
  - 각 문항에 주어진 ≪조건≫에 따라 작성하고 언급하지 않은 조건은 ≪출력형태≫와 같이 작성합니다.
  - 용지여백은 왼쪽·오른쪽 11㎜, 위쪽·아래쪽·머리말·꼬리말 10㎜, 제본 0㎜로 합니다.
  - 그림 삽입 문제의 경우 「내 PC₩문서₩ITQ₩Picture」 폴더에서 지정된 파일을 선택하여 삽입하십시오.
  - 삽입한 그림은 반드시 문서에 포함하여 저장해야 합니다(미포함 시 감점 처리).
  - 각 항목은 지정된 페이지에 출력형태와 같이 정확히 작성하시기 바라며, 그렇지 않을 경우에 해당 항목은 0점 처리됩니다.
    ※ 페이지구분 : 1페이지 - 기능평가 I (문제번호 표시 : 1. 2.),
    　　　　　　　 2페이지 - 기능평가 II (문제번호 표시 : 3. 4.),
    　　　　　　　 3페이지 - 문서작성 능력평가
- 기능평가
  - 문제와 ≪조건≫은 입력하지 않으며 문제번호와 답(≪출력형태≫)만 작성합니다.
  - 4번 문제는 묶기를 했을 경우 0점 처리됩니다.
- 문서작성 능력평가
  - A4용지(210㎜×297㎜) 1매 크기, 세로 서식 문서로 작성합니다.
  - 　　　　　　　 표시는 문서작성에 대한 지시사항이므로 작성하지 않습니다.

1. 다음의 ≪조건≫에 따라 스타일 기능을 적용하여 ≪출력형태≫와 같이 작성하시오. (50점)

≪조건≫ (1) 스타일 이름 – fusion

(2) 문단 모양 – 왼쪽 여백 : 15pt, 문단 아래 간격 : 10pt

(3) 글자 모양 – 글꼴 : 한글(궁서)/영문(돋움), 크기 : 10pt, 장평 : 95%, 자간 : 5%

≪출력형태≫

With the development research, computer functions are fused with objects in the physical world. It can be seen as a system that includes artificial intelligence such as medical, aviation, factory, and energy.

사이버물리시스템은 융합연구의 발전 시스템으로, 일반적으로는 다양한 컴퓨터 기능들이 물리 세계의 일반적인 사물들과 융합된 형태인 시스템을 의미한다.

2. 다음의 ≪조건≫에 따라 ≪출력형태≫와 같이 표와 차트를 작성하시오. (100점)

≪표 조건≫ (1) 표 전체(표, 캡션) – 돋움, 10pt

(2) 정렬 – 문자 : 가운데 정렬, 숫자 : 오른쪽 정렬

(3) 셀 배경(면색) : 노랑

(4) 한글의 계산 기능을 이용하여 빈칸에 합계를 구하고, 캡션 기능 사용할 것

(5) 선 모양은 ≪출력형태≫와 동일하게 처리할 것

≪출력형태≫ 　　　　　　　　　　　　　　　　　　　사이버물리시스템 연도별 활용 현황(단위 : 개)

구분	2018년	2019년	2020년	2021년	합계
도시계획	13	15	10	22	
방재	23	29	12	20	
보건	21	13	10	12	
교통	18	16	19	16	

≪차트 조건≫ (1) 차트 데이터는 표 내용에서 연도별 도시계획, 방재, 보건의 값만 이용할 것

(2) 종류 – 〈묶은 세로 막대형〉으로 작업할 것

(3) 제목 – 굴림, 진하게, 12pt, 속성 – 채우기(하양), 테두리, 그림자(대각선 오른쪽 아래)

【굴림, 진하게, 12pt, 배경 – 선 모양(한 줄로), 그림자(2pt)】

(4) 제목 이외의 전체 글꼴 – 굴림, 보통, 10pt

(5) 축제목과 범례는 ≪출력형태≫와 동일하게 처리할 것

≪출력형태≫

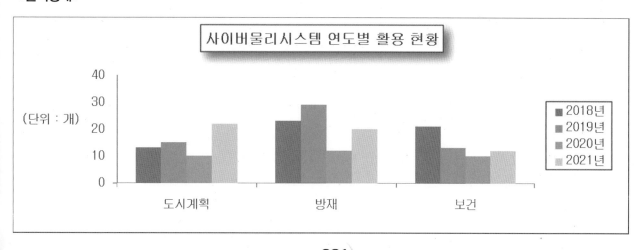

3. 다음 (1), (2)의 수식을 수식 편집기로 각각 입력하시오. (40점)

≪출력형태≫

(1) $\dfrac{1}{\lambda} = 1.097 \times 10^5 \left(\dfrac{1}{2^2} - \dfrac{1}{n^2} \right)$

(2) $\displaystyle\int_0^3 \dfrac{\sqrt{6t^2 - 18t + 12}}{5}\, dt = 11$

4. 다음의 ≪조건≫에 따라 ≪출력형태≫와 같이 문서를 작성하시오. (110점)

≪조건≫

(1) 그리기 도구를 이용하여 작성하고, 모든 도형(글맵시, 지정된 그림 포함)을 ≪출력형태≫와 같이 작성하시오.

(2) 도형의 면색은 지시사항이 없으면 색 없음을 제외하고 서로 다르게 임의로 지정하시오.

≪출력형태≫

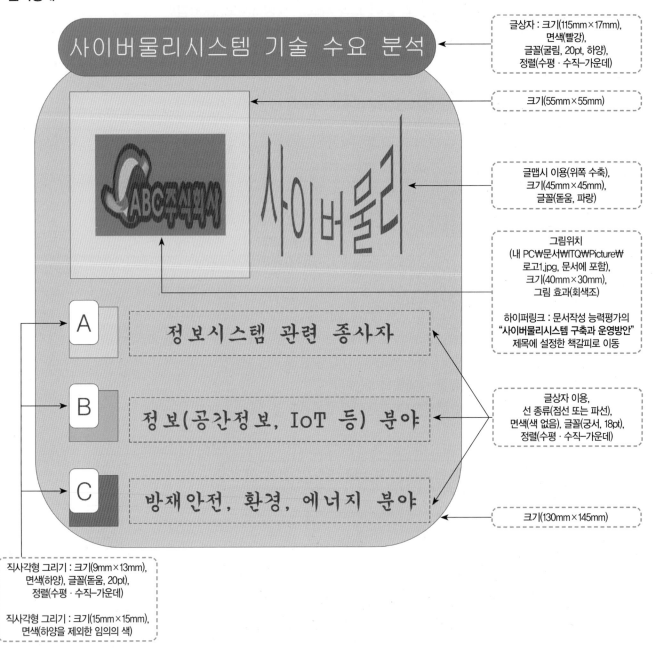

글꼴 : 굴림, 18pt, 진하게, 가운데 정렬
책갈피 이름 : 물리
덧말 넣기

머리말 기능
궁서, 10pt, 오른쪽 정렬 → 융합 시스템

안전환경연구실
사이버물리시스템 구축과 운영방안

문단 첫 글자 장식 기능
글꼴 : 돋움, 면색 : 노랑

각주

그림위치(내 PC₩문서₩ITQ₩Picture₩그림4.jpg, 문서에 포함)
자르기 기능 이용, 크기(40mm×40mm), 바깥 여백 왼쪽 : 2mm

실효성 있는 서울시 사이버물리시스템㉠의 구축 및 활용방안을 마련하기 위해 기술 수요조사를 실시하였다. 사이버물리시스템 공통부분에서는 구성 요소와 기술 요소 중요도, 기술 요소 중요도 구현을 위한 세부(細部) 기술 수준에 대한 조사를 실시하였다. 서울시 적용 및 활용 조사에서는 구현을 위한 인프라 수준, 구현 가능성, 분야별 적용 및 활용, 운영(運營)을 위한 정부 정책에 대한 조사가 이뤄졌다.

　서울시 사이버물리시스템 적용 및 활용방안 수요 조사는 풍수해, 소방 시설물, 환경 및 에너지의 각 전문 분야로 구분해 서술형으로 응답하도록 하여 사이버물리시스템 활용방안의 참고 자료로 활용하였다. 사이버물리시스템의 구성 요소 중 현실 데이터 취득이 가장 중요하며, 자율제어는 상대적으로 낮았다. 이는 도시 범위의 사이버물리시스템은 아직 초기 단계로 구성 요소인 데이터를 가장 중요하게 생각하고 있음을 알 수 있다. 이 외 기타 중요한 요소로 리빙랩, 시민참여와 도시문제 해결을 위한 주체 간 협력적 거버넌스가 필요하며, 정책 운영 및 의사결정 시 필요한 도시 현황 정보를 적시에 측정하고 추정할 수 있는 IoT 플랫폼 구축이 필요하다고 응답하였다.

◈ 사이버물리시스템 전문가 설문조사

글꼴 : 바탕, 18pt, 하양
음영색 : 파랑

　가. 사이버물리시스템 공통 부문
　　㉠ 사이버물리시스템의 구성 요소와 기술 요소 중요도
　　㉡ 사이버물리시스템을 구현하기 위한 세부 기술 수준
　나. 서울시 사이버물리시스템 적용 및 활용 조사
　　㉠ 구현을 위한 인프라 수준, 구현 가능성
　　㉡ 분야별 적용 및 활용, 운영을 위한 정부 정책

문단 번호 기능 사용
1수준 : 20pt, 오른쪽 정렬,
2수준 : 30pt, 오른쪽 정렬
줄 간격 : 180%

◈ *분야별 기술과 세부 항목*

글꼴 : 바탕, 18pt, 기울임, 강조점

표 전체 글꼴 : 굴림, 10pt, 가운데 정렬
셀 배경(그러데이션) : 유형(가로)【수평】,
시작색(하양), 끝색(노랑)

항목	기술 분야	세부 항목	비고
표준화	시스템	시스템 연계 및 표준화	최신 기술력
표준화	정보 시스템	분야별 정보시스템 간 연동, 표준화	최신 기술력
데이터	데이터 전달	현실 세계 데이터의 가상공간 전달	기술력
데이터	실시간 처리	실시간 데이터의 표준화, 에러 처리	에러 처리 프로세스
모델링 구축		현실 세계 문제에 대한 분석 및 시뮬레이션, 분석 결과의 가시화	

글꼴 : 굴림, 24pt, 진하게
장평 : 105%, 오른쪽 정렬

→서울연구원

각주 구분선 : 5cm

㉠ 광범위하게 사용되는 인공지능 시스템을 모두 포함하는 시스템

쪽 번호 매기기
2로 시작 →②

제 06 회   정보기술자격(ITQ) 최신유형 기출문제

과목	코드	문제유형	시험시간	수험번호	성명
아래한글	1111	A	60분		

한컴 오피스

·수험자 유의사항·

- 수험자는 문제지를 받는 즉시 문제지와 **수험표상의 시험과목(프로그램)이 동일한지 반드시 확인**하여야 합니다.
- 파일명은 본인의 "수험번호–성명"으로 입력하여 답안폴더(내 PC₩문서₩ITQ)에 하나의 파일로 저장해야 하며, 답안 문서 파일명이 "수험번호–성명"과 일치하지 않거나, 답안파일을 전송하지 않아 미제출로 처리될 경우 실격 처리합니다 (예: 12345678–홍길동.hwp).
- 답안 작성을 마치면 파일을 저장하고, '답안 전송' 버튼을 선택하여 감독위원 PC로 답안을 전송하십시오. 수험생 정보와 저장한 파일명이 다를 경우 전송되지 않으므로 주의하시기 바랍니다.
- 답안 작성 중에도 **주기적으로 저장하고, '답안 전송'**하여야 문제 발생을 줄일 수 있습니다. 작업한 내용을 저장하지 않고 전송할 경우 이전에 저장된 내용이 전송되오니 이점 유의하시기 바랍니다.
- 답안문서는 지정된 경로 외의 다른 보조기억장치에 저장하는 경우, 지정된 시험 시간 외에 작성된 파일을 활용할 경우, 기타 통신수단(이메일, 메신저, 네트워크 등)을 이용하여 타인에게 전달 또는 외부 반출하는 경우는 부정 처리합니다.
- 시험 중 부주의 또는 고의로 시스템을 파손한 경우는 수험자가 변상해야 하며, 〈수험자 유의사항〉에 기재된 방법대로 이행하지 않아 생기는 불이익은 수험생 당사자의 책임임을 알려 드립니다.
- 문제의 조건은 한컴오피스 2020 버전으로 설정되어 있으며 한컴오피스 NEO는 【 】에 표기되어 있습니다. 이와 관련하여 작성한 답안의 출력형태가 문제지와 다를 수 있습니다.
- 시험을 완료한 수험자는 답안파일이 전송되었는지 확인한 후 감독위원의 지시에 따라 문제지를 제출하고 퇴실합니다.

· 답안 작성요령 ·

- 온라인 답안 작성 절차
  수험자 등록 ⇒ 시험 시작 ⇒ 답안파일 저장 ⇒ 답안 전송 ⇒ 시험 종료
- 공통 부문
  - 글꼴에 대한 기본설정은 함초롬바탕, 10포인트, 검정, 줄간격 160%, 양쪽정렬로 합니다.
  - 색상은 조건의 색을 적용하고 색의 구분이 안 될 경우에는 RGB 값을 적용하십시오.
    (빨강 255, 0, 0 / 파랑 0, 0, 255 / 노랑 255, 255, 0).
  - 각 문항에 주어진 《조건》에 따라 작성하고 언급하지 않은 조건은 《출력형태》와 같이 작성합니다.
  - 용지여백은 왼쪽 · 오른쪽 11㎜, 위쪽 · 아래쪽 · 머리말 · 꼬리말 10㎜, 제본 0㎜로 합니다.
  - 그림 삽입 문제의 경우 「내 PC₩문서₩ITQ₩Picture」 폴더에서 지정된 파일을 선택하여 삽입하십시오.
  - 삽입한 그림은 반드시 문서에 포함하여 저장해야 합니다(미포함 시 감점 처리).
  - 각 항목은 지정된 페이지에 출력형태와 같이 정확히 작성하시기 바라며, 그렇지 않을 경우에 해당 항목은 0점 처리됩니다.
    ※ 페이지구분 : 1페이지 – 기능평가 I (문제번호 표시 : 1. 2.),
    　　　　　　　　2페이지 – 기능평가 II(문제번호 표시 : 3. 4.),
    　　　　　　　　3페이지 – 문서작성 능력평가
- 기능평가
  - 문제와 《조건》은 입력하지 않으며 문제번호와 답(《출력형태》)만 작성합니다.
  - 4번 문제는 묶기를 했을 경우 0점 처리됩니다.
- 문서작성 능력평가
  - A4용지(210㎜×297㎜) 1매 크기, 세로 서식 문서로 작성합니다.
  - ┌┄┄┄┄┄┄┄┄┄┐ 표시는 문서작성에 대한 지시사항이므로 작성하지 않습니다.

kpc 한국생산성본부

1. 다음의 《조건》에 따라 스타일 기능을 적용하여 《출력형태》와 같이 작성하시오. (50점)

≪조건≫ (1) 스타일 이름 – heritage

(2) 문단 모양 – 왼쪽 여백 : 15pt, 문단 아래 간격 : 10pt

(3) 글자 모양 – 글꼴 : 한글(굴림)/영문(돋움), 크기 : 10pt, 장평 : 95%, 자간 : 5%

≪출력형태≫

Korea is a powerhouse of documentary heritage, and has the world's oldest woodblock print, Mugu jeonggwang dae daranigyeong, and the first metal movable type, Jikji.

우리나라는 세계적으로 인정받는 기록유산의 강국으로 세계에서 가장 오래된 목판 인쇄물인 무구정광대다라니경과 최초의 금속활자본인 직지를 보유한 나라이다.

2. 다음의 《조건》에 따라 《출력형태》와 같이 표와 차트를 작성하시오. (100점)

≪표 조건≫ (1) 표 전체(표, 캡션) – 굴림, 10pt

(2) 정렬 – 문자 : 가운데 정렬, 숫자 : 오른쪽 정렬

(3) 셀 배경(면색) : 노랑

(4) 한글의 계산 기능을 이용하여 빈칸에 평균(소수점 두 자리)을 구하고, 캡션 기능 사용할 것

(5) 선 모양은 《출력형태》와 동일하게 처리할 것

≪출력형태≫

조선왕조실록 유네스코 신청 현황(단위 : 책 수)

구분	세종	성종	중종	선조	평균
정족산본	154	150	102	125	
태백산본	67	47	53	116	
오대산본	0	9	50	15	
권수	163	297	105	221	

≪차트 조건≫ (1) 차트 데이터는 표 내용에서 구분별 정족산본, 태백산본, 오대산본의 값만 이용할 것

(2) 종류 – 〈묶은 세로 막대형〉으로 작업할 것

(3) 제목 – 궁서, 진하게, 12pt, 속성 – 채우기(하양), 테두리, 그림자(아래쪽)

【궁서, 진하게, 12pt, 배경 – 선 모양(한 줄로), 그림자(2pt)】

(4) 제목 이외의 전체 글꼴 – 궁서, 보통, 10pt

(5) 축제목과 범례는 《출력형태》와 동일하게 처리할 것

≪출력형태≫

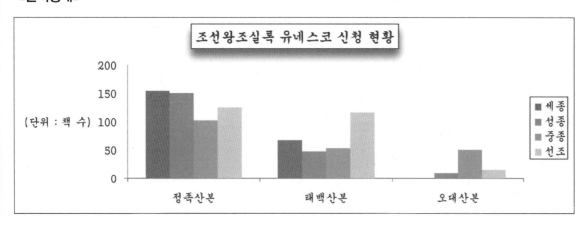

3. 다음 (1), (2)의 수식을 수식 편집기로 각각 입력하시오. (40점)

≪출력형태≫

(1) $\dfrac{F}{h_2} = t_2 k_1 \dfrac{t_1}{d} = 2 \times 10^{-7} \dfrac{t_1 t_2}{d}$

(2) $\displaystyle\int_a^b A(x-a)(x-b)dx = -\dfrac{A}{6}(b-a)^3$

4. 다음의 ≪**조건**≫에 따라 ≪**출력형태**≫와 같이 문서를 작성하시오. (110점)

≪조건≫

(1) 그리기 도구를 이용하여 작성하고, 모든 도형(글맵시, 지정된 그림 포함)을 ≪출력형태≫와 같이 작성하시오.

(2) 도형의 면색은 지시사항이 없으면 색 없음을 제외하고 서로 다르게 임의로 지정하시오.

≪출력형태≫

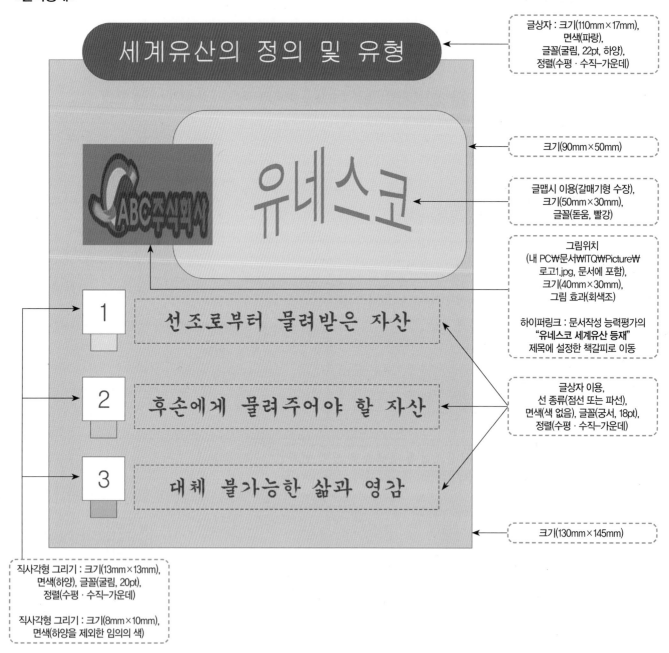

글상자 : 크기(110mm×17mm),
면색(파랑),
글꼴(굴림, 22pt, 하양),
정렬(수평·수직-가운데)

크기(90mm×50mm)

글맵시 이용(갈매기형 수장),
크기(50mm×30mm),
글꼴(돋움, 빨강)

그림위치
(내 PC₩문서₩ITQ₩Picture₩
로고1.jpg, 문서에 포함),
크기(40mm×30mm),
그림 효과(회색조)

하이퍼링크 : 문서작성 능력평가의
"유네스코 세계유산 등재"
제목에 설정한 책갈피로 이동

글상자 이용,
선 종류(점선 또는 파선),
면색(색 없음), 글꼴(궁서, 18pt),
정렬(수평·수직-가운데)

크기(130mm×145mm)

직사각형 그리기 : 크기(13mm×13mm),
면색(하양), 글꼴(굴림, 20pt),
정렬(수평·수직-가운데)

직사각형 그리기 : 크기(8mm×10mm),
면색(하양을 제외한 임의의 색)

글꼴 : 궁서, 18pt, 진하게, 가운데 정렬
책갈피 이름 : 유산
덧말 넣기

머리말 기능
굴림, 10pt, 오른쪽 정렬 → 세계자연유산

문단 첫 글자 장식 기능
글꼴 : 돋움, 면색 : 노랑

각주

유네스코 ^{한국의 갯벌} 세계유산 등재

그림위치(내 PC₩문서₩ITQ₩Picture₩그림4.jpg, 문서에 포함)
자르기 기능 이용, 크기(35mm×40mm), 바깥 여백 왼쪽 : 2mm

제 44차 유네스코Ⓐ 세계유산위원회는 한국의 갯벌을 세계유산목록에 등재(登載)할 것을 결정하였다. 한국의 갯벌은 서천 갯벌(충남 서천), 고창 갯벌(전북 고창), 신안 갯벌(전남 신안), 보성-순천 갯벌(전남 보성, 순천) 등 5개 지자체에 걸쳐 있는 4개 갯벌로 구성되어 있다. 세계유산위원회 자문기구인 국제자연보존연맹은 애초 한국의 갯벌에 대해 유산구역 등이 충분하지 않다는 이유로 반려를 권고하였으나, 세계유산센터 및 세계유산위원국을 대상으로 적극적인 외교교섭 활동을 전개한 결과, 등재가 성공리에 이루어졌다. 당시 실시된 등재 논의에서 세계유산위원국인 키르기스스탄이 제안한 등재 수정안에 대해 총 21개 위원국 중 13개국이 공동서명하고, 17개국이 지지 발언하여 의견일치로 등재 결정되었다.

　이번 한국(韓國) 갯벌의 세계유산 등재는 현재 우리나라가 옵서버인 점, 온라인 회의로 현장 교섭이 불가한 점 등 여러 제약 조건 속에서도 외교부와 문화재청 등 관계부처 간 전략적으로 긴밀히 협업하여 일구어낸 성과로 평가된다. 특히 외교부는 문화재청, 관련 지자체, 전문가들과 등재 추진 전략을 협의하고, 주 유네스코 대표부를 중심으로 21개 위원국 주재 공관들의 전방위 지지 교섭을 총괄하면서 성공적인 등재에 이바지하였다.

♣ 등재 기준 부합성의 지형지질 특징

글꼴 : 돋움, 18pt, 하양
음영색 : 빨강

　가. 두꺼운 펄 갯벌 퇴적층
　　㉮ 육성 기원 퇴적물의 지속적이고 안정적인 공급
　　㉯ 암석 섬에 의한 보호와 수직부가 퇴적으로 25m 이상 형성
　나. 지질 다양성과 계절변화
　　㉮ 집중 강우와 강한 계절풍으로 외부 침식, 내부 퇴적
　　㉯ 모래갯벌, 혼합갯벌, 암반, 사구, 특이 퇴적 등

문단 번호 기능 사용
1수준 : 20pt, 오른쪽 정렬,
2수준 : 30pt, 오른쪽 정렬
줄 간격 : 180%

표 전체 글꼴 : 굴림, 10pt, 가운데 정렬
셀 배경(그러데이션) : 유형(가운데에서),
시작색(하양), 끝색(노랑)

♣ *한국 갯벌의 특징*

글꼴 : 돋움, 18pt, 기울임, 강조점

구분	지역별 특징	유형	비고
서천 갯벌	펄, 모래, 혼합갯벌, 사구	하구형	사취 발달
고창 갯벌	뚜렷한 계절변화로 인한 특이 쉐니어 형성	개방형	점토, 진흙
신안 갯벌	해빈 사구, 사취 등 모래 자갈 선형체	다도해형	40m 퇴적층
보성, 순천 갯벌	펄 갯벌 및 넓은 염습지 보유	반폐쇄형	염분 변화
쉐니어 : 모래 크기의 입자들로 구성되며 점토나 진흙 위에 형성된 해빈 언덕			

글꼴 : 궁서, 24pt, 진하게
장평 105%, 오른쪽 정렬 → **세계유산위원회**

각주 구분선 : 5cm

Ⓐ 교육, 과학, 문화를 통하여 국가 간의 협력을 촉진하기 위한 역할을 하는 국제연합기구

쪽 번호 매기기
7로 시작 → ⑦

과목	코드	문제유형	시험시간	수험번호	성명
아래한글	1111	A	60분		

한컴 오피스

·수험자 유의사항·

● 수험자는 문제지를 받는 즉시 문제지와 **수험표상의 시험과목(프로그램)이 동일한지 반드시 확인**하여야 합니다.
● 파일명은 본인의 "수험번호–성명"으로 입력하여 답안폴더(내 PC₩문서₩ITQ)에 하나의 파일로 저장해야 하며, 답안 문서 파일명이 "수험번호–성명"과 일치하지 않거나, 답안파일을 전송하지 않아 미제출로 처리될 경우 실격 처리합니다 (예: 12345678–홍길동.hwp).
● 답안 작성을 마치면 파일을 저장하고, '답안 전송' 버튼을 선택하여 감독위원 PC로 답안을 전송하십시오. 수험생 정보와 저장한 파일명이 다를 경우 전송되지 않으므로 주의하시기 바랍니다.
● 답안 작성 중에도 **주기적으로 저장하고, '답안 전송'**하여야 문제 발생을 줄일 수 있습니다. 작업한 내용을 저장하지 않고 전송할 경우 이전에 저장된 내용이 전송되오니 이점 유의하시기 바랍니다.
● 답안문서는 지정된 경로 외의 다른 보조기억장치에 저장하는 경우, 지정된 시험 시간 외에 작성된 파일을 활용할 경우, 기타 통신수단(이메일, 메신저, 네트워크 등)을 이용하여 타인에게 전달 또는 외부 반출하는 경우는 부정 처리합니다.
● 시험 중 부주의 또는 고의로 시스템을 파손한 경우는 수험자가 변상해야 하며, 〈수험자 유의사항〉에 기재된 방법대로 이행하지 않아 생기는 불이익은 수험생 당사자의 책임임을 알려 드립니다.
● 문제의 조건은 한컴오피스 2020 버전으로 설정되어 있으며 한컴오피스 NEO는 【 】에 표기되어 있습니다. 이와 관련하여 작성한 답안의 출력형태가 문제지와 다를 수 있습니다.
● 시험을 완료한 수험자는 답안파일이 전송되었는지 확인한 후 감독위원의 지시에 따라 문제지를 제출하고 퇴실합니다.

· 답안 작성요령 ·

● 온라인 답안 작성 절차
  수험자 등록 ⇒ 시험 시작 ⇒ 답안파일 저장 ⇒ 답안 전송 ⇒ 시험 종료
● 공통 부문
  • 글꼴에 대한 기본설정은 함초롬바탕, 10포인트, 검정, 줄간격 160%, 양쪽정렬로 합니다.
  • 색상은 조건의 색을 적용하고 색의 구분이 안 될 경우에는 RGB 값을 적용하십시오.
    (빨강 255, 0, 0 / 파랑 0, 0, 255 / 노랑 255, 255, 0).
  • 각 문항에 주어진 ≪조건≫에 따라 작성하고 언급하지 않은 조건은 ≪출력형태≫와 같이 작성합니다.
  • 용지여백은 왼쪽 · 오른쪽 11㎜, 위쪽 · 아래쪽 · 머리말 · 꼬리말 10㎜, 제본 0㎜로 합니다.
  • 그림 삽입 문제의 경우 「내 PC₩문서₩ITQ₩Picture」 폴더에서 지정된 파일을 선택하여 삽입하십시오.
  • 삽입한 그림은 반드시 문서에 포함하여 저장해야 합니다(미포함 시 감점 처리).
  • 각 항목은 지정된 페이지에 출력형태와 같이 정확히 작성하시기 바라며, 그렇지 않을 경우에 해당 항목은 0점 처리됩니다.
    ※ 페이지구분 : 1페이지 – 기능평가 I (문제번호 표시 : 1. 2.),
                    2페이지 – 기능평가 II (문제번호 표시 : 3. 4.),
                    3페이지 – 문서작성 능력평가
● 기능평가
  • 문제와 ≪조건≫은 입력하지 않으며 문제번호와 답(≪출력형태≫)만 작성합니다.
  • 4번 문제는 묶기를 했을 경우 0점 처리됩니다.
● 문서작성 능력평가
  • A4용지(210㎜×297㎜) 1매 크기, 세로 서식 문서로 작성합니다.
  • [   ] 표시는 문서작성에 대한 지시사항이므로 작성하지 않습니다.

kpc 한국생산성본부

1. 다음의 《조건》에 따라 스타일 기능을 적용하여 《출력형태》와 같이 작성하시오. (50점)

≪조건≫ (1) 스타일 이름 – exhibition

(2) 문단 모양 – 왼쪽 여백 : 15pt, 문단 아래 간격 : 10pt

(3) 글자 모양 – 글꼴 : 한글(돋움)/영문(궁서), 크기 : 10pt, 장평 : 95%, 자간 : −5%

≪출력형태≫

As the only Korean photovoltaic exhibition representing Asia, the EXPO Solar 2022/PV Korea is to be held in KINTEX from June 29(Wed) to July 1(Fri), 2022.

아시아를 대표하는 대한민국 유일의 태양광 전문 전시회인 2022 세계 태양에너지 엑스포가 2022년 6월 29일부터 7월 1일까지 3일간의 일정으로 킨텍스에서 개최된다.

2. 다음의 《조건》에 따라 《출력형태》와 같이 표와 차트를 작성하시오. (100점)

≪표 조건≫ (1) 표 전체(표, 캡션) – 굴림, 10pt

(2) 정렬 – 문자 : 가운데 정렬, 숫자 : 오른쪽 정렬

(3) 셀 배경(면색) : 노랑

(4) 한글의 계산 기능을 이용하여 빈칸에 합계를 구하고, 캡션 기능 사용할 것

(5) 선 모양은《출력형태》와 동일하게 처리할 것

≪출력형태≫

직종별 참관객 현황(단위 : 백 명)

직종	1일차	2일차	3일차	4일차	합계
마케팅	14	15	16	17	
엔지니어링 관리	13	14	15	16	
연구 및 개발	9	10	12	13	
구매 관리	8	9	10	12	

≪차트 조건≫ (1) 차트 데이터는 표 내용에서 일차별 마케팅, 엔지니어링 관리, 연구 및 개발의 값만 이용할 것

(2) 종류 – 〈묶은 세로 막대형〉으로 작업할 것

(3) 제목 – 돋움, 진하게, 12pt, 속성 – 채우기(하양), 테두리, 그림자(대각선 오른쪽 아래)

【돋움, 진하게, 12pt, 배경 – 선 모양(한 줄로), 그림자(2pt)】

(4) 제목 이외의 전체 글꼴 – 돋움, 보통, 10pt

(5) 축제목과 범례는《출력형태》와 동일하게 처리할 것

≪출력형태≫

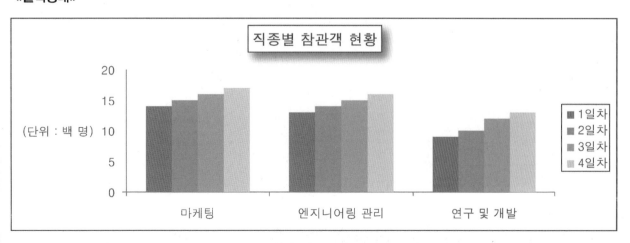

3. 다음 (1), (2)의 수식을 수식 편집기로 각각 입력하시오. (40점)

≪출력형태≫

(1) $f = \sqrt{\dfrac{2 \times 1.6 \times 10^{-7}}{9.1 \times 10^{-3}}} = 5.9 \times 10^5$

(2) $\lambda = \dfrac{h}{mh} = \dfrac{h}{\sqrt{2me\,V}}$

4. 다음의 ≪조건≫에 따라 ≪출력형태≫와 같이 문서를 작성하시오. (110점)

≪조건≫

(1) 그리기 도구를 이용하여 작성하고, 모든 도형(글맵시, 지정된 그림 포함)을 ≪출력형태≫와 같이 작성하시오.

(2) 도형의 면색은 지시사항이 없으면 색 없음을 제외하고 서로 다르게 임의로 지정하시오.

≪출력형태≫

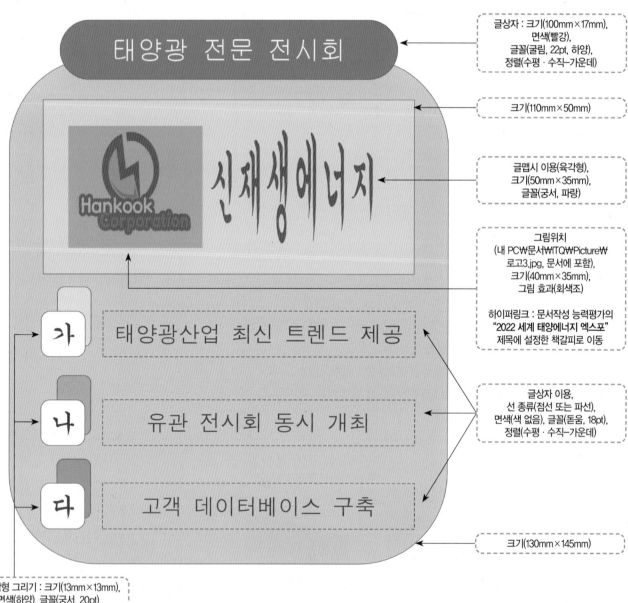

태양광 전문 전시회

글상자 : 크기(100mm×17mm),
면색(빨강),
글꼴(굴림, 22pt, 하양),
정렬(수평·수직-가운데)

크기(110mm×50mm)

신재생에너지

글맵시 이용(육각형),
크기(50mm×35mm),
글꼴(궁서, 파랑)

그림위치
(내 PC\문서\ITQ\Picture\
로고3.jpg, 문서에 포함),
크기(40mm×35mm),
그림 효과(회색조)

하이퍼링크 : 문서작성 능력평가의
"2022 세계 태양에너지 엑스포"
제목에 설정한 책갈피로 이동

가   태양광산업 최신 트렌드 제공

나   유관 전시회 동시 개최

다   고객 데이터베이스 구축

글상자 이용,
선 종류(점선 또는 파선),
면색(색 없음), 글꼴(돋움, 18pt),
정렬(수평·수직-가운데)

크기(130mm×145mm)

직사각형 그리기 : 크기(13mm×13mm),
면색(하양), 글꼴(궁서, 20pt),
정렬(수평·수직-가운데)

직사각형 그리기 : 크기(10mm×17mm),
면색(하양을 제외한 임의의 색)

머리말 기능
궁서, 10pt, 오른쪽 정렬 → 태양광 전문 전시회

글꼴 : 돋움, 18pt, 진하게, 가운데 정렬
책갈피 이름 : 태양광
덧말 넣기

친환경 에너지
2022 세계 태양에너지 엑스포

문단 첫 글자 장식 기능
글꼴 : 굴림, 면색 : 노랑

그림위치(내 PC₩문서₩ITQ₩Picture₩그림4.jpg, 문서에 포함)
자르기 기능 이용, 크기(40mm×35mm), 바깥 여백 왼쪽 : 2mm

신 기후체제 출범과 함께 온실가스감축. 기후변화 적응 기술이 그 핵심으로 떠오르면서 우리나라에서는 친환경에너지 비중 확대를 위해 태양광, 풍력 등의 신재생에너지 보급 확대를 위한 계획을 수립하여 추진(推進) 중이다. 아시아는 최근 중국과 일본을 비롯해 동남아시아의 태양광 발전 산업 지원을 위한 FIT 및 RPSⒶ 정책 강화로 세계의 관심이 집중되고 있다. 아시아 태양광 산업의 허브이자 아시아 태양광 시장진출의 게이트웨이로 충실한 역할을 수행해 온 세계 태양에너지 엑스포는 글로벌 추세의 변화와 국내 태양광 시장 확대에 맞춰 공급자와 사용자가 소통할 수 있는 장이 되고 있다.

각주

태양광 산업의 발전과 온실가스 감축을 위한 솔루션을 제시하는 세계 태양에니지 엑스쏘는 전 세계 국제전시회 인증기관인 국제전시연합회와 산업통상자원부의 우수 전시회 국제 인증 획득(獲得)으로 해외 출품기업체와 해외 바이어 참관객 수에서 국제 전시회로서의 자격과 요건을 확보해가고 있다. 올해로 13회째 열리는 2022 세계 태양에너지 엑스포에서는 출품기업과 참관객에게 태양광 관련 최신 기술 정보와 시공 및 설계 관련 다양한 기술 노하우를 무료로 전수할 수 있는 국제 PV 월드 포럼이 동시에 개최된다.

※ 2022 세계 태양에너지 엑스포 개요

글꼴 : 궁서, 18pt, 하양
음영색 : 파랑

1) 일시 및 장소

   가) 일시 : 2022년 6월 29일(수) ~ 7월 1일(금) 10:00 ~ 17:00

   나) 장소 : 킨텍스 제1전시장

2) 주관 및 후원

   가) 주관 : 녹색에너지연구원, 한국태양에너지학회 등

   나) 후원 : 한국에너지기술평가원, 한국신재생에너지협회 등

문단 번호 기능 사용
1수준 : 20pt, 오른쪽 정렬,
2수준 : 30pt, 오른쪽 정렬
줄 간격 : 180%

※ 전시장 구성 및 동시 개최 행사

글꼴 : 궁서, 18pt, 밑줄, 강조점

표 전체 글꼴 : 돋움, 10pt, 가운데 정렬
셀 배경(그러데이션) : 유형(세로)【수직】,
시작색(하양), 끝색(노랑)

	전시장 구성	동시 개최 행사	전시 품목
상담관	해외 바이어 수출 및 구매	2022 국제 PV 월드 포럼	태양광 셀과 모듈, 소재 및 부품
	태양광 사업 금융지원	태양광 시장 동향 및 수출 전략 세미나	
홍보관	지자체 태양광 기업	태양광 산업 지원 정책 및 발전 사업 설명회	전력 및 발전설비
	솔라 리빙관, 에너지 저장 시스템	해외 바이어 초청 수출 및 구매 상담회	

글꼴 : 굴림, 24pt, 진하게
장평 : 105%, 오른쪽 정렬 → # 엑스포솔라전시사무국

각주 구분선 : 5cm

Ⓐ 대규모 발전 사업자에게 신재생에너지를 이용한 발전을 의무화한 제도

쪽 번호 매기기
5로 시작 → ⑤

과목	코드	문제유형	시험시간	수험번호	성명
아래한글	1111	A	60분		

한컴 오피스

·수험자 유의사항·

- 수험자는 문제지를 받는 즉시 문제지와 **수험표상의 시험과목(프로그램)이 동일한지 반드시 확인**하여야 합니다.
- 파일명은 본인의 "수험번호–성명"으로 입력하여 답안폴더(내 PC₩문서₩ITQ)에 하나의 파일로 저장해야 하며, 답안 문서 파일명이 "수험번호–성명"과 일치하지 않거나, 답안파일을 전송하지 않아 미제출로 처리될 경우 실격 처리합니다 (예: 12345678–홍길동.hwp).
- 답안 작성을 마치면 파일을 저장하고, '답안 전송' 버튼을 선택하여 감독위원 PC로 답안을 전송하십시오. 수험생 정보와 저장한 파일명이 다를 경우 전송되지 않으므로 주의하시기 바랍니다.
- 답안 작성 중에도 **주기적으로 저장하고, '답안 전송'**하여야 문제 발생을 줄일 수 있습니다. 작업한 내용을 저장하지 않고 전송할 경우 이전에 저장된 내용이 전송되오니 이점 유의하시기 바랍니다.
- 답안문서는 지정된 경로 외의 다른 보조기억장치에 저장하는 경우, 지정된 시험 시간 외에 작성된 파일을 활용할 경우, 기타 통신수단(이메일, 메신저, 네트워크 등)을 이용하여 타인에게 전달 또는 외부 반출하는 경우는 부정 처리합니다.
- 시험 중 부주의 또는 고의로 시스템을 파손한 경우는 수험자가 변상해야 하며, 〈수험자 유의사항〉에 기재된 방법대로 이행하지 않아 생기는 불이익은 수험생 당사자의 책임임을 알려 드립니다.
- 문제의 조건은 한컴오피스 2020 버전으로 설정되어 있으며 한컴오피스 NEO는 【 】에 표기되어 있습니다. 이와 관련하여 작성한 답안의 출력형태가 문제지와 다를 수 있습니다.
- 시험을 완료한 수험자는 답안파일이 전송되었는지 확인한 후 감독위원의 지시에 따라 문제지를 제출하고 퇴실합니다.

· 답안 작성요령 ·

- 온라인 답안 작성 절차
  수험자 등록 ⇒ 시험 시작 ⇒ 답안파일 저장 ⇒ 답안 전송 ⇒ 시험 종료
- 공통 부문
  - 글꼴에 대한 기본설정은 함초롬바탕, 10포인트, 검정, 줄간격 160%, 양쪽정렬로 합니다.
  - 색상은 조건의 색을 적용하고 색의 구분이 안 될 경우에는 RGB 값을 적용하십시오.
    (빨강 255, 0, 0 / 파랑 0, 0, 255 / 노랑 255, 255, 0).
  - 각 문항에 주어진 ≪조건≫에 따라 작성하고 언급하지 않은 조건은 ≪출력형태≫와 같이 작성합니다.
  - 용지여백은 왼쪽 · 오른쪽 11㎜, 위쪽 · 아래쪽 · 머리말 · 꼬리말 10㎜, 제본 0㎜로 합니다.
  - 그림 삽입 문제의 경우 「내 PC₩문서₩ITQ₩Picture」 폴더에서 지정된 파일을 선택하여 삽입하십시오.
  - 삽입한 그림은 반드시 문서에 포함하여 저장해야 합니다(미포함 시 감점 처리).
  - 각 항목은 지정된 페이지에 출력형태와 같이 정확히 작성하시기 바라며, 그렇지 않을 경우에 해당 항목은 0점 처리됩니다.
    ※ 페이지구분 : 1페이지 – 기능평가 I (문제번호 표시 : 1. 2.),
    　　　　　　　 2페이지 – 기능평가 II (문제번호 표시 : 3. 4.),
    　　　　　　　 3페이지 – 문서작성 능력평가
- 기능평가
  - 문제와 ≪조건≫은 입력하지 않으며 문제번호와 답(≪출력형태≫)만 작성합니다.
  - 4번 문제는 묶기를 했을 경우 0점 처리됩니다.
- 문서작성 능력평가
  - A4용지(210㎜×297㎜) 1매 크기, 세로 서식 문서로 작성합니다.
  - ⌐ ̄ ̄ ̄ ̄ ̄¬ 표시는 문서작성에 대한 지시사항이므로 작성하지 않습니다.

kpc 한국생산성본부

1. 다음의 《조건》에 따라 스타일 기능을 적용하여 《출력형태》와 같이 작성하시오. (50점)

《조건》　(1) 스타일 이름 – security

　　　　(2) 문단 모양 – 왼쪽 여백 : 15pt, 문단 아래 간격 : 10pt

　　　　(3) 글자 모양 – 글꼴 : 한글(굴림)/영문(바탕), 크기 : 10pt, 장평 : 95%, 자간 : 5%

《출력형태》

Illegal leakage of personal information can fall in the wrong hands for identity theft and illegal spam causing mental and financial damages.

초고속 인터넷에 연결된 컴퓨터 사용자들은 자신들이 분마다 발생하는 사이버 위협의 잠재적인 목표물이라는 사실을 모르고 인터넷을 이용하고 있다.

2. 다음의 《조건》에 따라 《출력형태》와 같이 표와 차트를 작성하시오. (100점)

《표 조건》　(1) 표 전체(표, 캡션) – 돋움, 10pt

　　　　　(2) 정렬 – 문자 : 가운데 정렬, 숫자 : 오른쪽 정렬

　　　　　(3) 셀 배경(면색) : 노랑

　　　　　(4) 한글의 계산 기능을 이용하여 빈칸에 합계를 구하고, 캡션 기능 사용할 것

　　　　　(5) 선 모양은《출력형태》와 동일하게 처리할 것

《출력형태》　　　　　　　　　　　　　　　　　　　정보보호 산업 매출 현황(단위 : 백억 원)

구분	2017년	2018년	2019년	2020년	합계
네트워크 보안	65.3	72.9	75.2	82.5	
시스템 보안	44.4	48.8	53.4	57.2	
정보 유출 방지	46.6	42.6	43.1	45.9	
암호 및 인증	15.1	15.1	18.2	19.6	

《차트 조건》　(1) 차트 데이터는 표 내용에서 연도별 네트워크 보안, 시스템 보안, 정보 유출 방지의 값만 이용할 것

　　　　　(2) 종류 – 〈묶은 세로 막대형〉으로 작업할 것

　　　　　(3) 제목 – 굴림, 진하게, 12pt, 속성 – 채우기(하양), 테두리, 그림자(대각선 오른쪽 아래)

　　　　　　　【굴림, 진하게, 12pt, 배경 – 선 모양(한 줄로), 그림자(2pt)】

　　　　　(4) 제목 이외의 전체 글꼴 – 굴림, 보통, 10pt

　　　　　(5) 축제목과 범례는《출력형태》와 동일하게 처리할 것

《출력형태》

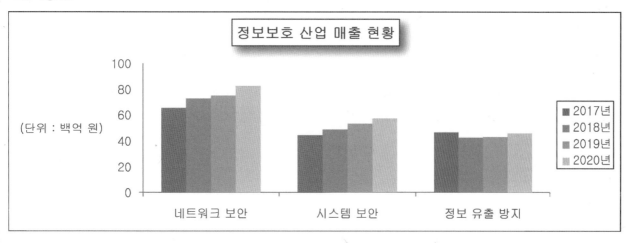

3. 다음 (1), (2)의 수식을 수식 편집기로 각각 입력하시오. (40점)

≪출력형태≫

(1) $\sum_{k=1}^{10} (k^3 + 6k^2 + 4k + 3) = 256$

(2) $R_H = \frac{1}{hc} \times \frac{2\pi^2 K^2 m e^4}{h^2}$

4. 다음의 ≪조건≫에 따라 ≪출력형태≫와 같이 문서를 작성하시오. (110점)

≪조건≫

(1) 그리기 도구를 이용하여 작성하고, 모든 도형(글맵시, 지정된 그림 포함)을 ≪출력형태≫와 같이 작성하시오.

(2) 도형의 면색은 지시사항이 없으면 색 없음을 제외하고 서로 다르게 임의로 지정하시오.

≪출력형태≫

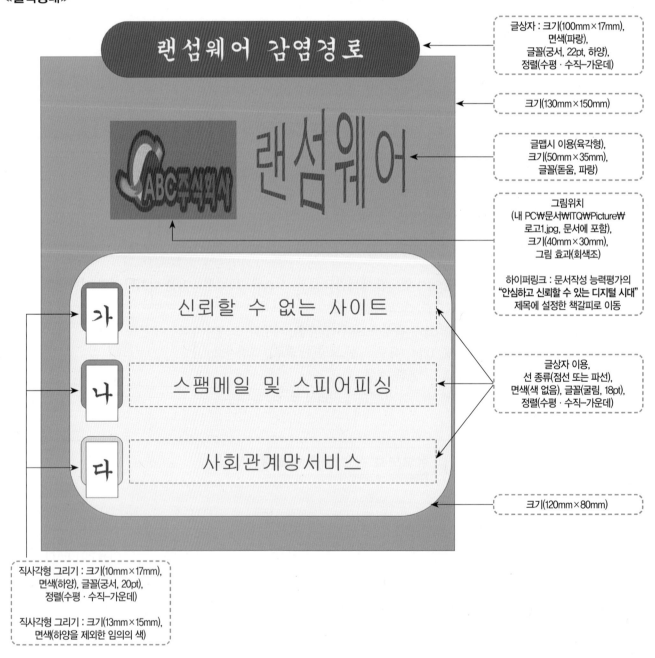

글상자 : 크기(100mm×17mm), 면색(파랑), 글꼴(궁서, 22pt, 하양), 정렬(수평·수직-가운데)

크기(130mm×150mm)

글맵시 이용(육각형), 크기(50mm×35mm), 글꼴(돋움, 파랑)

그림위치 (내 PC₩문서₩ITQ₩Picture₩ 로고1.jpg, 문서에 포함), 크기(40mm×30mm), 그림 효과(회색조)

하이퍼링크 : 문서작성 능력평가의 "안심하고 신뢰할 수 있는 디지털 시대" 제목에 설정한 책갈피로 이동

글상자 이용, 선 종류(점선 또는 파선), 면색(색 없음), 글꼴(굴림, 18pt), 정렬(수평·수직-가운데)

크기(120mm×80mm)

직사각형 그리기 : 크기(10mm×17mm), 면색(하양), 글꼴(궁서, 20pt), 정렬(수평·수직-가운데)

직사각형 그리기 : 크기(13mm×15mm), 면색(하양을 제외한 임의의 색)

글꼴 : 돋움, 18pt, 진하게, 가운데 정렬
책갈피 이름 : 개인정보
덧말 넣기

머리말 기능
굴림, 10pt, 오른쪽 정렬 → 사이버 위협

개인정보 보호
안심하고 신뢰할 수 있는 디지털 시대

문단 첫 글자 장식 기능
글꼴 : 궁서, 면색 : 노랑

그림위치(내 PC₩문서₩ITQ₩Picture₩그림4.jpg, 문서에 포함)
자르기 기능 이용, 크기(40mm×40mm), 바깥 여백 왼쪽 : 2mm

개인정보란 살아 있는 개인에 관한 정보로서 성명, 주민등록번호 및 영상 등을 통하여 개인을 알아볼 수 있는 정보, 즉 해당 정보만으로는 특정 개인을 알아볼 수 없더라도 다른 정보와 결합(結合)하여 알아볼 수 있는 것을 말한다. 2018년에는 가상통화 열풍을 타고 채굴형 악성코드 및 가상통화 거래소를 대상으로 한 스피어피싱 공격이 증가할 것으로 보인다. 2017년 하반기부터 가상통화 이용자가 증가함에 따라 각 거래소들의 규모가 점점 거대화되고 있다. 각 거래소들의 신규 인원 채용을 악용하여 한글 이력서 등으로 위장한 원격제어 및 정보유출 악성코드 감염 시도가 급증할 것으로 예상된다. 이러한 스피어피싱 공격은 일반 이용자들에게까지 전파(傳播)되어 메일 내 첨부파일을 열람할 경우 악성코드 감염에 노출될 수 있다.

각주

가상통화의 인기는 앞으로도 지속될 것으로 전망되고 있으므로 가상통화ⓐ 채굴을 위한 해커들의 공격은 멈추지 않을 것으로 보인다. 따라서 안전한 인터넷 이용을 위해서는 철저한 소프트웨어 보안 업데이트와 더불어 중요 정보를 개인 컴퓨터에 보관하지 않는 등 관리적 측면의 보안에 더욱 주의를 기울여야 할 것이다.

♠ 주요 랜섬웨어

글꼴 : 궁서, 18pt, 하양
음영색 : 빨강

  I. 워너크라이
    A. 사용자의 중요 파일을 암호화한 뒤 이를 푸는 대가로 금전을 요구
    B. 다양한 문서파일 외 다수의 파일을 암호화
  II. 록키
    A. 이메일의 수신인을 속이기 위해 인보이스, 환불 등의 제목 사용
    B. 확장자가 변하며 복구 관련 메시지 출력

문단 번호 기능 사용
1수준 : 20pt, 오른쪽 정렬,
2수준 : 30pt, 오른쪽 정렬
줄 간격 : 180%

표 전체 글꼴 : 굴림, 10pt, 가운데 정렬
셀 배경(그러데이션) : 유형(가로) 【수평】,
시작색(하양), 끝색(노랑)

♠ 정보보호 침해사고 신고 방법
글꼴 : 궁서, 18pt, 밑줄, 강조점

구분	신고 내용	신고 대상	신고 기관	신고 기한
정보시스템 운영 기업 및 기관	개인정보 유출	공공기관, 민간기업	행정안전부 및 한국인터넷진흥원	5일 이내
		서비스 제공자	방송통신위원회 및 한국인터넷진흥원	24시간 이내
	침해사고	서비스 제공자, 사업자	과학기술정보통신부 및 한국인터넷진흥원	즉시
일반 이용자 (정보 주체)	개인정보 침해	서비스 이용자	개인정보침해신고센터	없음

글꼴 : 돋움, 24pt, 진하게
장평 : 105%, 오른쪽 정렬
→ 한국인터넷진흥원

각주 구분선 : 5cm
_____

ⓐ 컴퓨터 등에 정보 형태로 남아 실물 없이 인터넷상으로만 거래되는 전자화폐의 일종

쪽 번호 매기기
6으로 시작 → ⑥

제 09 회 정보기술자격(ITQ) 최신유형 기출문제

과목	코드	문제유형	시험시간	수험번호	성명
아래한글	1111	A	60분		

한컴 오피스

·수험자 유의사항·

- 수험자는 문제지를 받는 즉시 문제지와 **수험표상의 시험과목(프로그램)이 동일한지 반드시 확인**하여야 합니다.
- 파일명은 본인의 "수험번호-성명"으로 입력하여 답안폴더(내 PC₩문서₩ITQ)에 하나의 파일로 저장해야 하며, 답안 문서 파일명이 "수험번호-성명"과 일치하지 않거나, 답안파일을 전송하지 않아 미제출로 처리될 경우 실격 처리합니다 (예: 12345678-홍길동.hwp).
- 답안 작성을 마치면 파일을 저장하고, '답안 전송' 버튼을 선택하여 감독위원 PC로 답안을 전송하십시오. 수험생 정보와 저장한 파일명이 다를 경우 전송되지 않으므로 주의하시기 바랍니다.
- 답안 작성 중에도 **주기적으로 저장하고, '답안 전송'**하여야 문제 발생을 줄일 수 있습니다. 작업한 내용을 저장하지 않고 전송할 경우 이전에 저장된 내용이 전송되오니 이점 유의하시기 바랍니다.
- 답안문서는 지정된 경로 외의 다른 보조기억장치에 저장하는 경우, 지정된 시험 시간 외에 작성된 파일을 활용할 경우, 기타 통신수단(이메일, 메신저, 네트워크 등)을 이용하여 타인에게 전달 또는 외부 반출하는 경우는 부정 처리합니다.
- 시험 중 부주의 또는 고의로 시스템을 파손한 경우는 수험자가 변상해야 하며, 〈수험자 유의사항〉에 기재된 방법대로 이행하지 않아 생기는 불이익은 수험생 당사자의 책임임을 알려 드립니다.
- 문제의 조건은 한컴오피스 2020 버전으로 설정되어 있으며 한컴오피스 NEO는 【 】에 표기되어 있습니다. 이와 관련하여 작성한 답안의 출력형태가 문제지와 다를 수 있습니다.
- 시험을 완료한 수험자는 답안파일이 전송되었는지 확인한 후 감독위원의 지시에 따라 문제지를 제출하고 퇴실합니다.

· 답안 작성요령 ·

- 온라인 답안 작성 절차
  수험자 등록 ⇒ 시험 시작 ⇒ 답안파일 저장 ⇒ 답안 전송 ⇒ 시험 종료
- 공통 부문
  • 글꼴에 대한 기본설정은 함초롬바탕, 10포인트, 검정, 줄간격 160%, 양쪽정렬로 합니다.
  • 색상은 조건의 색을 적용하고 색의 구분이 안 될 경우에는 RGB 값을 적용하십시오.
    (빨강 255, 0, 0 / 파랑 0, 0, 255 / 노랑 255, 255, 0).
  • 각 문항에 주어진 ≪조건≫에 따라 작성하고 언급하지 않은 조건은 ≪출력형태≫와 같이 작성합니다.
  • 용지여백은 왼쪽 · 오른쪽 11mm, 위쪽 · 아래쪽 · 머리말 · 꼬리말 10mm, 제본 0mm로 합니다.
  • 그림 삽입 문제의 경우 「내 PC₩문서₩ITQ₩Picture」 폴더에서 지정된 파일을 선택하여 삽입하십시오.
  • 삽입한 그림은 반드시 문서에 포함하여 저장해야 합니다(미포함 시 감점 처리).
  • 각 항목은 지정된 페이지에 출력형태와 같이 정확히 작성하시기 바라며, 그렇지 않을 경우에 해당 항목은 0점 처리됩니다.
    ※ 페이지구분 : 1페이지 - 기능평가 I (문제번호 표시 : 1. 2.),
                 2페이지 - 기능평가 II (문제번호 표시 : 3. 4.),
                 3페이지 - 문서작성 능력평가
- 기능평가
  • 문제와 ≪조건≫은 입력하지 않으며 문제번호와 답(≪출력형태≫)만 작성합니다.
  • 4번 문제는 묶기를 했을 경우 0점 처리됩니다.
- 문서작성 능력평가
  • A4용지(210mm×297mm) 1매 크기, 세로 서식 문서로 작성합니다.
  • ⌐⌐⌐⌐⌐⌐⌐⌐⌐⌐⌐ 표시는 문서작성에 대한 지시사항이므로 작성하지 않습니다.

kpc 한국생산성본부

1. 다음의 ≪조건≫에 따라 스타일 기능을 적용하여 ≪출력형태≫와 같이 작성하시오. (50점)

≪조건≫ (1) 스타일 이름 – animal

(2) 문단 모양 – 왼쪽 여백 : 15pt, 문단 아래 간격 : 10pt

(3) 글자 모양 – 글꼴 : 한글(돋움)/영문(궁서), 크기 : 10pt, 장평 : 95%, 자간 : −5%

≪출력형태≫

Humans try to regain their natural human nature that is lost by contact with pure animals as they are. This is what it means to have an animal, and the object is called a companion animal.

사람은 천성 그대로의 순수한 동물과 접함으로써 상실되어가는 인간 본연의 성정을 되찾으려 한다. 이것이 동물을 반려하는 일이며, 그 대상을 반려동물이라고 한다.

2. 다음의 ≪조건≫에 따라 ≪출력형태≫와 같이 표와 차트를 작성하시오. (100점)

≪표 조건≫ (1) 표 전체(표, 캡션) – 돋움, 10pt

(2) 정렬 – 문자 : 가운데 정렬, 숫자 : 오른쪽 정렬

(3) 셀 배경(면색) : 노랑

(4) 한글의 계산 기능을 이용하여 빈칸에 평균(소수점 두 자리)을 구하고, 캡션 기능 사용할 것

(5) 선 모양은≪출력형태≫와 동일하게 처리할 것

≪출력형태≫

반려견 소유자 의무교육 현황(단위 : 시간)

구분	사회화 방법	건강과 질병	안전관리	법과 제도	평균
2018년	35	22	16	7	
2019년	26	21	19	8	
2020년	47	25	14	12	
2021년	21	15	7	5	✕

≪차트 조건≫ (1) 차트 데이터는 표 내용에서 구분별 2018년, 2019년, 2020년의 값만 이용할 것

(2) 종류 – 〈묶은 세로 막대형〉으로 작업할 것

(3) 제목 – 굴림, 진하게, 12pt, 속성 – 채우기(하양), 테두리, 그림자(대각선 오른쪽 아래)

【굴림, 진하게, 12pt, 배경 – 선 모양(한 줄로), 그림자(2pt)】

(4) 제목 이외의 전체 글꼴 – 굴림, 보통, 10pt

(5) 축제목과 범례는≪출력형태≫와 동일하게 처리할 것

≪출력형태≫

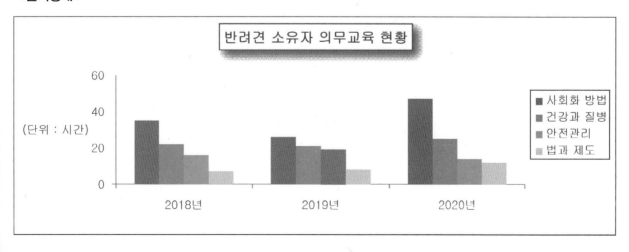

3. 다음 (1), (2)의 수식을 수식 편집기로 각각 입력하시오. (40점)

≪출력형태≫

(1) $\dfrac{t_A}{t_B} = \sqrt{\dfrac{d_B}{d_A}} = \sqrt{\dfrac{M_B}{M_A}}$

(2) $Q = \lim\limits_{\Delta t \to 0} \dfrac{\Delta s}{\Delta t} = \dfrac{d^2 s}{dt^2} + 1$

4. 다음의 ≪조건≫에 따라 ≪출력형태≫와 같이 문서를 작성하시오. (110점)

≪조건≫

(1) 그리기 도구를 이용하여 작성하고, 모든 도형(글맵시, 지정된 그림 포함)을 ≪출력형태≫와 같이 작성하시오.

(2) 도형의 면색은 지시사항이 없으면 색 없음을 제외하고 서로 다르게 임의로 지정하시오.

≪출력형태≫

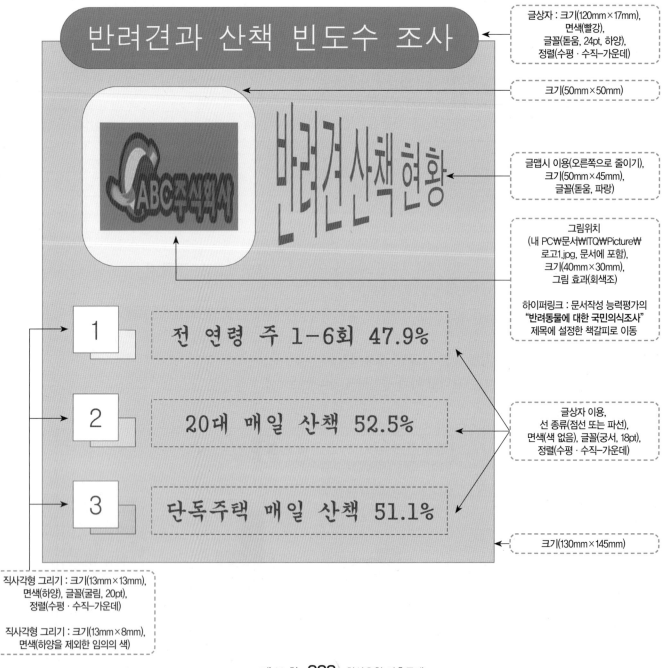

글상자 : 크기(120mm×17mm),
면색(빨강),
글꼴(돋움, 24pt, 하양),
정렬(수평·수직-가운데)

크기(50mm×50mm)

글맵시 이용(오른쪽으로 줄이기),
크기(50mm×45mm),
글꼴(돋움, 파랑)

그림위치
(내 PC₩문서₩ITQ₩Picture₩
로고1.jpg, 문서에 포함),
크기(40mm×30mm),
그림 효과(회색조)

하이퍼링크 : 문서작성 능력평가의
"반려동물에 대한 국민의식조사"
제목에 설정한 책갈피로 이동

글상자 이용,
선 종류(점선 또는 파선),
면색(색 없음), 글꼴(궁서, 18pt),
정렬(수평·수직-가운데)

크기(130mm×145mm)

직사각형 그리기 : 크기(13mm×13mm),
면색(하양), 글꼴(굴림, 20pt),
정렬(수평·수직-가운데)

직사각형 그리기 : 크기(13mm×8mm),
면색(하양을 제외한 임의의 색)

글꼴 : 돋움, 18pt, 진하게, 가운데 정렬
책갈피 이름 : 반려견
덧말 넣기

머리말 기능
굴림, 10pt, 오른쪽 정렬 → 반려동물 현황 조사

농림축산식품부
반려동물에 대한 국민의식조사

문단 첫 글자 장식 기능
글꼴 : 궁서, 면색 : 노랑

각주

그림위치(내 PC₩문서₩ITQ₩Picture₩그림4.jpg, 문서에 포함)
자르기 기능 이용, 크기(40mm×40mm), 바깥 여백 왼쪽 : 2mm

반려동물을 키우는 양육 가구 수가 증가함에 따라 동물권㉠에 대한 국민의 의식 제고로 동물복지가 강화되고 이에 대한 국민의 공감대가 형성(形成)되고 있다. 국민들이 반려동물을 양육하는 현황(現況)을 주기적으로 확인하여 동물보호에 대한 의식 수준을 향상하고자 한다. 조사한 현황 자료는 향후 동물보호, 복지 종합 계획 수립 및 동물보호법 개정, 정책 결정 시 기초자료로써 활용한다.

조사 설계는 다음과 같다. 전국 17개 시도 지역을 조사 지역으로 하고 2022년 현재 만 20세-64세의 전국 성인 남녀를 조사 대상으로 하며 온라인 조사 방법을 채택한다. 표본 할당 방법은 지역, 성, 연령별 인구비례할당으로 하며 표본 수는 총 5,000표본으로 한다. 조사 기간은 17일간 진행하고 정확한 기간은 추후 정한다. 조사 항목은 응답자 특성, 반려동물 양육 여부, 반려동물 관련 제도 및 법규 인식, 동물 학대에 대한 태도, 반려동물 입양 및 분양, 유기 동물 및 동물 보호 센터로 구분한다. 일반 국민 대상 동물보호 의식 수준과 동물보호, 복지 제도에 대한 실태조사 및 국민 의식 변화 파악을 통해 전략적인 정책 방향을 수립한다.

♠ 동물등록제의 인지도 및 등록현황

글꼴 : 궁서, 18pt, 하양
음영색 : 파랑

가. 동물등록제의 인지도
    ㉠ 반려견 소유자의 인지도는 미소유자 대비 높음
    ㉡ 반려견 미소유자의 인지도 하락
나. 동물등록제의 등록현황
    ㉠ 동물등록제의 등록 비율은 전년 대비 상승
    ㉡ 수도권과 수도권 외 동지역 대비 읍면지역이 낮음

문단 번호 기능 사용
1수준 : 20pt, 오른쪽 정렬,
2수준 : 30pt, 오른쪽 정렬
줄 간격 : 180%

♠ *반려견 등록/미등록 사유*

글꼴 : 궁서, 18pt, 기울임, 강조점

표 전체 글꼴 : 굴림, 10pt, 가운데 정렬
셀 배경(그러데이션) : 유형(가로)【수평】,
시작색(하양), 끝색(노랑)

구분	순위	사유	조사대상
등록	첫 번째, 두 번째	반려동물 분실 시 대비, 정부 시책 때문에	반려인과 비반려인, 예비 반려인 포함
	그 밖에	반려동물이 가족이라서, 놀이터 시설 이용을 위해	
미등록	가장 큰 이유	등록할 필요성을 느끼지 못해서	
	두 번째 이유	동물등록 방법, 절차 복잡해서, 귀찮아서	
	기타	동물등록을 위한 대행업체를 찾기 어려워서	

글꼴 : 굴림, 22pt, 진하게
장평 : 105%, 오른쪽 정렬 → ## 동물보호관리시스템

각주 구분선 : 5cm

㉠ 인권 확장 개념으로 인권에 비견되는 생명권과 고통을 피하고 학대당하지 않을 권리

쪽 번호 매기기
5로 시작 → ⑤

제 10 회 정보기술자격(ITQ) 최신유형 기출문제

과목	코드	문제유형	시험시간	수험번호	성명
아래한글	1111	A	60분		

한컴 오피스

·수험자 유의사항·

- 수험자는 문제지를 받는 즉시 문제지와 **수험표상의 시험과목(프로그램)이 동일한지 반드시 확인**하여야 합니다.
- 파일명은 본인의 "수험번호-성명"으로 입력하여 답안폴더(내 PC\문서\ITQ)에 하나의 파일로 저장해야 하며, 답안 문서 파일명이 "수험번호-성명"과 일치하지 않거나, 답안파일을 전송하지 않아 미제출로 처리될 경우 실격 처리합니다 (예: 12345678-홍길동.hwp).
- 답안 작성을 마치면 파일을 저장하고, '답안 전송' 버튼을 선택하여 감독위원 PC로 답안을 전송하십시오. 수험생 정보와 저장한 파일명이 다를 경우 전송되지 않으므로 주의하시기 바랍니다.
- 답안 작성 중에도 **주기적으로 저장하고, '답안 전송'**하여야 문제 발생을 줄일 수 있습니다. 작업한 내용을 저장하지 않고 전송할 경우 이전에 저장된 내용이 전송되오니 이점 유의하시기 바랍니다.
- 답안문서는 지정된 경로 외의 다른 보조기억장치에 저장하는 경우, 지정된 시험 시간 외에 작성된 파일을 활용할 경우, 기타 통신수단(이메일, 메신저, 네트워크 등)을 이용하여 타인에게 전달 또는 외부 반출하는 경우는 부정 처리합니다.
- 시험 중 부주의 또는 고의로 시스템을 파손한 경우는 수험자가 변상해야 하며, 〈수험자 유의사항〉에 기재된 방법대로 이행하지 않아 생기는 불이익은 수험생 당사자의 책임임을 알려 드립니다.
- 문제의 조건은 한컴오피스 2020 버전으로 설정되어 있으며 한컴오피스 NEO는【 】에 표기되어 있습니다. 이와 관련하여 작성한 답안의 출력형태가 문제지와 다를 수 있습니다.
- 시험을 완료한 수험자는 답안파일이 전송되었는지 확인한 후 감독위원의 지시에 따라 문제지를 제출하고 퇴실합니다.

· 답안 작성요령 ·

- 온라인 답안 작성 절차
  수험자 등록 ⇒ 시험 시작 ⇒ 답안파일 저장 ⇒ 답안 전송 ⇒ 시험 종료
- 공통 부문
  - 글꼴에 대한 기본설정은 함초롬바탕, 10포인트, 검정, 줄간격 160%, 양쪽정렬로 합니다.
  - 색상은 조건의 색을 적용하고 색의 구분이 안 될 경우에는 RGB 값을 적용하십시오. (빨강 255, 0, 0 / 파랑 0, 0, 255 / 노랑 255, 255, 0).
  - 각 문항에 주어진 《조건》에 따라 작성하고 언급하지 않은 조건은 《출력형태》와 같이 작성합니다.
  - 용지여백은 왼쪽 · 오른쪽 11mm, 위쪽 · 아래쪽 · 머리말 · 꼬리말 10mm, 제본 0mm로 합니다.
  - 그림 삽입 문제의 경우 「내 PC\문서\ITQ\Picture」 폴더에서 지정된 파일을 선택하여 삽입하십시오.
  - 삽입한 그림은 반드시 문서에 포함하여 저장해야 합니다(미포함 시 감점 처리).
  - 각 항목은 지정된 페이지에 출력형태와 같이 정확히 작성하시기 바라며, 그렇지 않을 경우에 해당 항목은 0점 처리됩니다.
  - ※ 페이지구분 : 1페이지 – 기능평가 I (문제번호 표시 : 1. 2.).
    　　　　　　　2페이지 – 기능평가 II (문제번호 표시 : 3. 4.).
    　　　　　　　3페이지 – 문서작성 능력평가
- 기능평가
  - 문제와 《조건》은 입력하지 않으며 문제번호와 답(《출력형태》)만 작성합니다.
  - 4번 문제는 묶기를 했을 경우 0점 처리됩니다.
- 문서작성 능력평가
  - A4용지(210mm×297mm) 1매 크기, 세로 서식 문서로 작성합니다.
  - ⌒⌒⌒⌒⌒⌒⌒ 표시는 문서작성에 대한 지시사항이므로 작성하지 않습니다.

kpc 한국생산성본부

1. 다음의 ≪조건≫에 따라 스타일 기능을 적용하여 ≪출력형태≫와 같이 작성하시오. (50점)

≪조건≫ (1) 스타일 이름 – andong

(2) 문단 모양 – 왼쪽 여백 : 15pt, 문단 아래 간격 : 10pt

(3) 글자 모양 – 글꼴 : 한글(굴림)/영문(돋움), 크기 : 10pt, 장평 : 95%, 자간 : –5%

≪출력형태≫

Andong holds the largest number of cultural properties in Korea. Andong has been preserving the largest cultural properties in Korea and it reveals a very vivid picture of the aesthetics and traditions of the Orient.

안동은 유네스코 세계유산으로 등재된 하회마을, 도산서원 등 유형문화유산과 차전놀이, 하회별신굿탈놀이와 같은 무형문화재들이 잘 전승되어 오고 있다.

2. 다음의 ≪조건≫에 따라 ≪출력형태≫와 같이 표와 차트를 작성하시오. (100점)

≪표 조건≫ (1) 표 전체(표, 캡션) – 굴림, 10pt

(2) 정렬 – 문자 : 가운데 정렬, 숫자 : 오른쪽 정렬

(3) 셀 배경(면색) : 노랑

(4) 한글의 계산 기능을 이용하여 빈칸에 평균(소수점 두 자리)을 구하고, 캡션 기능 사용할 것

(5) 선 모양은 ≪출력형태≫와 동일하게 처리할 것

≪출력형태≫
연도별 안동 관광객 현황(단위 : 만 명)

사업명	2018년	2019년	2020년	2021년	평균
탈춤 페스티벌	85	59	14	28	
관광 단지	134	98	98	97	
체험 단지	197	204	94	89	
유적지 탐방	84	78	73	87	

≪차트 조건≫ (1) 차트 데이터는 표 내용에서 연도별 탈춤 페스티벌, 관광 단지, 체험 단지의 값만 이용할 것

(2) 종류 – 〈묶은 세로 막대형〉으로 작업할 것

(3) 제목 – 궁서, 진하게, 12pt, 속성 – 채우기(하양), 테두리, 그림자(아래쪽)

【궁서, 진하게, 12pt, 배경 – 선 모양(한 줄로), 그림자(2pt)】

(4) 제목 이외의 전체 글꼴 – 궁서, 보통, 10pt

(5) 축제목과 범례는 ≪출력형태≫와 동일하게 처리할 것

≪출력형태≫

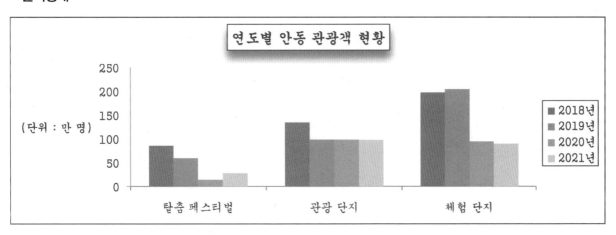

3. 다음 (1), (2)의 수식을 수식 편집기로 각각 입력하시오. (40점)

≪출력형태≫

(1) $\vec{F} = \dfrac{m\vec{b_2} - m\vec{b_1}}{\triangle t}$

(2) $\lim\limits_{n \to \infty} P_n = 1 - \dfrac{9^3}{10^3} = \dfrac{271}{1000}$

4. 다음의 ≪조건≫에 따라 ≪출력형태≫와 같이 문서를 작성하시오. (110점)

≪조건≫

(1) 그리기 도구를 이용하여 작성하고, 모든 도형(글맵시, 지정된 그림 포함)을 ≪출력형태≫와 같이 작성하시오.

(2) 도형의 면색은 지시사항이 없으면 색 없음을 제외하고 서로 다르게 임의로 지정하시오.

≪출력형태≫

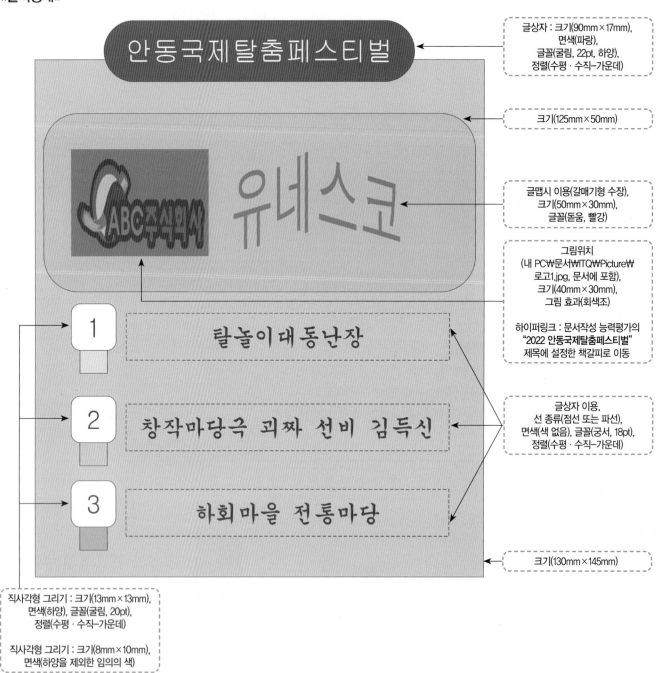

글상자 : 크기(90mm×17mm),
면색(파랑),
글꼴(굴림, 22pt, 하양),
정렬(수평·수직-가운데)

크기(125mm×50mm)

글맵시 이용(갈매기형 수장),
크기(50mm×30mm),
글꼴(돋움, 빨강)

그림위치
(내 PC₩문서₩ITQ₩Picture₩
로고1.jpg, 문서에 포함),
크기(40mm×30mm),
그림 효과(회색조)

하이퍼링크 : 문서작성 능력평가의
"2022 안동국제탈춤페스티벌"
제목에 설정한 책갈피로 이동

글상자 이용,
선 종류(점선 또는 파선),
면색(색 없음), 글꼴(궁서, 18pt),
정렬(수평·수직-가운데)

크기(130mm×145mm)

직사각형 그리기 : 크기(13mm×13mm),
면색(하양), 글꼴(굴림, 20pt),
정렬(수평·수직-가운데)

직사각형 그리기 : 크기(8mm×10mm),
면색(하양을 제외한 임의의 색)

글꼴 : 궁서, 18pt, 진하게, 가운데 정렬
책갈피 이름 : 안동
덧말 넣기

머리말 기능
굴림, 10pt, 오른쪽 정렬 → 안동탈춤

^{세계인이 하나되는}
2022 안동국제탈춤페스티벌

문단 첫 글자 장식 기능
글꼴 : 돋움, 면색 : 노랑

각주

그림위치(내 PC₩문서₩ITQ₩Picture₩그림5.jpg, 문서에 포함)
자르기 기능 이용, 크기(40mm×40mm), 바깥 여백 왼쪽 : 2mm

안동은 우리나라에서 많은 문화재®를 보유한 지역으로 동양의 미학을 고스란히 드러
내는 곳이기도 합니다. 유형적 자산뿐만 아니라 무형문화재가 다양하게 전승(傳承)
되고 있습니다. 안동 지역에 이렇게 풍부한 문화유산이 전승되는 것은 안동이 가진 가치 지
향적 철학에서 기인하는데, 이는 문화적 변화에 능동적으로 대처하여 문화 수용과 계발에
적극적이었기 때문이라고 분석할 수 있습니다.

이 결과 안동에 유입된 동양의 많은 문화가 안동만의 가치관으로 재편성되어 꽃을 피웠
기에 안동 문화는 동양의 가치관을 고스란히 담고 있는 가운데 안동다운 특징을 계승(繼承)
하는 수준 높은 지향점을 보여줍니다. 이러한 문화적 자산이 탈춤 페스티벌을 가능하게 하
였으며, 문화유산의 가치 속에서 정적인 마음의 고요함을 배우고 탈춤이 가진 신명을 통해 동적인 발산을 체험하게
되는 것입니다. 우리의 고유한 전통문화가 살아 숨쉬는 안동에서 열리는 안동국제탈춤페스티벌을 통해 안동 문화를
답사하고 축제의 신명을 함께 누릴 수 있습니다. 이번 축제는 탈춤공원과 하회마을 등 안동 시내 일원에서 9월 30일
부터 10월 9일까지 개최됩니다.

♣ 안동국제탈춤페스티벌 개요

글꼴 : 돋움, 18pt, 하양
음영색 : 빨강

　　1. 축제 기간
　　　　가. 기간 : 2022년 9월 30일(금) - 10월 9일(일)
　　　　나. 장소 : 안동 시내 일원(탈춤공원, 하회마을)
　　2. 지원 프로그램 및 신청
　　　　가. 지원 프로그램 : 세계탈놀이경연대회, 탈놀이대동난장
　　　　나. 신청 : 문화 공연 단체, 체험 학습, 인력풀 참여 등록 등

문단 번호 기능 사용
1수준 : 20pt, 오른쪽 정렬,
2수준 : 30pt, 오른쪽 정렬
줄 간격 : 180%

♣ 주요 사업 내용

글꼴 : 돋움, 18pt, 기울임, 강조점

표 전체 글꼴 : 굴림, 10pt, 가운데 정렬
셀 배경(그러데이션) : 유형(가운데에서),
　　시작색(하양), 끝색(노랑)

구분	장소 및 내용	비고
탈춤 페스티벌	축제장 - 반세기 민속축제전, 안동민속축제, 탈놀이대동난장	기타 자세한 사항은 홈페이지를 참고하시기 바랍니다.
탈춤 페스티벌	시내 - 하회별신굿탈놀이, 한국 탈춤, 외국 탈춤	기타 자세한 사항은 홈페이지를 참고하시기 바랍니다.
체험 단지	체험 1장 - 세계탈놀이 체험관, 천연염색 공방, 탈춤대회	기타 자세한 사항은 홈페이지를 참고하시기 바랍니다.
체험 단지	체험 2장 - 탈 만들기, 한지인형 만들기, 도예	기타 자세한 사항은 홈페이지를 참고하시기 바랍니다.
관광 단지	하회마을 집돌이, 강신, 성황제, 취타제	기타 자세한 사항은 홈페이지를 참고하시기 바랍니다.

글꼴 : 궁서, 24pt, 진하게
장평 : 105%, 오른쪽 정렬 → **안동국제탈춤**

각주 구분선 : 5cm

─────────────

® 남성대동놀이인 차전놀이, 여성대동놀이인 놋다리밟기, 화전싸움 등

쪽 번호 매기기
7로 시작 → ⑦

MEMO

정보기술자격(ITQ) 시험 한컴오피스

과 목	코 드	문제유형	시험시간	수험번호	성 명
아래한글	1111	A	60분		

수험자 유의사항

- 수험자는 문제지를 받는 즉시 문제지와 **수험표상의 시험과목(프로그램)이 동일한지 반드시 확인**하여야 합니다.
- 파일명은 본인의 "수험번호-성명"으로 입력하여 답안폴더(내 PC₩문서₩ITQ)에 하나의 파일로 저장해야 하며, 답안 문서 파일명이 "수험번호-성명"과 일치하지 않거나, 답안파일을 전송하지 않아 미제출로 처리될 경우 실격 처리합니다 (예:12345678-홍길동.hwp).
- 답안 작성을 마치면 파일을 저장하고, '답안 전송' 버튼을 선택하여 감독위원 PC로 답안을 전송하십시오. 수험생 정보와 저장한 파일명이 다를 경우 전송되지 않으므로 주의하시기 바랍니다.
- 답안 작성 중에도 **주기적으로 저장하고, '답안 전송'**하여야 문제 발생을 줄일 수 있습니다. 작업한 내용을 저장하지 않고 전송할 경우 이전에 저장된 내용이 전송되오니 이점 유의하시기 바랍니다.
- 답안문서는 지정된 경로 외의 다른 보조기억장치에 저장하는 경우, 지정된 시험 시간 외에 작성된 파일을 활용할 경우, 기타 통신수단(이메일, 메신저, 네트워크 등)을 이용하여 타인에게 전달 또는 외부 반출하는 경우는 부정 처리합니다.
- 시험 중 부주의 또는 고의로 시스템을 파손한 경우는 수험자가 변상해야 하며, <수험자 유의사항>에 기재된 방법대로 이행 하지 않아 생기는 불이익은 수험생 당사자의 책임임을 알려 드립니다.
- 문제의 조건은 한컴오피스 2020 버전으로 설정되어 있으며 한컴오피스 NEO는 【 】에 표기되어 있습니다. 이와 관련하여 작성한 답안의 출력형태가 문제지와 다를 수 있습니다.
- 시험을 완료한 수험자는 답안파일이 전송되었는지 확인한 후 감독위원의 지시에 따라 문제지를 제출하고 퇴실합니다.

답안 작성요령

- **온라인 답안 작성 절차** : 수험자 등록 → 시험 시작 → 답안파일 저장 → 답안 전송 → 시험 종료
- **공통 부문**
  - 글꼴에 대한 기본설정은 함초롬바탕, 10포인트, 검정, 줄간격 160%, 양쪽정렬로 합니다.
  - 색상은 조건의 색을 적용하고 색의 구분이 안 될 경우에는 RGB 값을 적용하십시오.
    (빨강 255,0,0 / 파랑 0,0,255 / 노랑 255,255,0)
  - 각 문항에 주어진 ≪조건≫에 따라 작성하고 언급하지 않은 조건은 ≪출력형태≫와 같이 작성합니다.
  - 용지여백은 왼쪽·오른쪽 11㎜, 위쪽·아래쪽·머리말·꼬리말 10㎜, 제본 0㎜로 합니다.
  - 그림 삽입 문제의 경우 「내 PC₩문서₩ITQ₩Picture」 폴더에서 지정된 파일을 선택하여 삽입하십시오.
  - 삽입한 그림은 반드시 문서에 포함하여 저장해야 합니다(미포함 시 감점 처리).
  - 각 항목은 지정된 페이지에 출력형태와 같이 정확히 작성하시기 바라며, 그렇지 않을 경우에 해당 항목은 0점 처리됩니다.
    ※ 페이지구분 : 1페이지 – 기능평가 I (문제번호 표시 : 1. 2.), 2페이지 – 기능평가 II (문제번호 표시 : 3. 4.), 3페이지 – 문서작성 능력평가
- **기능평가**
  - 문제와 ≪조건≫은 입력하지 않으며 문제번호와 답(≪출력형태≫)만 작성합니다.
  - 4번 문제는 묶기를 했을 경우 0점 처리됩니다.
- **문서작성 능력평가**
  - A4 용지(210㎜×297㎜) 1매 크기, 세로 서식 문서로 작성합니다.
  - ░░░ 표시는 문서작성에 대한 지시사항이므로 작성하지 않습니다.

1. 다음의 ≪조건≫에 따라 스타일 기능을 적용하여 ≪출력형태≫와 같이 작성하시오. **(50점)**

≪조건≫　　(1) 스타일 이름 - science
　　　　　　(2) 문단 모양 - 왼쪽 여백 : 10pt, 문단 아래 간격 : 10pt
　　　　　　(3) 글자 모양 - 글꼴 : 한글(굴림)/영문(궁서), 크기 : 10pt, 장평 : 95%, 자간 : 5%

≪출력형태≫

Science is a systematic area that builds and organizes knowledge in the form of explanations and predictions about nature and the universe.

과학은 관찰 가능한 방법으로 얻어진 체계적이고 이론적인 지식의 체계이며, 과학자들은 자연계에서 관찰되는 현상들을 과학적 방법에 따라 자연적인 이론으로 설명하려고 한다.

2. 다음의 ≪조건≫에 따라 ≪출력형태≫와 같이 표와 차트를 작성하시오. **(100점)**

≪표 조건≫　　(1) 표 전체(표, 캡션) - 궁서, 10pt
　　　　　　　(2) 정렬 - 문자 : 가운데 정렬, 숫자 : 오른쪽 정렬
　　　　　　　(3) 셀 배경(면색) : 노랑
　　　　　　　(4) 한글의 계산 기능을 이용하여 빈칸에 합계를 구하고, 캡션 기능 사용할 것
　　　　　　　(5) 선 모양은 ≪출력형태≫와 동일하게 처리할 것

≪출력형태≫

과학 교육기관 컴퓨터 보유 현황(단위 : 백 개)

구분	2017년	2018년	2019년	2020년	2021년
데스크탑	73	45	43	83	24
노트북	29	14	15	16	7
태블릿	9	16	18	16	13
합계					

≪차트 조건≫　　(1) 차트 데이터는 표 내용에서 구분별 2017년, 2018년, 2019년, 2020년의 값만 이용할 것
　　　　　　　　(2) 종류 - <묶은 세로 막대형>으로 작업할 것
　　　　　　　　(3) 제목 － 돋움, 진하게, 12pt, 속성 － 채우기(하양), 테두리, 그림자(대각선 오른쪽 아래)
　　　　　　　　　　【돋움, 진하게, 12pt, 배경 － 선 모양(한 줄로), 그림자(2pt)】
　　　　　　　　(4) 제목 이외의 전체 글꼴 － 돋움, 보통, 10pt
　　　　　　　　(5) 축제목과 범례는 ≪출력형태≫와 동일하게 처리할 것

≪출력형태≫

3. 다음 (1), (2)의 수식을 수식 편집기로 각각 입력하시오. **(40점)**

≪출력형태≫

(1) $\dfrac{x}{\sqrt{a}-\sqrt{b}} = \dfrac{x\sqrt{a}+x\sqrt{b}}{a-b}$

(2) $K = \dfrac{a(1+r)((1+r)^{n}-1)}{r}$

4. 다음의 ≪조건≫에 따라 ≪출력형태≫와 같이 문서를 작성하시오. **(110점)**

≪조건≫ (1) 그리기 도구를 이용하여 작성하고, 모든 도형(글맵시, 지정된 그림 포함)을 ≪출력형태≫와 같이 작성하시오.
(2) 도형의 면색은 지시사항이 없으면 색 없음을 제외하고 서로 다르게 임의로 지정하시오.

≪출력형태≫

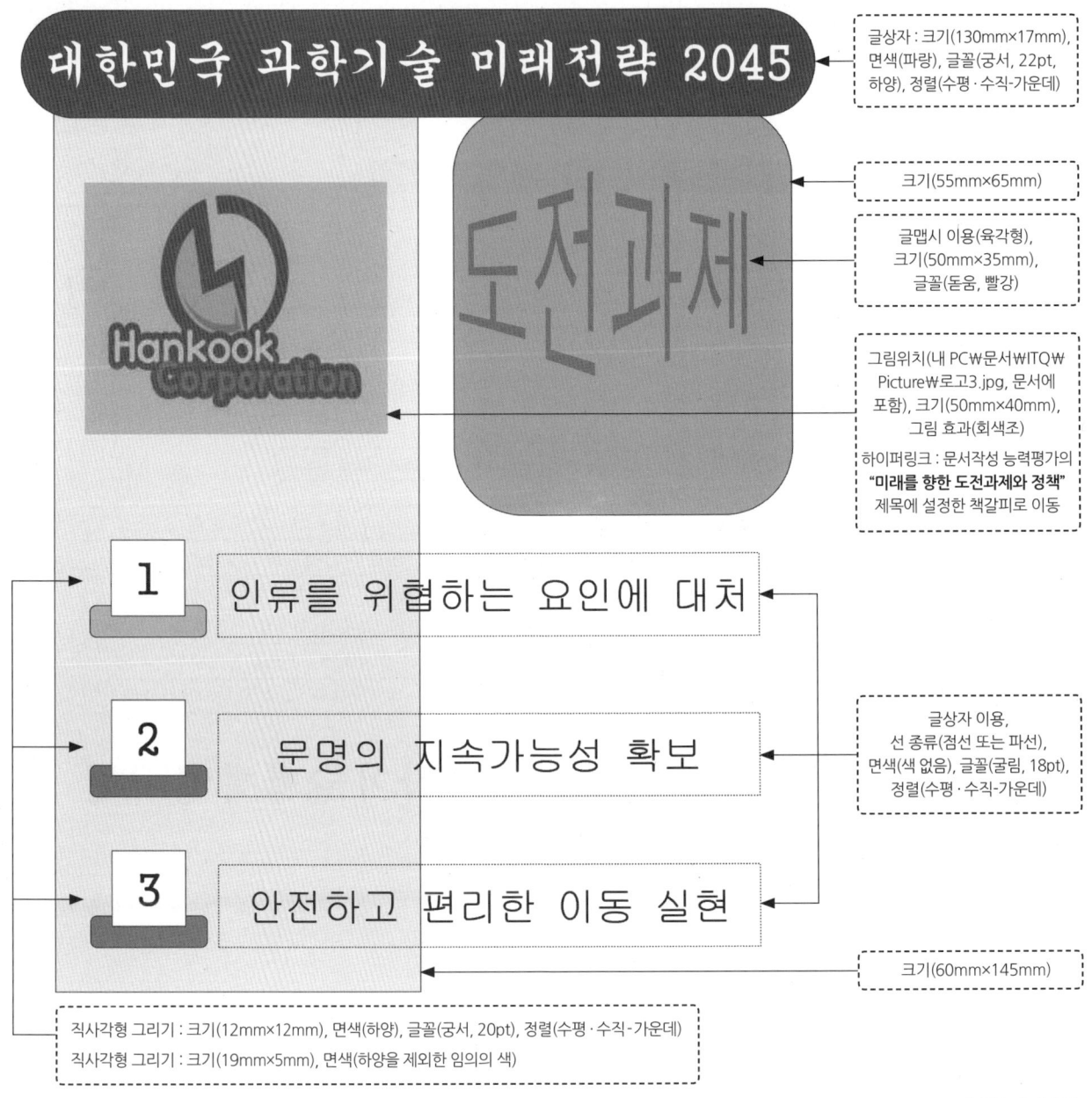

글상자 : 크기(130mm×17mm), 면색(파랑), 글꼴(궁서, 22pt, 하양), 정렬(수평·수직-가운데)

크기(55mm×65mm)

글맵시 이용(육각형), 크기(50mm×35mm), 글꼴(돋움, 빨강)

그림위치(내 PC₩문서₩ITQ₩ Picture₩로고3.jpg, 문서에 포함), 크기(50mm×40mm), 그림 효과(회색조)
하이퍼링크 : 문서작성 능력평가의 **"미래를 향한 도전과제와 정책"** 제목에 설정한 책갈피로 이동

글상자 이용, 선 종류(점선 또는 파선), 면색(색 없음), 글꼴(굴림, 18pt), 정렬(수평·수직-가운데)

크기(60mm×145mm)

직사각형 그리기 : 크기(12mm×12mm), 면색(하양), 글꼴(궁서, 20pt), 정렬(수평·수직-가운데)
직사각형 그리기 : 크기(19mm×5mm), 면색(하양을 제외한 임의의 색)

글꼴 : 굴림, 18pt, 진하게, 가운데 정렬
책갈피 이름 : 과학기술
덧말 넣기

문단 첫 글자 장식 기능
글꼴 : 궁서, 면색 : 노랑

과학기술 미래전략

머리말 기능
굴림, 10pt, 오른쪽 정렬

대한민국의 미래 100년

미래를 향한 도전과제와 정책

그림위치(내 PC\문서\ITQ\Picture\그림4.jpg, 문서에 포함)
자르기 기능 이용, 크기(40mm×40mm), 바깥 여백 왼쪽 : 2mm

과학기술은 미래사회를 변화시키는 핵심 동인이며, 부존자원이 부족한 우리나라가 원하는 미래를 실현하는 데 가장 중요한 자산이라고 할 수 있다. 따라서 과학기술의 잠재력을 활용(活用)하여 우리가 원하는 미래를 개척해 나가기 위한 과학기술 미래전략의 중요성은 아무리 강조해도 지나치지 않을 것이다.

대한민국 과학기술 미래전략 2045는 광복 100주년이 되는 2045년을 맞이하여, 우리가 희망하는 미래 모습과 이를 실현하기 위한 과학기술의 장기적인 비전과 전략을 제안하고 있다. 중점 사항으로는 첫째, 2025 과학기술발전 장기비전, 2040 과학기술 미래비전 등 역대 정부의 과학기술 미래전략을 발전적으로 계승(繼承)하고자 하였으며, 둘째, 그동안 우리 사회의 변화와 국민의 수요를 반영하여 과거 고속성장 과정에서 상대적으로 중요하게 고려하지 못했던 안전, 건강, 신뢰 등의 질적인 가치들을 추구해야 할 미래의 목표로 제시하였다. 셋째, 원하는 미래가 실현되기 위해 과학기술이 해결해야 하는 도전과제Ⓐ들을 제시하고, 이를 해결하기 위해 과학기술정책이 어떤 방향으로 전환되어야 하는지를 제시하였다.

각주

■ 대한민국의 미래상과 과학기술 정책 방향

글꼴 : 돋움, 18pt, 하양
음영색 : 파랑

  A. 우리가 원하는 대한민국의 미래상
    1. 안전하고 건강한 사회
    2. 인류 사회에 기여하는 대한민국
  B. 과학기술 정책 방향
    1. 사회문제를 해결하고 삶의 질을 제고하는 공공연구개발
    2. 국경 없는 글로벌 과학기술혁신 체계

문단 번호 기능 사용
1수준 : 20pt, 오른쪽 정렬,
2수준 : 30pt, 오른쪽 정렬
줄 간격 : 180%

표 전체 글꼴 : 굴림, 10pt, 가운데 정렬
셀 배경(그러데이션) : 유형(가로)【수평】, 시작색(하양), 끝색(노랑)

■ *미래 과학기술에 대한 질문*

글꼴 : 돋움, 18pt, 기울임, 강조점

미래상	영역	질문 주제	기술개발 방향 제안
안전하고 건강한 사회	기후변화	인류의 생존	온실가스 감축과 기후변화 적응
	환경오염	오염 해결과 문명 번영	원자력의 안전한 활용 및 핵융합 기술 개발
풍요롭고 편리한 사회	우주 생활권	생활권 확대와 편리성	친환경, 지능형 기술로 편리한 이동 실현
	자원	생존에 필요한 자원	농어업, 제조업 스마트화
공정한 신뢰 사회	소통과 네트워크	사람의 소통 방식	소통의 현실감 제고 및 방식 다양화

글꼴 : 궁서, 24pt, 진하게
장평 : 105%, 오른쪽 정렬

과학기술정책연구원

각주 구분선 : 5cm

Ⓐ 인간의 신체적 능력 보완 등 과학기술 도전과제로 8가지 제시함

쪽 번호 매기기 : 5로 시작

E

정보기술자격(ITQ) 시험 　　한컴오피스

과 목	코 드	문제유형	시험시간	수험번호	성 명
아래한글	1111	B	60분		

1. 다음의 ≪조건≫에 따라 스타일 기능을 적용하여 ≪출력형태≫와 같이 작성하시오. **(50점)**

≪조건≫ (1) 스타일 이름 - business
(2) 문단 모양 - 왼쪽 여백 : 10pt, 문단 아래 간격 : 10pt
(3) 글자 모양 - 글꼴 : 한글(굴림)/영문(궁서), 크기 : 10pt, 장평 : 95%, 자간 : 5%

≪출력형태≫

Business is the activity of providing goods and services. In order to maintain the perpetuity must establish a mid to long term business plan.

벤처기업은 첨단기술을 가지고 고수익과 고성장을 추구하는 소규모이나 유망하고 창조적인 기업으로 창업과 일자리 창출에 기여함으로써 경제 주체들에게 활력소가 되어 왔다.

2. 다음의 ≪조건≫에 따라 ≪출력형태≫와 같이 표와 차트를 작성하시오. **(100점)**

≪표 조건≫ (1) 표 전체(표, 캡션) - 궁서, 10pt
(2) 정렬 - 문자 : 가운데 정렬, 숫자 : 오른쪽 정렬
(3) 셀 배경(면색) : 노랑
(4) 한글의 계산 기능을 이용하여 빈칸에 합계를 구하고, 캡션 기능 사용할 것
(5) 선 모양은 ≪출력형태≫와 동일하게 처리할 것

≪출력형태≫

벤처확인기업 현황(단위 : 개)

구분	제조업	정보처리S/W	도소매업	건설운수	연구개발서비스
인천	612	78	14	6	4
부산	839	245	15	33	33
대구	371	58	2	8	2
합계					

≪차트 조건≫ (1) 차트 데이터는 표 내용에서 지역별 제조업, 정보처리S/W, 도소매업, 건설운수의 값만 이용할 것
(2) 종류 - <묶은 세로 막대형>으로 작업할 것
(3) 제목 - 돋움, 진하게, 12pt, 속성 - 채우기(하양), 테두리, 그림자(대각선 오른쪽 아래)
【돋움, 진하게, 12pt, 배경 - 선 모양(한 줄로), 그림자(2pt)】
(4) 제목 이외의 전체 글꼴 - 돋움, 보통, 10pt
(5) 축제목과 범례는 ≪출력형태≫와 동일하게 처리할 것

≪출력형태≫

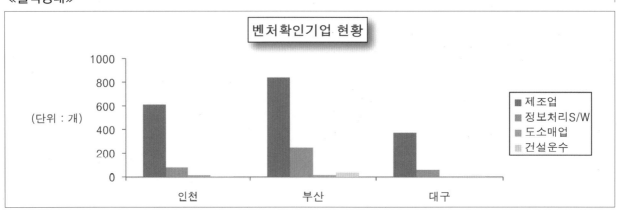

3. 다음 (1), (2)의 수식을 수식 편집기로 각각 입력하시오. **(40점)**

≪출력형태≫

(1) $\dfrac{b}{\sqrt{a^2+b^2}} = \dfrac{2\tan\theta}{1+\tan^2\theta}$

(2) $A^3 + \sqrt{\dfrac{gL}{2\pi}} = \dfrac{gT}{2\pi}$

4. 다음의 ≪조건≫에 따라 ≪출력형태≫와 같이 문서를 작성하시오. **(110점)**

≪조건≫
(1) 그리기 도구를 이용하여 작성하고, 모든 도형(글맵시, 지정된 그림 포함)을 ≪출력형태≫와 같이 작성하시오.
(2) 도형의 면색은 지시사항이 없으면 색 없음을 제외하고 서로 다르게 임의로 지정하시오.

≪출력형태≫

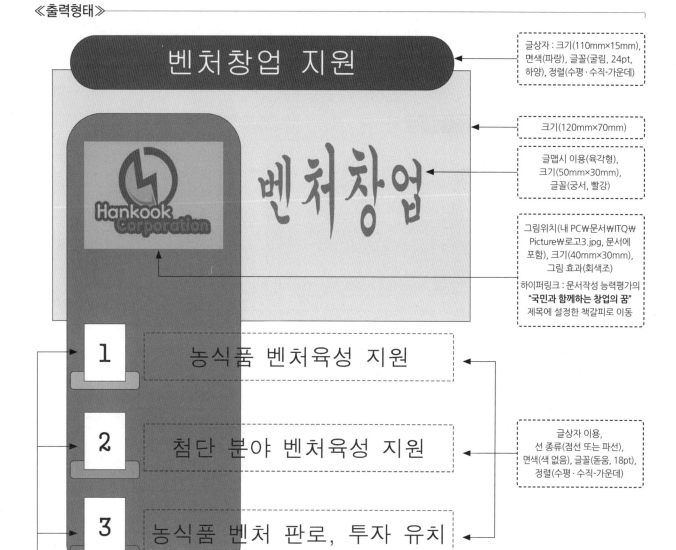

글상자 : 크기(110mm×15mm), 면색(파랑), 글꼴(굴림, 24pt, 하양), 정렬(수평·수직-가운데)

크기(120mm×70mm)

글맵시 이용(육각형), 크기(50mm×30mm), 글꼴(궁서, 빨강)

그림위치(내 PC₩문서₩ITQ₩ Picture₩로고3.jpg, 문서에 포함), 크기(40mm×30mm), 그림 효과(회색조)

하이퍼링크 : 문서작성 능력평가의 **"국민과 함께하는 창업의 꿈"** 제목에 설정한 책갈피로 이동

글상자 이용, 선 종류(점선 또는 파선), 면색(색 없음), 글꼴(돋움, 18pt), 정렬(수평·수직-가운데)

크기(50mm×130mm)

직사각형 그리기 : 크기(12mm×16mm), 면색(하양), 글꼴(궁서, 20pt), 정렬(수평·수직-가운데)
직사각형 그리기 : 크기(20mm×5mm), 면색(하양을 제외한 임의의 색)

글꼴 : 굴림, 18pt, 진하게, 가운데 정렬
책갈피 이름 : 창업
덧말 넣기

벤처와 창업

창업 활성화

머리말 기능
굴림, 10pt, 오른쪽 정렬

→ 국민과 함께하는 창업의 꿈

문단 첫 글자 장식 기능
글꼴 : 궁서, 면색 : 노랑

그림위치(내 PC\문서\ITQ\Picture\그림4.jpg, 문서에 포함)
자르기 기능 이용, 크기(40mm×40mm), 바깥 여백 왼쪽 : 2mm

창 의적인 아이디어와 신기술을 활용(活用)한 창업이야말로 우리 경제를 살아 숨 쉬게 하는 원동력 역할을 한다는 것이 경제 전문가들의 공통된 의견이다. 정부에서도 창업을 일자리 늘리기를 비롯한 경제 살리기의 버팀목으로 삼기 위해 창업 절차를 대폭 간소화하여 빠르고 쉽게 사업을 시작할 수 있도록 돕고 있다. 역대 최대 규모로 개최(開催)될 이번 대한민국창업대전은 명실공히 대한민국의 대표적 창업 기업 행사로서 그 위상을 대내외에 알리는 계기가 될 것으로 기대되고 있다.

이번 창업대전에서는 그동안 우리나라의 기술 창업 발전에 기여한 중소기업 관계자들과 지원 기관 및 유공 기관들을 발굴하여 포상함으로써 국내 경제의 성장 잠재력에 대한 자신감을 되새겨 보는 자리를 만들고자 한다. 부대 행사로서 우수한 창업 기업들이 참여하는 대규모 전시회와 함께 국제 비즈니스 교류의 장으로서 수출 상담회, MD④ 상담회, 창업 경진 대회, 창업 투자 마트, 문화 행사 등의 실속 있는 다양한 프로그램도 진행된다. 창업에 대한 확신과 기업가 정신을 드높일 수 있는 대한민국창업대전에 예비 창업자와 기업인들의 많은 참여를 바란다.

각주

♣ 대한민국창업대전 개요

글꼴 : 돋움, 18pt, 하양
음영색 : 파랑

(1) 행사의 성격과 목적
  (가) 창의적이고 실현 가능한 아이디어 발굴로 창업 문화 확산 도모
  (나) 스타 창업 기업으로 육성하여 일자리 창출에 기여
(2) 행사의 주최와 주관
  (가) 주최 : 중소벤처기업부
  (나) 주관 : 창업진흥원, 신용보증기금, 기술보증기금

문단 번호 기능 사용
1수준 : 20pt, 오른쪽 정렬,
2수준 : 30pt, 오른쪽 정렬
줄 간격 : 180%

표 전체 글꼴 : 굴림, 10pt, 가운데 정렬
셀 배경(그러데이션) : 유형(가로)【수평】,
시작색(하양), 끝색(노랑)

♣ *창업 지원 프로그램*

글꼴 : 돋움, 18pt, 기울임, 강조점

프로그램	개요	지원 대상	지원 규모	문의
청소년 비즈쿨	기업가 정신을 갖춘 인재양성	비즈쿨 학교	500개교	창업진흥원
창업 아카데미	창업 저변 확대	대학생 및 일반인	6개 대학, 4개 지역센터	
스마트 창작터	창업교육, 사업모델 검증	지식서비스 사업	135팀	
시니어 기술창업	성공적인 창업 지원	만 40세 이상	25개 시니어 기술창업센터	
스포츠산업	스포츠산업분야 경쟁력 제고	인프라 보유 기관	사업화 지원비	스포츠개발원

글꼴 : 궁서, 24pt, 진하게
장평 : 105%, 오른쪽 정렬

→ 중소벤처기업부

각주 구분선 : 5cm

④ 소비자의 구매 패턴과 소비유형을 파악하여 시장성 있는 상품을 선정, 구매하는 사람

쪽 번호 매기기 : 4로 시작

④

정보기술자격(ITQ) 시험 　한컴오피스

과 목	코 드	문제유형	시험시간	수험번호	성 명
아래한글	1111	C	60분		

수험자 유의사항

● 수험자는 문제지를 받는 즉시 문제지와 **수험표상의 시험과목(프로그램)이 동일한지 반드시 확인**하여야 합니다.

● 파일명은 본인의 "수험번호-성명"으로 입력하여 답안폴더(내 PC₩문서₩ITQ)에 하나의 파일로 저장해야 하며, 답안 문서 파일명이 "수험번호-성명"과 일치하지 않거나, 답안파일을 전송하지 않아 미제출로 처리될 경우 실격 처리합니다. (예:12345678-홍길동.hwp).

● 답안 작성을 마치면 파일을 저장하고, '답안 전송' 버튼을 선택하여 감독위원 PC로 답안을 전송하십시오. 수험생 정보와 저장한 파일명이 다를 경우 전송되지 않으므로 주의하시기 바랍니다.

● 답안 작성 중에도 **주기적으로 저장하고, '답안 전송'**하여야 문제 발생을 줄일 수 있습니다. 작업한 내용을 저장하지 않고 전송할 경우 이전에 저장된 내용이 전송되오니 이점 유의하시기 바랍니다.

● 답안문서는 지정된 경로 외의 다른 보조기억장치에 저장하는 경우, 지정된 시험 시간 외에 작성된 파일을 활용할 경우, 기타 통신수단(이메일, 메신저, 네트워크 등)을 이용하여 타인에게 전달 또는 외부 반출하는 경우는 부정 처리합니다.

● 시험 중 부주의 또는 고의로 시스템을 파손한 경우는 수험자가 변상해야 하며, <수험자 유의사항>에 기재된 방법대로 이행하지 않아 생기는 불이익은 수험생 당사자의 책임임을 알려 드립니다.

● 문제의 조건은 한컴오피스 2020 버전으로 설정되어 있으며 한컴오피스 NEO는 【 】에 표기되어 있습니다. 이와 관련하여 작성한 답안의 출력형태가 문제지와 다를 수 있습니다.

● 시험을 완료한 수험자는 답안파일이 전송되었는지 확인한 후 감독위원의 지시에 따라 문제지를 제출하고 퇴실합니다.

답안 작성요령

● **온라인 답안 작성 절차** : 수험자 등록 → 시험 시작 → 답안파일 저장 → 답안 전송 → 시험 종료

● **공통 부문**
  · 글꼴에 대한 기본설정은 함초롬바탕, 10포인트, 검정, 줄간격 160%, 양쪽정렬로 합니다.
  · 색상은 조건의 색을 적용하고 색의 구분이 안 될 경우에는 RGB 값을 적용하십시오. (빨강 255,0,0 / 파랑 0,0,255 / 노랑 255,255,0)
  · 각 문항에 주어진 ≪조건≫에 따라 작성하고 언급하지 않은 조건은 ≪출력형태≫와 같이 작성합니다.
  · 용지여백은 왼쪽·오른쪽 11㎜, 위쪽·아래쪽·머리말·꼬리말 10㎜, 제본 0㎜로 합니다.
  · 그림 삽입 문제의 경우 「내 PC₩문서₩ITQ₩Picture」 폴더에서 지정된 파일을 선택하여 삽입하십시오.
  · 삽입한 그림은 반드시 문서에 포함하여 저장해야 합니다(미포함 시 감점 처리).
  · 각 항목은 지정된 페이지에 출력형태와 같이 정확히 작성하시기 바라며, 그렇지 않을 경우에 해당 항목은 0점 처리됩니다.
    ※ 페이지구분 : 1페이지 – 기능평가 I (문제번호 표시 : 1. 2.), 2페이지 – 기능평가 II (문제번호 표시 : 3. 4.), 3페이지 – 문서작성 능력평가

● **기능평가**
  · 문제와 ≪조건≫은 입력하지 않으며 문제번호와 답(≪출력형태≫)만 작성합니다.
  · 4번 문제는 묶기를 했을 경우 0점 처리됩니다.

● **문서작성 능력평가**
  · A4 용지(210㎜×297㎜) 1매 크기, 세로 서식 문서로 작성합니다.
  · [ ] 표시는 문서작성에 대한 지시사항이므로 작성하지 않습니다.

1. 다음의 ≪조건≫에 따라 스타일 기능을 적용하여 ≪출력형태≫와 같이 작성하시오. **(50점)**

≪조건≫   (1) 스타일 이름 - book
              (2) 문단 모양 - 왼쪽 여백 : 10pt, 문단 아래 간격 : 10pt
              (3) 글자 모양 - 글꼴 : 한글(굴림)/영문(궁서), 크기 : 10pt, 장평 : 95%, 자간 : 5%

≪출력형태≫

Seoul International Book Fair connects those who make books with those who read them, bringing together publishers, writers, artists, editors.

출판문화 산업 및 업계 발전과 국민 독서력 증진을 위한 2022 서울국제도서전이 '책을 넘어서, 출판과 독서의 새로운 정의'라는 슬로건으로 7월에 개최된다.

2. 다음의 ≪조건≫에 따라 ≪출력형태≫와 같이 표와 차트를 작성하시오. **(100점)**

≪표 조건≫   (1) 표 전체(표, 캡션) - 궁서, 10pt
              (2) 정렬 - 문자 : 가운데 정렬, 숫자 : 오른쪽 정렬
              (3) 셀 배경(면색) : 노랑
              (4) 한글의 계산 기능을 이용하여 빈칸에 합계를 구하고, 캡션 기능 사용할 것
              (5) 선 모양은 ≪출력형태≫와 동일하게 처리할 것

≪출력형태≫

서울국제도서전 관람객 현황(단위 : %)

구분	2017년	2018년	2019년	2020년	2021년
어린이	24	14	21	24	23
청소년	21	30	20	22	21
일반	33	32	36	33	31
합계					

≪차트 조건≫   (1) 차트 데이터는 표 내용에서 구분별 2017년, 2018년, 2019년, 2020년의 값만 이용할 것
                (2) 종류 - <묶은 세로 막대형>으로 작업할 것
                (3) 제목 - 돋움, 진하게, 12pt, 속성 - 채우기(하양), 테두리, 그림자(대각선 오른쪽 아래)
                           【돋움, 진하게, 12pt, 배경 - 선 모양(한 줄로), 그림자(2pt)】
                (4) 제목 이외의 전체 글꼴 - 돋움, 보통, 10pt
                (5) 축제목과 범례는 ≪출력형태≫와 동일하게 처리할 것

≪출력형태≫

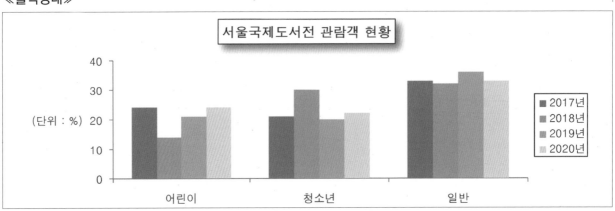

3. 다음 (1), (2)의 수식을 수식 편집기로 각각 입력하시오. **(40점)**

≪출력형태≫

(1) $g = \dfrac{GM}{R^2} = \dfrac{6.67 \times 10^{-11} \times 6.0 \times 10^{24}}{(6.4 \times 10^7)^2}$

(2) $f(x) = \dfrac{\dfrac{x}{2} - \sqrt{5} + 2}{\sqrt{1 - x^2}}$

4. 다음의 ≪조건≫에 따라 ≪출력형태≫와 같이 문서를 작성하시오. **(110점)**

≪조건≫
(1) 그리기 도구를 이용하여 작성하고, 모든 도형(글맵시, 지정된 그림 포함)을 ≪출력형태≫와 같이 작성하시오.
(2) 도형의 면색은 지시사항이 없으면 색 없음을 제외하고 서로 다르게 임의로 지정하시오.

≪출력형태≫

특별전시(책 이후의 책)

글상자 : 크기(100mm×15mm), 면색(파랑), 글꼴(굴림, 24pt, 하양), 정렬(수평·수직-가운데)

크기(120mm×70mm)

출판산업

글맵시 이용(나비넥타이), 크기(50mm×30mm), 글꼴(궁서, 빨강)

그림위치(내 PC₩문서₩ITQ₩Picture₩로고3.jpg, 문서에 포함), 크기(40mm×30mm), 그림 효과(회색조)

하이퍼링크 : 문서작성 능력평가의 **"2022 서울국제도서전"** 제목에 설정한 책갈피로 이동

1 아직 오지 않은 책

2 다시, 저자란 무엇인가?

글상자 이용, 선 종류(점선 또는 파선), 면색(색 없음), 글꼴(돋움, 18pt), 정렬(수평·수직-가운데)

3 책이 될 수 있는 것

크기(120mm×85mm)

직사각형 그리기 : 크기(12mm×16mm), 면색(하양), 글꼴(궁서, 20pt), 정렬(수평·수직-가운데)
직사각형 그리기 : 크기(20mm×8mm), 면색(하양을 제외한 임의의 색)

글꼴 : 굴림, 18pt, 진하게, 가운데 정렬
책갈피 이름 : 도서전
덧말 넣기

책마당

머리말 기능
굴림, 10pt, 오른쪽 정렬

문단 첫 글자 장식 기능
글꼴 : 궁서, 면색 : 노랑

책 안에 지혜
2022 서울국제도서전

그림위치(내 PC₩문서₩ITQ₩Picture₩그림4.jpg, 문서에 포함)
자르기 기능 이용, 크기(40mm×40mm), 바깥 여백 왼쪽 : 2mm

서울국제도서전은 1954년 전국도서전시회로 시작하여 1995년 국제출판협회에서 공인하는 국제도서전으로 격상(格上)하였으며, 한국출판의 세계화, 출판 산업의 경쟁력 강화, 책을 읽는 사회 분위기 정착, 국민 문화 향유 기회의 확대라는 목표 아래 세계 주요 도서전 중 하나로 도약하고 있습니다. 국제도서전의 목적은 출판업의 발전과 교류를 도모(圖謀)하고 인류 상호 간의 이해를 증진하는 데 있습니다.

도서전의 세계화와 선진화를 위해 2008년부터 주빈국 지정 제도를 도입하여 해당 국가의 도서 작품 등을 특별 전시하고 있으며, 2022 서울국제도서전에서는 국내외출판사 저작권 담당자 및 저작권 전문 에이전시들이 수출입 상담 업무를 원활히 진행할 수 있도록 저작권센터를 운영하며 전자책Ⓐ, 저작권의 교류와 수출 등 출판계의 쟁점에 부합하는 주제의 전문가 프로그램을 개최하고 있습니다. 본 행사는 국내외출판사 저작권 담당자 및 저작권 전문 에이전시들이 수출입 상담 업무를 원활히 진행할 수 있는 최고의 기회로 서울도서전의 저작권 전문가로 등록하면 저작권센터, 국제출판 콜로키엄 등 다양한 행사에 참여할 수 있습니다. 각주

♠ ◼️ **서울국제도서전 개요**

글꼴 : 돋움, 18pt, 하양
음영색 : 파랑

　가) 기간 및 장소
　　a) 기간 : 2022년 7월 13일(수) - 7월 17일(일)
　　b) 장소 : 코엑스 A2홀, B2홀
　나) 행사의 주제 및 후원
　　a) 주제 : 반걸음
　　b) 후원 : 문화체육관광부, 한국출판문화산업진흥원 등

문단 번호 기능 사용
1수준 : 20pt, 오른쪽 정렬,
2수준 : 30pt, 오른쪽 정렬
줄 간격 : 180%

표 전체 글꼴 : 굴림, 10pt, 가운데 정렬
셀 배경(그러데이션) : 유형(가로)【수평】, 시작색(하양), 끝색(노랑)

♠ *도서전 행사 이용안내*

글꼴 : 돋움, 18pt, 기울임, 강조점

형태	날짜	내용	행사
책문화	7월 13일	그 책, 제가 디자인한 건데요.	특별 기획전, 출판전문세미나, 책 문화 행사, 저자와의 만남, 북 콘서트 등
	7월 16일	17억 명의 상상 : 그림책과 다양성	
	7월 17일	메타버스와 스토리텔링, 녹색계급의 출현	
디지털북	7월 14일	지면에서 벗어난, 디지털 시대의 작가들	
	7월 15일	시와 문학, 작가 그리고 종이 책의 미래	
	7월 16일	종이에서 액정으로 옮겨가도 변하지 않는 것	

글꼴 : 궁서, 24pt, 진하게
장평 : 105%, 오른쪽 정렬

대한출판문화협회

각주 구분선 : 5cm

Ⓐ 종이 대신 컴퓨터 화면에서 디지털 파일로 읽을 수 있는 전자 매체형 책

쪽 번호 매기기 : 6으로 시작

바